KAPITEL 1

die geschichte, von einem, der auszog, um zu bleiben

Es war ein alter, weißer Lieferwagen, mit dem ich durch die Dörfer des Waldviertels fuhr. Er war mein einziger Besitz. Ich ließ während der Fahrt meinen Blick schweifen. Ich war auf der Suche. Ich hatte eine Idee, aber noch keine Ahnung, wie ich sie am besten umsetzen könnte. Ein Beruf, der vielversprechend begonnen hatte, hatte gerade unvermutet ein Ende gefunden. Viele meiner Bekannten fanden im Waldviertel keine Arbeit und wanderten in die Stadt. Etwas in mir sperrte sich. Ich wollte nicht weg. Ich wollte bleiben, wo ich aufgewachsen war. Plötzlich fiel mir etwas auf, das mir seit meiner Kindheit vertraut war: ein Sonnentor. Bei vielen Höfen meiner Heimat sind Türen und Tore als Sonnenbogen gestaltet. Ein warmes, freundliches Symbol in einer kargen Gegend. Ja, das ist es, sagte ich zu mir selbst. Kraft, Freundlichkeit, Wärme, Optimismus, Sonnentor – ich hatte ein Symbol für das gefunden, was ich vorhatte. Ich wollte die Kraft der Sonne und der Natur des Waldviertels den Menschen in der Stadt zugänglich machen. Genuss, Gesundheit, Lebensfreude, ein gutes Leben – das alles steckt in dem, was lange als Unkraut verpönt war, den Kräutern. Diese Idee war natürlich „spinnert“, wie man in meiner Heimat sagen würde. Was hatte ich schon vorzuweisen, wer war ich schon?

Aber beginnen wir von vorne. Vielleicht in den kleinen Ort Brand, wo alles seinen Ausgang nahm. „Das ist der, der uns gerade noch gefehlt hat“, sagt meine Mutter heute noch über mich im Scherz. Eigentlich, meint sie, hätten vier Kinder schon gereicht. Anna, Hermine, Hermann und Alfred, ein glückliches Kleeblatt. Und dann noch ich! Der kleine Johannes, geboren zur Sonnenwende 1965.

6

Ob meine Eltern gewusst haben, welch große Rolle die Sonne in meinem Leben spielen würde? Nun war ich also da, der fünfte im Bunde der Familie Gutmann, behütet von den großen Schwestern und auf der Suche nach einem Platz im Gefüge der Familie und des Dorfes. Durch körperliche Kraft und Stärke konnte ich nicht beeindrucken. Tunlichst hielt ich mich beim Raufen zurück, spezialisierte mich eher auf die Rolle des Vermittlers und desjenigen, der die noch Schwächeren in Schutz nimmt. Beim Fußball war ich ganz gut als Verteidiger, weil ich mich aufs Kämpfen verstand. Als Ministrant habe ich gelernt, wie man Feste feiert – und das Ministrantengeld für jede absolvierte Messe kam mir auch gelegen. Am liebsten war mir aber die Freiheit, mit den anderen Kindern des Dorfes in den Wiesen, den Wäldern und am Purzelkamp herumzustreifen. Für Heimatkundeinteressierte: der Purzelkamp, der Ritterkamp und der Kleine Kamp vereinen sich zum Großen Kamp, dieser ist einer der wichtigen Flüsse des Waldviertels. Dass ich ausgerechnet an jenem Kamp, der den witzigsten Namen trägt, aufgewachsen bin, kann ich nur als gutes Omen deuten.

Man kann sich eine Kindheit in Brand fast als Idylle vorstellen. Der kleine Ort in der Nähe von Waldhausen liegt südlich von Zwettl. Meine Familie hat ihren Hof im sogenannten Oberdorf. „Ecker Gutmann" ist unser Hausname. Seit Generationen waren meine Vorfahren Bauern. Selbstversorgung war das oberste Prinzip und so wurde alles angebaut und großgezogen, was man zum täglichen Leben brauchte. Erdäpfel, Getreide, Kühe, Schweine, Hühner, Gemüse, Kräuter – der Tisch war immer reich gedeckt.

Meine Eltern arbeiteten hart, bei uns wurde auch viel gelacht. Während mein Vater am Sonntagnachmittag im Dorfwirtshaus war, spielten wir daheim mit der Mutter, bis der Tisch glühte vom Aufschlagen der Karten oder dem heftigen Umsetzen der Figuren auf dem Spielfeld. Eine Runde „Schnapsen" gehört für meine mittlerweile schon betagten Eltern auch heute zum fast täglichen Vergnügen. Wer spielt, wird kreativ, haben Forscher herausgefunden.

Familie Gutmann, 1969: Anna, Mama Berta, Alfred, Johannes, Hermann, Papa Ignaz, Hermine

7

Angeblich hat das Musikgenie Mozart jeden Tag so viel gespielt, dass man sich gar nicht erklären kann, wann er noch Zeit hatte, seine Kompositionen aufzuschreiben. Meine liebste Beschäftigung war allerdings, von Haus zu Haus zu gehen und mit den Leuten zu reden. Ich ging überall ein und aus und war, zumindest meistens, auch gern gesehen. Mein liebster Ort im Dorf war der Greißler, genau zwischen Ober- und Unterdorf gelegen. Fast jeden Tag schaute ich nach der Schule bei ihm vorbei. Für ein paar Zehnerl, damals noch Groschen, oder einen Schilling deckte ich mich mit Süßigkeiten ein. Der Greißler war nicht fad, er wusste zu allem und jedem eine Geschichte. Und weil er sich die vielen Kinder nicht mit Namen merkte, verpasste er jedem einen Spitznamen. Meiner war „Schmeling" – oder doch „Schmähling"? Der Greißler hat meinen Spitznamen nie aufgeschrieben. Schmeling war mir natürlich sympathisch. Als eher kleiner, kurzsichtiger Bursche mit dem großen Boxweltmeister Max Schmeling verglichen zu werden, möbelte mein Selbstbewusstsein ganz schön auf. Weil ich aber auch beim „Schmähführen" recht schlagfertig war, könnte mein Spitzname auch so gemeint gewesen sein. Er blieb mir jedenfalls bis ins Jugendalter. Noch in der Handelsakademie kannten manche meinen tatsächlichen Vornamen nicht.

Als jüngster in der Familie hätte ich, wie es in Brand üblich ist, einmal den Hof meiner Eltern übernehmen sollen. Meine Ambitionen hielten sich aber sehr in Grenzen. Die schwere, immer wiederkehrende Arbeit zog mich nicht wirklich an. So griff ich zu, als sich die Chance bot, nach der Hauptschule eine kaufmännische Ausbildung zu machen. Kurz nach sechs Uhr früh stieg ich schon in den Bus nach Zwettl. Ich lernte eine neue Welt kennen. Meine erste Schularbeit in der Handelsakademie fanden die Lehrer nicht so toll. Ich wusste nun, dass ich mich auch anstrengen muss, damit mir etwas gelingen kann. Gott sei Dank hatte ich Zeit meines Schullebens Lehrer, die mich wirklich förderten. Gerade mein Klassenvorstand in der Handelsakademie, Mag. Herbert Hödl, hat uns als Menschen sehr geformt. Wir wurden selbstbewusst, aber auch ausgestattet mit Verantwortungsgefühl gegenüber anderen. Zwei Jahre lang war ich Schulsprecher.

Mein Radius vergrößerte sich. Ich ließ mich in Rhetorik ausbilden, nahm an großen Bundestreffen teil, lernte, mit Autoritäten zu verhandeln und Ungerechtigkeiten beim Namen zu nennen. Eine prägende Erfahrung, für die ich bis heute dankbar bin. Nie vergessen werde ich auch meinen Schulfreund Thomas. Er war ein besonders liebenswerter Mensch, einer, der behindert war und beim Gehen Hilfe brauchte. Ich gewöhnte mir an, ihn einfach über-

Ist das nicht ein guter Platz, um seine Kindheit zu verbringen? Zwischen Wackelsteinen und Bäumen schlug ich Wurzeln. Das Waldviertel ist mir bis heute Heimat und Nährboden für meine Ideen und das, was mich trägt. Wahrlich ein guter Platz!

allhin mitzunehmen. „Nicht für die Schule, für das Leben lernen wir", ein schöner Spruch meiner Mutter, den ich bestätigen kann. Bauer wollte ich also nicht werden, eine Firma hatte ich auch nicht, was tun als junger Spund? Zuerst einmal dem Vaterland dienen. Am liebsten wollte ich das als Zivildiener, aber die damals noch aktive Zivildienstkommission entschied, dass meine Motivation nicht ausreichend sei. Also leistete ich den „Dienst mit der Waffe" als Offiziersordonnanz in einem Fliegerabwehrbataillon.

Danach wollte ich meinen Weltradius erneut erweitern und inskribierte in Wien Handelswissenschaften. Das war im März 1985. Wien war mir ein bisschen vertraut. Wie viele Waldviertler Bauern hatten auch wir im Auszugshaus bei unserem Hof Wiener Sommerfrischler einquartiert. Wie haben wir uns als Kinder auf ihren Besuch gefreut! Sie brachten Süßigkeiten und Früchte für uns mit, die es sonst nicht gab, sie wussten Geschichten aus der Stadt, die für uns ganz fremd und exotisch klangen, und vor allem, sie nahmen uns auch ein, zwei Mal mit in die Hauptstadt. Mit offenem Mund habe ich da als Kind gestaunt! Über die vielen Menschen in den Straßenbahnen, über die unglaubliche Zahl von Häusern und über den ersten Farbigen, den ich dort gesehen habe.

All das, was mich als Kind fasziniert hatte, ging mir nun an der Universität auf die Nerven. So viele Menschen, so ein Gedränge, so wenig persönlicher Kontakt, so viel Theorie. „I wü wieda ham, fühl' mi do so allan ..." singen die Musiker der österreichischen Band STS und ich konnte sie damals total verstehen. Nach zwei Wochen Uni packte ich meine Sachen zusammen und fuhr zurück nach Brand. Ich wollte mich lieber in meiner Heimat praktisch nützlich machen.

So wirklich gewartet hatte allerdings auch im Waldviertel keiner auf mich. Arbeitsplätze sind im Norden Niederösterreichs Mangelware. Viele pendeln aus und gehen oft ganz weg. Aus meiner Maturaklasse sind nur drei in der Region geblieben. Auch den Bauern ging es damals nicht besonders gut. „Getreideberge" und „Milchseen" kündeten auf dem Agrarmarkt von Überschuss und schlechten Preisen. Resignation machte sich breit. Dabei geizt der karge Boden des Waldviertels ohnehin mit Erträgen. Die steinige und sandige Erde der Böhmischen Masse bedecken nur wenige Zentimeter fruchtbarer Humus.

Als „arbeitsam und geduldig, wie es Klima und Boden verlangen" beschreibt schon ein Reisender des 19. Jahrhunderts die Bauern des Waldviertels. Sie wären konservativ in ihren Anschauungen und Bräuchen, „nüchterne und praktische Naturen, verschlossen, karg mit Worten und

Johannes Gutmann, 1970

wenig weltbewandert." Klingt nicht gerade sehr schmeichelhaft. Die Landwirtschaftskammer versuchte jedenfalls, die Bauern auf neue Ideen zu bringen und förderte den Anbau von Sonderkulturen und den Ausbau des Tourismus. Die Landwirtschaftliche Fachschule Edelhof übernahm das Management und der junge Johannes Gutmann bekam eine arbeitsmarktgeförderte Chance, sich nützlich zu machen als „Bürschchen für alles". Ich sollte mithelfen, den Tourismus anzukurbeln. Von der Schönheit des Landstriches musste ich nicht erst überzeugt werden.

Gern zeigte ich Touristen die schönsten Plätze, die beeindruckendsten Wackelsteine und die dunkelsten Moorseen. Gern animierte ich die Bauern, sich mit Vermietung von Zimmern und dem Aufbau von Campingplätzen ein neues wirtschaftliches Standbein zu schaffen. Ich war viel bei den Menschen. Da fühlte ich mich ohnehin in meinem Element.

Dieser Job bescherte mir kurioserweise auch einen kleinen Ausflug nach Wien. In einem Reisebüro im Wiener Hilton Hotel „repräsentierte" ich zeitweise das Waldviertelmanagement. An den kautzigen Herrn Kubo, den Inder Mr. Fancy, der mich mit seinem gut gewürzten Essen oft zum Schwitzen brachte, und das ordentliche Fräulein Müller, das dem Charme eines Sarden verfallen war, erinnere ich mich trotzdem gerne. Einige schwammerlbegeisterte Italiener konnten wir über diese Wiener Dependance doch zur Pilzexpedition ins Waldviertel bewegen.

Als das Arbeitsmarktservice meine Stelle nicht mehr förderte, kam gerade rechtzeitig das Angebot der Zwettler Brauerfamilie Schwarz, als Außendienstmitarbeiter einzusteigen. So tingelte ich als Bierverkäufer von Gasthaus zu Gasthaus. Nach einem halben Jahr kannte ich die Geschichten, die dort erzählt werden, und die Typen, die dort ihr hart Verdientes in Flüssiges umsetzen, gut genug um zu wissen, dass das nicht meine Zukunft sein kann.
Eine wichtige Erfahrung, für die ich Familie Schwarz dankbar bin.

12

Wie es der Zufall wollte, bot mir das Waldviertel Management nun einen Arbeitsvertrag als Koordinator für landwirtschaftliche Sonderkulturen an. Ich griff zu. Aber ich hatte keine Ahnung, was mich erwartete. Kümmel gab es im Waldviertel schon immer. Der wilde Wiesenkümmel wurde oft vor der Heumahd geerntet, aber wie alles wild Wachsende galt er als nichts Besonderes. Nun sollte Kümmel auf Feldern angebaut und an Gewürzhändler verkauft werden. Aber keiner hatte Erfahrung, wie das am besten gehen soll. Das Ergebnis landete bei mir: nasser Kümmel, der erst einmal getrocknet und gesäubert werden musste. Ein umgebauter Trommeltrockner versagte schnell seine Dienste, Senior Rusconi von der Schweizer Firma Graminex kam mir zu Hilfe. Wir borgten hunderte Leintücher in der landwirtschaftlichen Fachschule Edelhof aus, deckten damit die Metallroste der Roggenpollentrocknung im Stift Zwettl ab, schichteten darauf zirka 15 Zentimeter hoch Kümmel und ließen die warme Luft um die Gewürze zirkulieren. Täglich war ich dort, um händisch umzuschichten und zu kontrollieren, ob auch nichts schimmelt. Mit viel Mühe trockneten wir so 30 Tonnen Kümmel. Aber wir mussten auch noch mit unserem Lieblings„beikraut", dem Queckensamen, fertig werden. Diese teuflischen Körner haben das gleiche spezifische Gewicht wie Kümmel und ließen sich nur mit Spezialsieben trennen. Schließlich konnten wir die Ware aber gut verkaufen. An den Preis, 17 Schilling, zirka 1,20 Euro, für ein Kilo besten Kümmels, erinnere ich mich noch genau.

Probleme sind eine wunderbare Möglichkeit, Erfahrungen zu machen und fürs Leben zu lernen. Zumindest kann man so darüber denken, wenn die Probleme erst gelöst sind. Damals, 1986, waren für mich die Probleme oft sichtbarer als die Erfolge. Aber das war kein Grund aufzugeben. Mit meinem Chef kreierte ich die Marke „Waldland", zeichnete selbst das Logo aus Dreiseithof, hügeliger Landschaft und österreichischer Flagge. Stolz präsentierten wir im Frühjahr 1987 unsere erste Produktpalette aus Mohn, Kümmel, Pfefferminze, Zitronenmelisse, Ringelblume und anderen Kräutern. An kleinen Erfolgen sah ich, dass man etwas in Bewegung bringen konnte.

Eine Sparkasse orderte Geschenke für den Weltspartag, ein regionales Medium berichtete ausführlich über uns und erste Besucher kamen zum Standort des Unternehmens, dem sogenannten Schleifgraben, um einzukaufen. Ich erfand Kräuterteemischungen und mischte Küchenkräuter ab. Die ersten Geschäfte, wie der Waldviertel-Laden in der Wiener Operngasse, der EVI-Laden in Krems oder Gesundheitsguru Willi Dungl in Gars am Kamp, bestellten bei uns. Auf der Wiener Herbstmesse 1987 waren wir mit einem Stand vertreten und machten binnen vier Tagen einen erstaunlichen Umsatz. Ich redete und kontaktete, was das Zeug hielt, und fühlte mich richtig in meinem Element. Der „Schmähling" in mir leistete mir gute Dienste, und die Lehren des Greißlers aus Brand, mit den Leuten zu reden und ihnen Geschichten zu erzählen, zeigten Wirkung.

Ich fühlte Aufwind. Doch plötzlich stürzte ich wie in einem thermischen Loch zu Boden. Mein geförderter Arbeitsvertrag lief aus, er wurde nicht verlängert. Jetzt, wo es anlief, wollte man die Sache ohne mich machen. Es war ein schwerer Abschied mit Tränen. Was tun? Noch immer wollte ich in keine Großstadt und in kein Büro. Ich liebte meine Heimat und sah die Chancen, die es gerade da dank der Kraft der Natur und der Menschen gibt. Es blieb mir also keine andere Wahl, als mich selbstständig zu machen. Ich sagte zu mir: „Was du für andere kannst, mach jetzt für dich!"

Von meinem wenigen Ersparten kaufte ich mir ein altes Auto. Ich machte mich auf die Suche nach einem Markenzeichen und sah das Sonnentor. Die Waldviertler Bauern waren lange Leibeigene gewesen. Wer den Schritt in die Freiheit schaffte, brachte die Sonne mit 24 Strahlen – einen für jede Stunde des Tages – an seinem Tor an. Solange die Sonne schien, würden dieser Hof und die Freiheit des Bauern bestehen. Johannes, sagte ich mir, nütze die Sonne und packe es an!

KAPITEL 2
die geschichte, wem oma zach das geheimnis der ringelblumen offenbarte

Kurt Kainz ist ein echter Spezialist, Helga Bauer eine ausgeprägte Kämpferin und Oma Zach hat überhaupt das Kräutersammeln erfunden. Ohne diese drei gäbe es die Firma Sonnentor nicht. Sie haben mir vertraut und ich habe ihnen vertraut. Mittlerweile zeigen wir alle Anzeichen von alten Ehepaaren: Wir haben so viel miteinander erlebt, gelacht, gekämpft, gehofft und vorangebracht, dass wir wohl für immer beisammen bleiben werden.

Damals, als ich außer meinem alten, klapprigen Auto nicht viel hatte als eine gute Idee im Kopf und ein Herz voller Idealismus, lud ich zum Schrammel, dem Bergwirt in Moidrams, fünf Bauern ein. Ich wollte sie für meine Idee gewinnen. Sie sollten Kräuter anbauen, Tees und Teemischungen herstellen, und ich würde diese verkaufen. Ich erinnere mich an diesen Abend sehr genau. Wer war ich schon in den Augen dieser gestandenen Bauern? Ein junges Bürschchen, gerade 23 Jahre alt, kontaktfreudig und mit einem guten Schmäh, so hatten sie mich schon bei „Waldland“ erlebt, aber darüber hinaus?

Oma Zach mit Enkelin Sylvia, 1991

Da gab es keine große Firma, keine Organisation, die man belangen konnte, wenn der Bursche sich nicht an Vereinbarungen hielt, keine Garantie, dass er verkaufen würde, was er sich vorgenommen hatte. Alles, was ich einsetzen konnte, waren meine Talente, mein Handschlag und meine Überzeugung, dass der Biotrend gerade erst zu keimen begonnen hatte. Kainz, Bauer und Zach sagten nach diesem Abend beim Wirt in Moidrams Ja. Und so starteten wir. Aber zuvor stelle ich die drei Bauern noch näher vor. Ihre Gesichter sind auf vielen Sonnentor-Produkten zu sehen. Bauern, die ehrlich und unverstellt in die Kamera schauen, die Freude an ihrer Arbeit haben und wissen, dass nur gewinnen kann, wer auch etwas wagt.

„Ist sie jetzt ganz deppert geworden?“ So oder so ähnlich, aber jedenfalls wenig schmeichelhaft, gingen die Bauern im Dorf Gebharts ihren Nachbarn Zach an, als sie seine Ehefrau Kräuter sammeln und auf dem Acker Weidenröschen anbauen sahen. Was ein echter Bauer ist, der sitzt doch auf seinem Traktor, streut Kunstdünger und liefert seine Ware im Lagerhaus ab! Aber Frau Zach, von allen Oma Zach gerufen, hatte anderes im Sinn. Sie hatte Vorträge der Kräuterkundigen Maria Treben gehört. Was diese über die Wirkkraft der Kräuter zu sagen hatte, traf bei Oma Zach auf eine Neigung, die ihr Vater in ihr grundgelegt hatte. Der wusste schon, dass für alles ein Kraut gewachsen ist. Oma Zach begann mit Schafgarben und Weidenröschen, sammelte, verpackte und verschickte. Erst als sie damit ein wenig zum Haushaltseinkommen beitrug, ließ ihr Mann sie gewähren. Heute ist die über 80-jährige Oma Zach mit ihren lustigen und auch ein bisschen listigen Augen zwar nicht mehr auf dem Feld anzutreffen, beim Abpacken der Teemischungen hilft sie aber noch immer mit.

„Zuerst verlacht, dann betracht’, dann nachgemacht“, sagte sie mir schon öfter mit einem zufriedenen Unterton in der Stimme. Wie recht sie hat! Aus den anfänglichen drei Bauern sind mittlerweile 150 geworden, die regelmäßig für die Marke Sonnentor produzieren.

Bei den Zachs sind längst Sohn Karl und Schwiegertochter Elisabeth am Werk. Sie bauen auf sechseinhalb Hektar Kräuter an, haben zwei Folientunnel, um die Jungpflanzen heranzuziehen, und zwei große Hallen für die Trocknung und Verarbeitung der Kräuter.

Frau Bauer, eine Sonnentor Bäuerin der ersten Stunde, 1993

„Wir sind mit Sonnentor gewachsen", meinte Elisabeth Zach erst kürzlich. Die Neider im Dorf fechten sie merklich nicht an. Wie alle bei Sonnentor hat auch sie gelernt, das Positive zu sehen und Ziele mit Ausdauer zu verfolgen. Der jüngste Sohn, Andreas, ist gerade 16 Jahre alt geworden. Mit Sonnentor sieht er für sich eine Zukunft in der Landwirtschaft. Er möchte den Hof unbedingt fortführen. Gibt es ein schöneres Kompliment für Eltern?

Andere Betriebe, wie jener von Familie Bauer in Seyfrieds, verdanken den Kräutern ihr wirtschaftliches Bestehen. Auch auf diesem Hof war es die Frau, Helga Bauer, die wusste, dass man nur durch Mut zu Neuem etwas ändern kann. Der Hof der Schwiegereltern war in schweren Turbulenzen, Helga Bauer suchte nach Einkommensquellen. „Jedem legt der Herrgott ein Körnchen in die Wiege", erzählt sie gerne. Ihr Körnchen sei die Liebe zur Natur und zu den Kräutern gewesen. Das Weidenröschen, gesucht wegen seiner Wirkstoffe bei Prostataleiden, war auch ihr Einstieg in die Kraft der Natur. „Trink Kräutertee von Sonnentor, dann kommt dir 's Leben leichter vor", steht auf einer unserer ersten Werbetafeln, die bis heute an der Hofeinfahrt von Familie Bauer hängt. Sieben Hektar Kräuter – von vielen Sorten Minze über Melisse, Salbei, Käsepappel und Ringelblume bis Kornblume, Verbene und Hanf – wachsen hier jedes Jahr heran. Helga Bauer wurde von Schicksalsschlägen nicht verschont. Ihr Mann und ihr Sohn sind gestorben, eine Tochter ist schwer erkrankt und sie selbst laboriert am Herzen. Dennoch lache ich mit ihr bei jedem Besuch viel. „Am schönsten war es am Anfang, als wir kämpfen mussten", erinnert mich Helga oft an die erste Zeit. Und an die Bananenschachtel, in die genau fünfzig Päckchen Kräuter gepasst haben, und die ich zu Beginn einmal die Woche bei ihnen abgeholt habe. „Die erste Lieferung waren 50 Packungen Pfefferminze", erzählt sie. „Die ganze Familie ist am Sonntagnachmittag beim Küchentisch gesessen und hat eingesackerlt und etikettiert. Unser Sohn hat sogar auf den Besuch bei seiner Freundin verzichtet, damit wir pünktlich liefern konnten."

Hinten beim Stadel stand lange ein alter Autobus, der zur Trocknungsanlage für die Kräuter umgebaut worden war. Die Post hatte die Standheizung, auf die es Familie Bauer abgesehen hatte, nur mitsamt dem Bus verkauft. Es wurde viel improvisiert zu Beginn! Anfangs schnitten die Bauers die Kräuter tatsächlich noch mit der Sichel. Helga Bauer ist eine unserer Lieferantinnen, die von Sonnentor im Vorjahr mit der „Goldenen Sichel" ausgezeichnet wurden. So viel Treue und Engagement sind jede Ehre wert.

Kurt Kainz

20

Auch bei Familie Bauer führt übrigens längst der Sohn mit seiner Frau den Betrieb, und Christoph, der Enkel von Helga Bauer, zeigt Ambitionen, weiter zu machen.

Kurt Kainz war der einzige Mann, der gleich von Beginn weg an die Idee von Sonnentor geglaubt hat und ihr mit besten Kräutern auch zum Erfolg verholfen hat. Kurt Kainz ist ein echter Überzeugungstäter. Lange erzeugte er in der familieneigenen Hausweberei Fleckerlteppiche und Reibtücher. Seine eigentliche Liebe galt aber immer der Gärtnerei. Auf nur zweieinhalb Hektar baut er in Bioqualität alles an, was in seine Teemischungen gehört. Der Druidentee, der Blütentee, der Wohlschmeckertee und der Loslassen-Tee stammen aus seinem Anbau. Hanf, Beifuß, Haselnussblätter und Apfelminze machen den Druidentee so besonders anregend. Grüner Hafer, Ringelblumen oder Goldmelisse erleichtern das Loslassen. Und in seinem Blütentee finden sich sogar Fliederblüten und Rosenblüten aus dem eigenen Garten. Kurt Kainz hat außerdem eine „Herde" von zwei Kühen, um den Biokreislauf am Hof zu erhalten. Fast alles erntet er von Hand, die Himbeerblätter, die Birkenblätter oder Brombeerblätter stellt ihm die Natur sozusagen kostenlos zur Verfügung. Kurt Kainz ist ein ruhiger Mensch, der die Ringelblume besonders liebt. „Weil man so viel Arbeit mit ihr hat", meinte er einmal scherzend. Seine Frau Maria weiß zu erzählen, wie der Rücken im Sommer schmerzen kann, wenn über Wochen Ringelblumenblüten händisch gepflückt werden. Ihr wäre am liebsten eine Kreuzung aus Ringelblume und Sonnenblume, damit sie sich nicht mehr so viel bücken müsste. Vielleicht schafft Kurt Kainz das ja noch? Zuzutrauen wäre es ihm. In seinem Schuppen hat der Tüftler eine ganz spezielle Trocknungsanlage für seine Kräuter gebaut, die mit einem Holzofen beheizt wird. Die Schneidemaschine für die Kräuter ist gut 110 Jahre alt und mit einem speziellen Motor ausgestattet.

Beim Schneiden der Kräuter gilt: Je größer die Blätter und Blüten bei der Verarbeitung bleiben, desto besser ist ihre Qualität. Die wertvollen ätherischen Öle lieben die große Form.

Die Schwiegertochter von Kurt Kainz, Elisabeth, hält übrigens den Rekord beim Verpacken und Etikettieren der Sonnentor-Tees. Sie schafft 140 Packungen pro Stunde. Ich hätte da keine Chance mitzuhalten.

Kurt Kainz bei einem der ersten Fotoshootings für Sonnentor, 1991

21

Habe ich schon erzählt, dass gleich mein erster Versuch, unter der Marke Sonnentor Kräuter zu verkaufen, ein Fehlschlag war? Das lag, ich gebe es zu, an mir selbst. Ich hatte auf die falschen Sackerl gesetzt. Was mir zuerst gefallen hatte, sah in Wirklichkeit aus wie eine undurchsichtige Nagelpackung. Kein Mensch wollte Kräuter haben, die er nicht sehen konnte. Diese Investition hatte ich in den Sand gesetzt. Rasch verstand ich, dass Sichtfenster die Kräuter erst sympathisch machen. Mit meinem alten, weißen Auto karrte ich die unverkäuflichen Packungen nach Brand zu meinen Eltern zurück. Nächtelang halfen sie mir, die Kräuter in freundlichere Verpackungen umzufüllen. „Bub, du musst selbst wissen, was du tust", hatte mein Vater zu mir gesagt, als ich mit Sonnentor begann. Freiheit und Vertrauen sind wichtige Geschenke, die Eltern ihren Kindern mit auf den Weg geben können. Auch wenn meine Eltern immer vorsichtig waren und meine Mutter immer warnt, dass „noch kein Baum in den Himmel gewachsen ist", haben sie doch stets zu mir gehalten. Sie sind eine echte Gefühlstankstelle für mich. Und sie helfen mir, wo sie können. Nicht mit Geld, aber mit konkreter Arbeit. Mein Vater war früher auf jeder Baustelle zugegen und bis heute helfen mir die beiden beim Verpacken. So wandert der kostbare Safran durch ihre fleißigen Hände, wird von ihnen, wie sie selbstironisch sagen, in die Verpackung „gezittert".

Aus meinem ersten Fehler zu lernen, war besonders herausfordernd, weil die Existenz von Sonnentor noch recht wackelig war. Damals habe ich gelernt, genau hinzuhören und genau hinzuschauen, was die Endverbraucher wirklich wollen. Brigitte, die Verkäuferin im Waldviertel-Laden in der prominenten Wiener Operngasse, rümpfte bei meinem „Morgen-Muffel-Tee" die Nase. „Warum sagst du nicht Gute-Laune-Tee?", meinte sie. Wer möchte schon gern ein Muffel sein, wandte sie völlig richtig ein. Ich verstand. Der Gute-Laune-Tee ist der erfolgreichste Sonnentor-Tee überhaupt geworden. Danke, Brigitte!

Und schließlich bekam ich einen besonders guten Tipp von meiner hochverehrten Oma Zach. Eine praktische Frau wie sie hatte immer auch einen Sinn fürs Schöne. Wie die Blumenrabatte in den Bauerngärten vor allem aus Freude am Blühenden angelegt werden und keinen Gewinn bringen, so mischte sie in ihre Kräutertees von Anfang an farbige Blüten für das Auge und fürs Herz. Bei ihren Teemischungen für Sonnentor hielt sie es ebenso. Die Ringelblume mit ihrem satten Orangegelb stimmt jeden heiter. Oma Zach hatte recht und so konnte man bald durch das Sichtfenster jeder Packung Sonnentor-Tee den Sommer sehen. Danke, Oma Zach, für diese gute Idee!

22

Zach, Bauer, Kainz und ich, so sind wir also im Herbst 1988 gestartet. Ich habe geschaut, was jeder anbaut, habe Teemischungen zusammengestellt, Kräuter gemischt und bin losgezogen zu Händlern und Messen. Zuerst meinte ich, Apotheken könnten die hochwertigen Kräuter aus biologischem Anbau schätzen. Aber weit gefehlt. Apothekenqualität konnte ich nicht bieten, denn dazu hätte es aufwendiger Zertifikate bedurft. Das Geld dafür hatte ich nicht. Bio allein war für die Apotheken kein Kriterium und nicht wenige Apotheker meinten, sie hätten im Studium gelernt, man könne in Österreich keine Kräuter in bester Qualität anbauen. In die Supermärkte zog es mich mit meiner Ware von Anfang an nicht, vor allem wollte ich den ständigen Preisdruck vermeiden. Ich hätte ihn nur an „meine" Bauern weitergeben können, ein Gedanke, der mir äußerst unangenehm war. Schließlich versuchte ich mein Glück im Biofachhandel. Was werden die Inhaber gedacht haben, als ich mit altem Auto und Zwettler Kennzeichen vorfuhr und mit meinen Kräuterpackungen Furore machen wollte?

Mitte der 80er-Jahre war die Bioszene noch sehr jung. Die Katastrophe von Tschernobyl, der Supergau im Atommeiler, hatte gezeigt, wie verwundbar unsere Zivilisation war. Ein neues Verantwortungsbewusstsein für unsere Welt, für die Ökologie, für gesunde Nahrungsmittel und eine sichere Zukunft unserer Kinder war im Entstehen. In den Bioläden der Städte trafen sich Menschen, die bereit waren, für hochwertige Waren mehr zu bezahlen. Es waren Menschen, die verstanden hatten, dass Gesundheit und Genuss Hand in Hand gehen. Für beides hat die Natur vorgesorgt. Immer wieder fuhr ich bei den Bioläden vor, hinterließ Probepackungen, erzählte die Geschichten von den Waldviertler Bauern, die aus Überzeugung beste Kräuter anbauen, sie von Hand jäten und ernten und so schonend wie möglich trocknen und verpacken. Zach, Bauer und Kainz waren in den Erzählungen immer mit mir unterwegs. Manchmal war der Weg auch umgekehrt. Dann fuhren Ladeninhaber aus den Städten mit mir zu den Bauern. Wenn man einander kennt, kann das Vertrauen wachsen. So geschah es. Die Probepackungen wurden immer schneller verkauft und bald brauchte ich nicht mehr nur eine Bananenschachtel Ware pro Woche von meinen Bauern, sondern mehrere.

Von Anfang an konnten sich meine drei Bauern darauf verlassen, dass ich Ware, die ich abholte, auch pünktlich bezahlte. Ein Bonus, den sie mir hoch angerechnet haben und der bis heute gilt. Was wir bestellen, nehmen wir fix ab. Manchmal kam ich erst spät abends vorbei, um neue Ware zu holen.

23

Helga Bauer, die einmal, als ich nächtens vor der Tür stand, schon schlafen gegangen war, hinterließ ich einen Brief im Fenster, den sie bis heute zitiert. „Schlafen kannst du einmal im Paradies".

„Il uomo dell' paradiso" nannte mich übrigens einmal ein italienischer Händler, der Mann aus dem Paradies. Er meinte wohl, dass ich im Paradies lebe, in dieser herrlichen Waldviertler Landschaft, und dass ich mit Schätzen aus dem Paradies handle.

Wissen Sie, wie wunderbar es im Paradies duftet? Als Kind liebte ich das frische Heu. In ihm ist die Wärme des Sommers gespeichert, die Sonne hat Gras und Kräuter in ihrer Essenz für die langen Tage des Winters nutzbar gemacht.

Zur Sonnentor-Familie gehören heute viele Bauern, derzeit rund 150. Ich schätze die Individualisten und Könner aus vielen Teilen Österreichs. Wenn sie sich bei unseren Feldtagen und Anbaubesprechungen treffen, wird eifrig diskutiert und von den Erfahrungen aller profitiert. Die „Neulinge" lernen von den „Alten".

Zach, Bauer, Kainz, den Dreien der ersten Stunde bin ich bis heute unendlich dankbar. Sie haben an meine Idee geglaubt. Sie sind echte Pioniere, originelle Personen, mit denen man Neues anpacken konnte. Sie haben gezeigt, dass die Waldviertler zwar konservativ sind, aber in einem positiven Sinn. Sie bewahren das, was in unserer hektischen und lauten Zeit das kostbarste Gut ist: Qualität, die langsam reifen und wachsen kann und dadurch auch Bestand hat.

KAPITEL 3

die geschichte, wie die rote brille auf die nase kam

„Was du ererbt von deinen Vätern hast, erwirb es, um es zu besitzen“, heißt es in einem Faust-Zitat. Das Ererbte war in meinem Fall eine alte Lederhose. Mit einem stolzen Alter von sechzig Jahren war sie schon ein bisschen abgewetzt und speckig, aber sie kleidete mich wunderbar. Mit meinem Vater war sie auf den Feldern und auf dem Motorrad unterwegs gewesen, mit mir stand sie nun auf Märkten herum. „Der Kräutermann mit der Lederhose“, begrüßten mich manche Kunden schon von weitem. Meine Lederhose war lange Zeit sozusagen mein einziger Mitarbeiter. Sie leistete mir gute Dienste. Sie hielt mich auf zugigen Advent- und Weihnachtsmärkten warm, an ihr prallte der Böhmische Wind ab, wenn ich jede Woche in Zwettl auf dem Markt stand, sie machte jede Strapaze mit, wenn ich auf Messen Kisten und Regale schleppte, aufbaute, abbaute, und manchmal schlief sie sogar mit mir, wenn ich nach einem langen Tag einfach wie ein Stein ins Bett fiel. Eigentlich gab es in Zwettl keinen Wochenmarkt und auch keinen Adventmarkt, ich machte mir diese selbst.

Wenn es ein bisschen festlicher sein sollte, bekam die alte Lederhose meines Vaters Gesellschaft. Der Wachauer Janker, Kalmuk genannt, beige-braun-kariert, wie ihn die Winzer früher bei der Arbeit trugen, möbelte den Kräutermann ganz schön auf. War ich nicht ein fescher Waldviertler Bursche? Nur hatte leider, wie gesagt, keiner so wirklich auf mich gewartet. Ich musste mich selbst bemerkbar machen.

26

Erster Weihnachtsverkaufsstand in Zwettl, 1989

Messen sind für Händler wichtige Gelegenheiten, sich bekannt zu machen. Meine erste Wiener Messe mit der Marke Sonnentor absolvierte ich im Jahr 1988 noch in einem recht abgeschiedenen Winkel einer Messehalle. Zumindest hatte der Standplatz nichts gekostet. Dafür bekam über Nacht die Hälfte der Waren „Beine" und mein hart verdienter Umsatz schrumpfte gleich wieder zusammen. Beim nächsten Mal war ich schon schlauer und tat mich mit einem Naturkostladen aus dem Weinviertel zusammen. Gemeinsam schafften wir es auf einen Spitzenplatz in der Messehalle. NOGDONZ („Naturkost ohne Gleichen von Dorfstädter Franz"), wie sich der Laden nannte, verkaufte besten Käse und ich dazu die Kräuter, Tees und Sirupe. Der Erfolg war überwältigend. Die liebenswerten Wiener lernte ich bei der Gelegenheit auch besser kennen.

Damals hatte ich auch offene Ware wie frisch geernteten Waldviertler Graumohn, Leinsamen, Dinkelflocken und Sonnenblumenkerne auf meinen Holzregalen stehen. Ein älterer Herr meinte angesichts der Sonnenblumenkerne mit unverkennbarem Hauptstadtakzent: „Des haben die Russen g'fressen wie's uns besetzt haben im zweiten Weltkrieg." Worauf ich meinte: „Vielleicht haben sie deswegen den Krieg gewonnen?" Eine Dame wollte beim Mohn wissen: „Ist der auch wirklich frisch?" „Ja, Gnädige Frau, greifen Sie her, der ist noch feldwarm, so frisch ist der." Sie ließ sich überzeugen.

Mit dem Mohn verbindet mich übrigens eine besonders gefühlvolle Beziehung. Meine Mutter hatte als Bäuerin immer ein kleines Ackerl mit Graumohn. Ihm galt besonders viel Aufmerksamkeit und Zuwendung. Aus eigenem Samen wurden die Pflanzen gezogen, mühevoll gejätet und liebevoll betreut. Die reifen Mohnkapseln wurden händisch geschnitten und der Mohn aus den Kapseln geschüttelt. Bei der Kapselernte mussten – oder sollte ich besser sagen durften? – wir manchmal in den Ferien helfen. Das hat gedauert, bis die rund 200 Kilo, die Mutters Feld Ertrag brachte, auf den Leintüchern ausgebreitet lagen! Wie der Mohn angenehm durch die Finger rieselte! Und wie ich den Mohnstrudel liebte, den es bei uns oft zu essen gab. Meine Mutter schätzte an ihrem grauen Gold wohl eher, dass sie es zu einem guten Preis verkaufen konnte, vor allem an die Wiener. Mit dem Erlös finanzierte sie dann zu Schulbeginn oft unsere Hefte und Bleistifte. So wurde der Mohn eine Grundlage unserer Bildung! Mit einem sogenannten Mohnzuzel wurden wir allerdings nie ruhig gestellt. Manchen Waldviertlern wird nachgesagt, sie hätten unreifen Mohn in einem Tuch zu einem Schnuller geformt und diesen den schreienden oder unruhigen Kindern in den Mund gesteckt. Die sanften Opiate hätten dann ihre Wirkung entfaltet. Wir hatten Glück.

Lager und Verkaufsraum in der Brunnengasse 4 in Zwettl, 1989

Vom ausgereiften Mohn wird keiner benommen, im Gegenteil, er regt an, hat viele Mineralstoffe und wertvolle mehrfach ungesättigte Fettsäuren.

Zu jedem Sonnentor gehört eine Sonne, versteht sich. Welche Sonne sollte nun meine Firma schmücken? Meine Strategie war einfach. Zuerst kontaktierte ich einen lieben Freund, den Maler Johannes Fessl aus Wurmbrand. Er war ein „studierter" Maler, vielleicht ein bisschen schrullig, und eine Seele von einem Menschen. Auch ihn hatte es aus Wien zurück ins Waldviertel gezogen, um sich selbstständig zu machen. In Wurmbrand bei Groß Gerungs hatte er sich niedergelassen und malte die schönsten, leicht ironischen Bilder von den Waldviertlern. Ich erzählte ihm, was ich vorhabe und dass ich zu meiner neuen Firma ein schönes Symbol brauche. „Host a Aungst? Weil dann san ma schon zwoa", meinte er lakonisch. Wir sprachen uns gegenseitig Mut zu, dass es schon gelingen könne, sich im spröden, schönen Waldviertel eine Existenz aufzubauen. Nach vierzehn Tagen lieferte er mir die Skizze einer Sonne, einmal mit und einmal ohne Zähne.

Vierundzwanzig Strahlen sollte meine Sonne haben, für jede Stunde des Tages einen, ein nie endender Strahlenkranz.

Mit diesen beiden Zeichnungen und einer ganz einfachen Kinderzeichnung, die nur eine lachende Sonne darstellte, machte ich nun meine Marktforschung, und das im wahrsten Sinne des Wortes. Ich stellte mich auf den Hauptplatz in Zwettl und fragte an die hundert zufällig vorbeikommende Passanten, welche Sonne sie am meisten anspräche. Das Ergebnis war verblüffend: Drei Viertel der Befragten entschieden sich für die freundliche Kinderzeichnung. Wieder hatte ich gelernt! Muss man ein bisschen verrückt sein, um eine Idee wie Sonnentor umzusetzen? Immer wieder fragt mich das jemand. Was soll ich sagen? Natürlich bin ich verrückt. Ver-rückt im Sinne von neben der üblichen Art, die Dinge zu betrachten.

Viele Menschen sind gewöhnt, nur das zu tun, was schon viele vor ihnen gemacht haben, und nur das zu denken, was andere auch schon herausgefunden haben. Neues kann aber nur entstehen, wenn man etwas anders macht, anders denkt, anders plant. Natürlich wird man dafür von anderen auch für verrückt gehalten. Aber das ändert sich.

Der Mohn war in unserer Familie immer Sache der Mutter. Sorgsam wurden die Samen in die Erde gebracht, mühevoll die zarten Pflanzen vom Unkraut frei gehalten und behutsam der reife Mohn aus den Kapseln geklopft. Mohn muss man als Waldviertler mögen. Fast so gern wie die eigene Mutter.

30

Wie oft wurden meine ersten Kräuterbauern für etwas dumm gehalten. Manche Männer, deren Ehefrauen mit dem Kräutersammeln begonnen hatten, trauten sich am Sonntag nach der Kirche nicht mehr ins Wirtshaus, weil sie ausgelacht wurden. Und auch über den spinnerten „Kräutermann mit der Lederhose" konnte man sich trefflich das Maul zerreißen. Stand da jeden Samstag, bei Wind und Wetter, vor dem Gasthaus „Zur goldenen Rose" in Zwettl – die freundliche Wirtin Maria hatte ihm den Standplatz ohne lange Behördenwege einfach zugewiesen – und pries seine Waren an. Hatte keinen Laden, kein ordentliches Lager, keine Angestellten, was konnte da schon draus werden? Zu keiner Zeit habe ich aber mehr gelernt als im direkten Kontakt mit den Kunden und den Händlern. Die Rückmeldungen sind direkt und unmittelbar. Natürlich muss zuerst die Qualität der Ware stimmen. Aber mindestens so wichtig ist, ob die Waren die Menschen auch ansprechen, ob sie ihnen Lebensfreude und Sinnlichkeit vermitteln. Als „Kräutermann mit der Lederhose" habe ich gelernt, dass Genuss und Optimismus untrennbar zusammengehören. „Wer nicht genießt, ist ungenießbar": An dem Liedtext von Konstantin Wecker ist viel dran. Manche lebensbegleitende Sätze formen sich in einem wie von selbst. Ein solcher Satz, der mich schon immer begleitet, heißt: „Leben und leben lassen". Klingt einfach? Man kann auch sagen: Ich kann nur gut leben, wenn es auch andere können. Diese Einstellung haben uns unsere Eltern mitgegeben. Gemeinschaftssinn und Eigennutz müssen in Balance sein, damit das Zusammenleben funktioniert.

Ich wollte, dass meine Bauern von ihrer Arbeit gut leben können. Als bloße Rohstofflieferanten hätten sie bei den nicht gerade üppigen Erträgen der Waldviertler Böden vom Kräuteranbau mehr schlecht als recht leben können. Wenn sie die Produkte selbst veredelten, Tees und Sirupe machten, Gewürzmischungen und Cremen, schaute es mit dem Ertrag schon besser aus.

Wenn sie aber kilometerweit auf Märkte fahren und sich Stunde um Stunde dort hinstellen mussten, war der Gewinn bald wieder weg. Ich schlug ihnen einen Mittelweg vor, den wir bis heute mit Erfolg gehen. Die Bauern bauen die Kräuter an, ernten und trocknen sie. Dann mischen sie Tees und Gewürze nach meinen Rezepturen ab, verpacken und etikettieren sie noch

Eröffnung des Lagerkellers in Zwettl mit Bürgemeister Bruckner, 1991

am Hof. Anfangs haben das noch die Familien auf dem Küchentisch gemacht. Heute verpacken bei Zachs und Bauers und auf vielen anderen Höfen vor allem Frauen die kostbare Ware in die Sonnentor-Sackerl. Ruck zuck geht das, so schnell, dass einem fast schwindlig wird. Dass dabei oft auch der neueste Dorftratsch ausgetauscht und mancher Kummer geteilt wird, ist eine unbezahlbare Form der Seelenhygiene.

Wir schaffen unseren Erfolg nur gemeinsam. Jedem steht ein Stück der Ehre zu. Schauen Sie einmal genau: Auf vielen Etiketten von Sonnentor-Teepackungen finden Sie den Namen der Familie, die sie abgepackt hat. Den Verkauf der Kräuter haben wir übernommen. Das können wir am besten und darauf konzentrieren wir uns. Unsere Kräuterbauern wollen wir damit nicht belasten. Dafür liegt es umgekehrt ganz in ihrer Hand, beste Qualität bei den Rohstoffen zu erzeugen. „Von nichts wird nichts", noch so ein Spruch, der mir von meinen Eltern im Ohr liegt. Da haben sie wohl recht.

Meine ersten beiden Jahre als Mister Sonnentor waren ganz schön anstrengend. Ich war als „One-Man-Show" fast rund um die Uhr unterwegs. Wie im Lied, das die Woche nach Speisen von Knödeltag bis Schnitzeltag einteilt, wusste ich an der Art meiner Tätigkeit, welcher Tag gerade war. Am Montag war Bürotag. Ich hatte in einer Apotheke in Ottenschlag bei Frau Mag. Ilse Spritzendorfer ein kleines Büro mit Telefon gemietet. Am Montag glühte die Leitung, um von den Läden, die ich langsam als meine Kunden akquirierte, den wöchentlich notwendigen Nachschub zu erfragen. Am Dienstag setzte ich mich dann hinters Steuer meines schon bekannten, alten, weißen Lieferwagens und lieferte die Waren nach Wien aus. Wenn ich die bestellte Ware verteilt hatte, machte ich mit meinen Probepackungen weiter. Fuhr Laden um Laden an und versuchte, die Verkäuferinnen und Verkäufer zu überzeugen, wie großartig sich Sonnentor-Ware auf ihren Umsatz auswirken würde. Bei manchen musste ich schon drei, vier Mal vorbeikommen, bis sie meine Überzeugungen teilten. Meine als Kind gesammelten Qualitäten als ausdauernder, kämpferischer Verteidiger auf dem Fußballfeld machten sich nun bezahlt. Am Mittwoch, gut zurück aus der weiten Welt, arbeitete ich meine Auftragsbücher ab, schaute nach, was ich noch auf Lager hatte und was ich neu bei den Bauern ordern musste. Der Donnerstag war dann mein Bauerntag. Oft war ich bis spät in die Nacht unterwegs, um neue Ware abzuholen. Selten passierte das aber zwischen Tür und Angel. Meist saßen wir zumindest bei einer Tasse Tee oder einem anderen anregenden Getränk zusammen und tauschten unsere Erfahrungen aus.

Beginn des Umbaus des Bauernhofes in Sprögnitz, Mai 1992

Wir diskutierten über neue Teemischungen und über die Geschäftsentwicklung. Oft ging es aber auch heiß her, wenn das Weltgeschehen zur Sprache kam, oder es wurde ganz berührend, wenn über Schönes und Leidvolles in der Familie erzählt wurde. Häufig kam ich an einem solchen Tag erst spät ins Bett, und der Freitag, der Buchhaltungstag, erforderte von mir dann ganz schön viel Konzentration. Und nun raten Sie, was am Samstag und am Sonntag auf dem Programm stand? Verkaufen, verkaufen, verkaufen. Mit dem kleinen Marktstand, den ich in einem alten VW-Bus unterbringen konnte, stand ich auf vielen Märkten – der „Kräutermann mit der Lederhose". Halt! Die Lederhose kennen nun schon alle. Gerade die trage ich nur mehr zu besonderen Anlässen. Die Zeiten haben sich einfach geändert. Ich stehe nur mehr selten auf Märkten und Messen – und hinterm Schreibtisch und auf Reisen tut es eine andere Hose auch.

Mutter Natur hat mich mit Kurzsichtigkeit bedacht, was viele Jahre mit billigen Krankenkassenbrillen ausgeglichen wurde. Weil die beim Spielen immer wieder den Strapazen nicht standhielten, bekam ich irgendwann Sportbrillen, auf die ich unheimlich stolz war. Mit den Jahren und eigenem Einkommen wechselte ich die Brillen öfter und leistete mir auch da etwas Ver-rücktes. Viele, die mich sahen, hatten ihr kleines Vergnügen an meinen gesprenkelten, gescheckten und getupften Sehbehelfen. Und eines Tages landete dann eine rote Konstruktion auf meiner Nase. Das passt, sagte mein Gefühl. Das passt zu mir, das passt zu Sonnentor. Rot ist Dynamik, Wärme, Aktivität. Solange ich mich so fühle, bleiben die roten Brillen auf meiner Nase!

Und nebenbei hatte ich wieder etwas fürs Leben gelernt: Man kann aus vermeintlichen Schwächen Stärken machen, wenn man sich nur darauf einlässt und das Positive daran erkennen kann. Bauern im Waldviertel, die das Jammern über ihre schlechten Böden so lange gelernt hatten, bis sie es selbst glaubten, half auch erst eine neue Brille, durch die sie sahen, dass ihr Land so vieles hat, was andere suchen und vermissen.

33

Einweihung des Bauernhofes in Sprögnitz, Oktober 1992

Der „Kräuter-Hannes“, wie mich manche in den ersten Jahren auch riefen, hatte Charme, der seine Wirkung nicht nur bei den zahlreichen Kundinnen entfaltete, sondern ganz speziell auch bei einer jungen Dame namens Manuela. Sie wurde meine Frau, die Mutter meiner beiden Töchter Susanna und Klara, meine erste Mitarbeiterin. 1989 kam unsere erste Tochter zur Welt. Firmen- und Familiengründung waren strategisch nicht so ausdrücklich gemeinsam geplant gewesen. Der Organisationsbedarf vergrößerte sich erheblich. Ich kaufte ein kleines Haus in Zwettl, baute es um, schuf mir Lagerraum. Bis ich eines Tages an einem Samstag in einem Baumarkt in Zwettl einen Bekannten traf, der meinte: „Was baust du denn schon wieder herum? Wird dir doch ohnehin bald wieder zu klein werden!“ Er schlug mir vor, einen verlassenen Bauernhof im kleinen Dorf Sprögnitz bei Zwettl zu besichtigen, der zum Verkauf stand.

Ich erinnere mich an die erste Begehung des fast verfallenen Hauses. Schon ein bisschen verrückt, so etwas zu kaufen! Ich tat es trotzdem. „Bub, was willst du denn damit?“, war mein guter Vater entsetzt. Er hat mir dann natürlich trotzdem geholfen, aus der halben Ruine ein Wohn- und Bürohaus zu machen und im Stadel ordentliche Lagerräume einzurichten. Ich war überzeugt, dass wir mit unserem Erfolg erst am Anfang standen. Glaube versetzt Berge, diesen Ausspruch kennen wahrscheinlich alle. Man könnte auch sagen, nur wer von seiner Sache überzeugt ist, kann Erfolg haben.

Bald konnten wir den neu gewonnenen Platz gut brauchen. Mit jedem Jahr ist Sonnentor gewachsen. Die Zeit war reif für eine verrückte Idee! Mein Bauchgefühl hatte mich nicht getäuscht.

KAPITEL 4
die geschichte, warum kräuter gute geister lieben

Pfefferminze, Lindenblüte, Salbei, Holunderblüte und Thymian – das sind vertraute Namen, Gewächse, die mir seit meiner Kindheit bekannt sind. Zugegeben, wenn von der Mutter gurgeln mit Salbei verordnet wurde, tat meistens der Hals weh, und wenn der Tee nach Lindenblüten duftete, stand ein verschwitzter Nachmittag bevor. Gott sei Dank waren wir selten krank. Ehe man zum Arzt ging, probierte man bei uns daheim einmal aus, wie weit man mit den althergebrachten Hausmitteln kommt. Meistens kam man sehr weit. Von meinem Vater habe ich gelernt, dass diese Hausapotheke der Natur sogar bei Tieren wirkt. Manchmal durfte ich mit ihm gehen, um Kalmuswurzeln zu graben, wenn eine unserer Kühe Beschwerden hatte. Erst über den Umweg der Stadt und der Menschen, die abseits der Schulmedizin alternative Wege der Heilung suchten, lernten wir im Waldviertel, dass wir Schätze haben. Schätze an Wissen und Schätze an Pflanzen, die bei uns in höchster Qualität gedeihen.

Bis heute ist das Waldviertel von Industrialisierung weitgehend verschont geblieben. Was die einen vielleicht bedauern, weil es deswegen keine entsprechenden Arbeitsplätze gibt, empfinde ich als Vorteil. Wo gibt es noch so viel unbelastete Natur, so viel sauberes Wasser, reine Luft, so wenig Lärm und so viel Ruhe? Kräuter sind sehr eigene Persönlichkeiten. Sie sind wie geschaffen für ein Leben zwischen Wackelsteinen und Heidekraut. Die meisten mögen es, wenn sie ungestört in ihrem eigenen Tempo wachsen und ihre Wirkstoffe speichern können. Die gute Luft reichert ihre grünen Lungen enorm an, das saubere Wasser transportiert zu ihren Wurzeln nur Stoffe, die dem Wachstum dienen, und die Ruhe führt zu einer Behaglichkeit, die alles entspannt reifen lässt.

38

Der Kirchturm von Stift Zwettl

Welchen Sinn hätte es, diesen eigenwilligen Pflanzenpersönlichkeiten ihre Unverwechselbarkeit zu rauben? Für mich war von Anfang an klar, dass Kräuter, die unter der Obhut von Sonnentor gedeihen, dies kontrolliert biologisch am besten tun. Die Kombination aus Biobauer und Kräuterbauer war in den 1980er-Jahren gerade im Waldviertel ziemlich gewagt. Vielfach meinte man, dass nur in der Ertragssteigerung das Heil der Bauern läge. Dazu gehörten unvermeidlich Kunstdünger, Spritzmittel und Einheitssaatgut. Karl Zach, der Sohn der legendären Oma Zach, die als eine der ersten im Waldviertel Kräuter sammelte und verkaufte, geriet ganz nach seiner Mutter und war Pionier bei der Umstellung auf biologische Produktion. Sein Vater war so entsetzt, dass er dem ver-rückten Sohn sogar ein Packerl Geld auf den Tisch legte, damit dieser sich doch Kunstdünger im Lagerhaus kaufen könne.

Kurt Kainz, der Tüftler unter den Kräuterbauern, produziert nach den strengen Regeln des Demeter-Verbandes. Seine Kräuterfelder düngt er nur mit selbst erzeugtem Kompost. Der Ertrag und die Qualität seiner Kräuter sind das beste Zeugnis, dass sich eine eigenständige Vernunft auch rechnet.

Sind Sie schon einmal auf einer Pflanzensetzmaschine gesessen? Auf dem Hof von Familie Zach ist ein vierreihiges Modell im Einsatz. Im späten Frühjahr, wenn die Böden noch feucht, aber schon etwas angewärmt sind, schwingen sich vier Frauen auf die Sitze dieser Maschine und setzen je eine Pflanze in ein Pflanzloch, das vom Gerät dankenswerterweise schon gemacht wurde. Elisabeth Zach, die Bäuerin, drückt jede Pflanze aus den sogenannten Pflanzplatten heraus und schiebt sie den Setzerinnen zu. Mehrere Tage dauert es, bis die Neupflanzungen im Boden sind. Dann beginnt das Hoffen auf gutes Wetter. Späte Frosteinbrüche lieben die wärmebedürftigen Kräuterschönheiten gar nicht. Auf sie reagieren sie beleidigt. Der größte Feind der Kräuterkulturen sei aber die Trockenheit, erzählen mir die Bauern immer wieder. Die sandigen Böden des Waldviertels speichern kaum Regen. Idealerweise sollte einmal pro Woche ein kleiner Landregen die Flüssigkeitszufuhr gewährleisten. Künstliche Bewässerung ist auf den meisten, verstreut liegenden Feldern kaum möglich. Trotzdem gab es bei den Bauern auf der Heidenreichsteiner Teichplatte noch nie einen Totalausfall bei der Ernte. Die zahlreichen Moorteiche sorgen mit ihrem Wasser für ausreichend Tau und Verdunstung. Ein natürlicher Kreislauf, der Gott sei Dank noch erhalten ist.

Das Waldviertel ist eine sehr alte Kulturlandschaft. Seine Silhouette ist geprägt von vielen schmalen, kleinen Feldern und Wiesen. Durch Erbteilung teilten die Bauern immer wieder Grund und Boden auf, oft bis zur Existenzbedrohung. Überlebt haben sie dennoch, genügsam und fleißig. Mich hat schon immer interessiert, wie Kulturlandschaften entstehen. Meine Heimat hat da ganz besondere Bedingungen. Vor mehr als 150 Millionen Jahren, einer unvorstellbar langen Zeit, schob sich das Böhmische Massiv durch die Kontinentaldrift empor, bis zu 8.000 Meter hoch. Wind und Wasser setzten den granitenen Formationen dann so lange zu, bis die uns heute geläufige Landschaft aus Hochebenen bis zu 1.100 Metern Seehöhe und tief eingeschnittenen Flusstälern entstand. Die Dörfer des Waldviertels ducken sich oft in Mulden, als ob sie sich vor dem böhmischen Wind verstecken wollten.

Erst sehr spät, im 12. Jahrhundert, begannen Mönche mit der Rodung und Besiedelung der Lande nördlich der Donau. Die Zisterzienser aus Zwettl kultivierten unser Land aus dem ursprünglichen Nordwald heraus. Bis heute sind sprechende Ortsnamen erhalten. Brand, mein Heimatort, gibt Zeugnis von Brandrodung, Loschberg, der Nachbarort, vielleicht von den darauf folgenden Sanierungsmaßnahmen.

Die Steine sind bis heute sozusagen das tägliche Brot der Waldviertler Bauern. Drei große Kipper mit Steinen transportiert alleine Familie Zach jedes Jahr von ihren Feldern ab. Mit jedem Mal ackern schieben sich neue Steine aus dem Untergrund in die fruchtbare Erde. Es ist schon viel gebuckelt worden in meiner Heimat, um die unliebsamen Feldgenossen wieder loszuwerden. Praktisch denkend wie die Waldviertler sind, haben sie die Steine oft gleich zu kleinen Wällen neben den Feldern aufgeschlichtet. Wie im schottischen Hochland hat es der Wind dadurch schwerer, die Saaten zu verblasen, und die Wärme der Sonne speichern die Steine auch. Wenn man sich vermeintliche Feinde zu Freunden macht, kann etwas wunderbar Neues daraus werden.

Im Lager in der Kuenringerstraße in Zwettl
mit meinem ersten Mitarbeiter, Walter Koppensteiner, Herbst 1989

Sonnentor-Kräuter sind verwöhnte Wesen. Sie bekommen eine extra Portion Zuwendung von ihren „Erziehern". Elisabeth Zach zum Beispiel kultiviert jedes Jahr mehrere Tausend Setzlinge Pfefferminze. Zuerst werden die Pflanzenteile mit einer Schere von den Mutterpflanzen abgezwickt, dann einzeln in Pflanztöpfe gesteckt und im Folientunnel bei ausreichend Wärme und Feuchtigkeit angewurzelt.

Mit Käsepappeln, Ringelblumen oder Anisysop verfährt Elisabeth Zach genauso aufmerksam und liebevoll. Die Samen werden auf Pflanzplatten aufgebracht, die Keimung wird mit täglichem Nachschauen begleitet, manchmal vielleicht auch mit gutem Zureden. Schließlich werden die Pflanzen vereinzelt und fürs Aussetzen bereit gemacht. Ich bewundere diese genaue Arbeit sehr. Wie viel Wissen haben unsere Bauern sich selbst, manchmal auch mühevoll, aneignen müssen! Als Sonnentor begann, gab es für den Kräuteranbau noch kaum Erfahrungswissen, von theoretisch gesichertem Wissen gar nicht zu reden, denn außer einem alten Lehrbuch aus der DDR war rein gar nichts aufzutreiben, was hätte helfen können, eigene Fehler zu vermeiden. Lehrgeld haben wir wohl alle gezahlt, die Bauern und auch wir von Sonnentor. Aber es war gut investiertes Geld. Heute wissen wir, wie es geht.

Zurück zu den Sonnentor-Kräuterkulturen. Im zeitigen Frühjahr holt Karl Zach meistens seine Erdfräse aus der Garage und lockert den Boden für den Anbau auf. Kräuter haben gerne eine Ortsveränderung. So wird nie an derselben Stelle nachgepflanzt. Frühestens nach drei Jahren kehrt eine Sorte an ihren Platz zurück. Die Kräuter danken es mit reicheren Erträgen. Wie weit sie sich mit ihren Vorgängerkulturen freundschaftlich verbunden fühlen, wissen wir leider nicht. Tatsache ist, dass bei Familie Zach Erdäpfel und Getreide im Wechsel mit den Kräutern die Felder bevölkern. „Eine Kuh macht Muh, viele Kühe machen Mühe", scherzt Elisabeth Zach und ist doch stolz auf ihre 15 Horntiere. In einer klassischen Landwirtschaft wie der ihren gibt es eben keine Monokulturen. Womit sie die Philosophie von Sonnentor perfekt vertritt.

Mehrere Jahre war ich, als „One-Man-Show" unterwegs. Doch mit dem Erfolg brauchte ich mehr Hände und mehr Köpfe, die Sonnentor tragen und denken konnten.

Anna und Hermine, meine Schwestern, 1959

Als eine der ersten Mitarbeiterinnen stieß meine älteste Schwester Anna dazu. Gerade arbeitslos geworden, fragte sie mich: „Kannst du nicht jemanden brauchen?" Und ich habe ihr geantwortet: „Ja, dich." Sie ist bis heute eine der Perlen unserer Firma. Jahr um Jahr kamen mehr Mitarbeiterinnen und Mitarbeiter dazu, übernahmen Aufgaben und vergrößerten unsere Sonnentor-Familie.

Im Grunde funktioniert Sonnentor bis heute wie ein großer Bauernhof. Jeder hat seine Aufgabe und ist verantwortlich für das Ergebnis. Keiner kann ohne die anderen existieren, aber ohne ihn kann auch das Ganze nicht gelingen. Organisch wie das Wachstum der Natur, so stelle ich mir das Werden einer Firma vor. Immer wieder haben wir Personal gesucht, aber mindestens so oft sind Leute einfach zu uns gekommen auf der Suche nach Mitarbeit. Nicht selten waren sie es, die uns „gerade noch gefehlt haben".

„12 Handwerke und 13 Bettler", pflegte meine Mutter immer zu sagen. Das will heißen, wer sich verzettelt und nichts richtig kann, der wird es auch nie zu etwas bringen. Eine Philosophie, der ich gut folgen kann. Ich habe gelernt, meinen Mitarbeiterinnen und Mitarbeitern zu vertrauen. Vieles können und wissen sie besser als ich. Wenn ich ihren Einsatz sehe, ihre hohe Bereitschaft, etwas für das gemeinsame Werk zu leisten, geht mir das Herz auf. Ob sie nun einen Laden schupfen, Etiketten drucken, Ware übernehmen, verpacken oder an neuen Verpackungen tüfteln: Alle sind mit großem Eifer bei der Sache. Schon vor einiger Zeit haben wir eingeführt, dass bei der jährlichen Weihnachtsfeier jene aufstehen, die im Laufe des Jahres neu zu uns gekommen sind. Sie bekommen ihren wohlverdienten Applaus und versprechen, dafür zu sorgen, dass wir wieder neue Arbeitsplätze schaffen werden. Allein in Österreich teilen momentan mehr als 100 Mitarbeiterinnen und Mitarbeiter unsere Sonnentor-Philosophie. In Tschechien kommen noch einmal mehr als fünfzig dazu. Es erfüllt mich mit Stolz, dass viele Familien bei Sonnentor und durch Sonnentor nun ein Einkommen haben, das ihnen ermöglicht, im Waldviertel zu bleiben.

Wie in einer Familie üblich, duzen wir uns bei Sonnentor. Führungsqualität kommt nicht von Distanz, sondern von Können, davon bin ich überzeugt. Jeder bekommt täglich eine warme Mahlzeit in Sprögnitz. Wir haben eine Köchin engagiert, die uns, oft auch aus Sonnentor-Produkten, ein köstliches Mahl zaubert. Für die Mitarbeiterinnen und Mitarbeiter ist dieses Essen kostenlos. In einer Familie würde ja auch niemand zahlen.

44

Vielleicht klingen meine Ziele etwas hochgesteckt, aber ich möchte, dass es bei Sonnentor allen gut geht: Den Bauern, die für uns anbauen und produzieren, den Mitarbeiterinnen und Mitarbeitern, die für uns im Einsatz sind, und besonders den Konsumentinnen und Konsumenten, die sich bei Sonnentor auf beste Qualität und größtmögliche Transparenz verlassen können. Vertrauen braucht Beziehung. Wir möchten, dass jeder, der ein Sonnentor-Produkt kauft, bis zum Acker zurückverfolgen kann, woher sein Genuss kommt. Viele gute Geister haben die Kräuter auf ihrem Weg vom Feld bis ins Verkaufsregal begleitet. Von vielen sind sie in die Hand genommen worden. Und gemeinsam haben wir sie immer wieder in neue Verbindungen gebracht, bis wir mehr als 600 verschiedene Produkte in unserem Sortiment hatten. Und noch ist kein Ende abzusehen. Kräuter machen kreativ.

Kräuterkunden sind Genießer und schätzen es, wenn das, was sie in Tasse und Teller haben, in der Qualität tipptopp ist. Dafür tun wir viel. Unsere Kriterien für gute Ware sind streng. Für alle Endprodukte gilt: keine Farbstoffe, keine Aromazusätze und Konservierungsmittel. Bei der Rohware akzeptieren wir nicht mehr als drei Prozent Stängel und nicht mehr als ein Prozent Gras, insgesamt nicht mehr als zehn Prozent Feinteile. Das ist die goldene Regel. Wir überprüfen alles, was angeliefert wird mikrobiologisch und sogar auf metallische Verunreinigungen. Unser Qualitätssicherungssystem „Total Quality Management" ist uns dabei eine professionelle Grundlage und Absicherung. Alle Lieferbetriebe arbeiten kontrolliert biologisch, die Bio-Kontrollnummer auf allen Sonnentor-Verpackungen garantiert das. Sonnentor selbst trägt die Prüfnummer AT–N-01-BIO, was bezeugt, dass Sonnentor eine der ersten österreichischen Firmen war, die sämtliche Regeln der EU für biologische Landwirtschaft gewährleisten konnte. Verlässlich wie unsere Bauern sind, werden wir von der Qualität der Kräuter, Früchte und Gewürze selten enttäuscht. Dafür zahlen wir Preise, die existenzsichernd sind. So verstehen wir fairen Handel.

Zu den guten Geistern, die unsere Kräuter mögen, gehören auch die vielen Kräuterkundigen, die durch die Jahrhunderte altes Wissen bewahrt und weitergegeben haben.

Die erste Hofgreißlerei in Sprögnitz, 1997

Denken Sie nur an Hippokrates, den berühmten Arzt des alten Griechenland, oder an Gaius Plinius Secundus, den Naturforscher des Römischen Reiches. Albertus Magnus, Paracelsus und, nicht zu vergessen, die großartige Hildegard von Bingen haben neue Erkenntnisse gewonnen und, wie später Maria Treben oder Kräuterpfarrer Weidinger, auch großzügig an ihre Umwelt weitergegeben. Zu den Kräuterkundigen zähle ich aber auch unsere Bauern. Sie verstehen sich nicht nur auf Anbau und Aufzucht der Kräuter, sie wissen auch genau, wann der richtige Zeitpunkt für die Ernte ist und wie die kostbaren Blätter und Früchte am besten konserviert werden. So bleibt uns in jedem Kraut, in jeder Beere, in jedem Stück Wurzel, Blatt oder Rinde die größtmögliche Energie erhalten.

Apropos kräuterkundig: Jetzt ist vielleicht der beste Zeitpunkt, um Ihnen endlich zu verraten, welches mein Lieblingskraut ist. Vermutlich finden Sie das nun wenig originell, weil es fast auf der Hand liegt. Es ist das Johanniskraut. Am 24. Juni blühend, verschönt es auch meinen Namenstag. Die nähere Bekanntschaft mit diesem Sonnengewächs verdanke ich meiner Unvernunft. Als leidenschaftlicher Sonnenanbeter radle ich oft, sobald sich die ersten kräftigen Strahlen zeigen, durch die Gegend. Die arme Haut empört sich darüber meist mit ausgiebiger Rötung. Ein paar Tropfen Johanniskrautöl machen es aber wieder gut. Kaum eine Wunde, die dank dieses Wunderöles nicht bald wieder heilt. Als meine Kinder noch kleiner und die Schmerzen bei Wunden noch groß waren, war ich mit meinem „Wieder-Gut-Öl“ bei ihnen ein willkommener Verarzter. Übrigens erstaunte mich anfangs, dass die strahlend gelben Blüten des Johanniskrauts das Öl ganz rot färben. Dann entschied ich, dass die Farbe doch gut zu meinen roten Brillen passt. Aktiv, kräftig, optimistisch – mein Lieblingskraut hat mich gefunden!

KAPITEL 5

die geschichte, wie hildegard zu ihrem halle-luja fand

Frauen haben in meinem Leben immer eine große Rolle gespielt, ich gebe es offen zu. Berta, Helga, Anna und Hermine, und noch viele andere haben mich geprägt, gefördert, gefordert und mir mitunter auch meine Grenzen deutlich gemacht. Schon in meiner Schulzeit war ich beliebt beim weiblichen Geschlecht, weil ich erstens gerne tanzte habe und zweitens eine gesuchte Klagemauer war, wenn den Mädchen Vertreter meines Geschlechtes Liebeskummer verursachten.

Mitte der 1990er-Jahre trat dann eine Frau in mein Leben, die mich zu neuen Höchstleistungen anstachelte. Persönlich habe ich sie leider nie kennengelernt. Gott sei Dank hat Hildegard viel geschrieben und aufgezeichnet. Sie wissen, von wem ich rede? – Es ist die große Hildegard von Bingen. Im 11. Jahrhundert, also noch ehe das Waldviertel besiedelt wurde, lebte sie als Nonne in Bingen am Rhein. Diese Dame war das, was man heute „Powerfrau" nennt. Sie hat sich einiges getraut, was einer Frau ihrer Zeit eigentlich nicht erlaubt war. So gründete sie zwei Klöster, ging auf Predigtreisen, obwohl Frauen beides selbstständig nicht hätten tun dürfen, und sie las sogar dem Papst die Leviten, wenn sie es für notwendig hielt.

Ich stelle mir Hildegard wie eine Universalgelehrte ihrer Zeit vor. Beschenkt mit göttlichen Visionen, erforschte sie unter anderem die Naturgeschichte ihrer Zeit und entwickelte eigene Ideen, wie der Mensch beschaffen ist und was seine Krankheiten kurieren könnte. Ihre Lehre der drei Körpersäfte ist zwar heute nicht mehr Stand der medizinischen Forschung, verständlicherweise, aber dennoch beeindruckend. Ebenso beeindrucken ihre Berichte über die Wirkstoffe von Kräutern und ihre Ernährungsvorschläge. Kurzum, Hildegard von Bingen entwickelte den dringlichen Wunsch, auch in unserem Sonnentor-Sortiment vertreten zu sein. Kein Problem: Wie gewohnt, hörte ich zu, was sie mir da über die Zeiten zu sagen hatte. Ich studierte, was sie zu lesen hinterlassen hat, und nahm mir dann die Freiheit, Hildegard à la Hannes zu erschaffen. Das klingt vielleicht ein bisschen anmaßend, aber wer wollte noch im 11. Jahrhundert leben?

„Tradition ist die Pflege der Glut und nicht die Anbetung der Asche“. Ein schöner Satz, finde ich. Er passt gut zu unserer Sonnentor-Philosophie. Wir möchten Tradition und Moderne auf neue Art verbinden. Von beidem das Beste, lautet unser Motto.

Schon beim Umbau des alten Bauernhofes in Sprögnitz, den ich Anfang 1992 erworben habe, ließen wir uns von diesem Gedanken leiten. Wir erhielten die alte Substanz des Waldviertler Dreiseithofes dort, wo sie gut und durchsetzt vom Atem der Geschichte war, und wir kombinierten sie mit modernen, luftigen Elementen wie Glas. Transparenz ist ein wesentliches Merkmal unserer Zeit. Sie ist auch ein tragender Wert von Sonnentor. Wer Sonnentor-Produkte konsumiert, soll wissen, woher alles kommt. Deswegen wollte ich auch keine Hildegard-Imitate erschaffen, sondern „neue Originale“. Hildegard à la Johannes Gutmann brachte zum Beispiel einen „Schutzengel“-Tee hervor. In ihm sind Kräuter wie Zitronenmelisse mit Früchten wie Apfelstücken und Hagebutten und Gewürzen wie Koriander, Fenchel und Anis verbunden. Gemeinsam bauen sie Energie auf, sind verdauungsfördernd und wirken vorbeugend gegen lästige Verkühlungen. Wie bei so vielem, spielen in meiner Fantasie immer wieder Bilder der Kindheit eine Rolle. Der Schutzengel, der ein Kind über einen Steg begleitet, war damals in vielen Stuben als Bild präsent. Einen Schutzengel wünschte die Mutter uns immer wieder,

Johannes Gutmann mit Sonnentor-Produkten, 1994

und wenn ich an verwegene Abenteuer zurückdenke, dann muss ich oft einen ziemlich starken Engel an meiner Seite gehabt haben. Auch als Erwachsener noch, zum Beispiel bei einem Autounfall auf spiegelglatter Straße, bei dem nur mein VW-Bus das Zeitliche segnete, ich aber wie durch ein Wunder unverletzt blieb.

Im Hildegard-Energie-Kräutertee, der Mischung, die wir als erste im neuen Hildegard-Sortiment aufnahmen, wirken unter anderem Ysop und Krauseminze. Ysop war übrigens ein Lieblingskraut der großen Hildegard, die immerhin ein für damalige Verhältnisse biblisches Alter von fast 90 Jahren erreichte. Ysop sollte man mit jungen Hühnern kochen, empfahl sie, weil das Fleisch dann besser verdaulich ist. Ysop macht geschwächte Kreaturen wieder froh und gibt Depressionen keine Chance. Ein klarer Fall von Optimismus, gerade richtig für Sonnentor.

Wenn mir unerwartet plötzlich der Frohsinn abhanden kommt, hole ich mir ein paar Gute-Laune-Kekse aus unserem Sonnentor-Shop. Wenn ich von meinem Büro die paar Schritte hinüber gehe, wundere ich mich oft, wie schnell sich doch hier in Sprögnitz alles verändert und entwickelt hat. Keiner würde in einem Hundertfünfzig-Seelen-Dorf, irgendwo auf dem Waldviertler Land, ein Unternehmen wie das unsere erwarten. Und doch passt es ganz logisch in die Gegend. Wir sind mit dem, was wir machen, nahe bei unseren Wurzeln, und das sind die Bauern, die Kräuter, die Natur. Viele unserer Gäste bemerken zuerst die große Ruhe, wenn sie nach Sprögnitz kommen. Hektik, Lärm, aggressive Werbung, alles Fehlanzeige. Ich möchte an keinem anderen Ort der Erde leben. Wenn ich auf Reisen bin, komme ich immer gerne nach Hause zurück. Wie meine Eltern auch, wenn wir unseren jährlichen Tagesausflug machen. Ab Krems plagt sie meistens schon das Heimweh.

Als ich noch der „Kräutermann mit der Lederhose" war, hatte ich sechs Teemischungen im Programm. Ich erinnere mich ganz genau: einen Wohlschmecker-Tee, den Kutz-Kutz-Tee gegen Husten und Verkühlung, einen Guten-Morgen- und einen Guten-Abend-Tee, einen Blütentee und den Gute-Laune-Tee. Schnell habe ich aber gemerkt, dass man mit Kräutern, Früchten und Gewürzen unbegrenzt neue Kombinationen erfinden kann. Das kam meiner Freude an Innovation sehr entgegen.

50

Teeverpackungen, 1996

Vieles, was heute in den Sonnentor-Regalen steht, hat eine besondere Geschichte. Dass die Verkäuferin Brigitte den Namen des Gute-Laune-Tees erfunden hat, habe ich schon erzählt. Aber wissen Sie, wie der Liebes-Tee in unser Sortiment kam? Auf einer Biofachmesse in Nürnberg, der für uns wichtigsten Messe im deutschen Sprachraum, auf der wir jedes Jahr vertreten sind, kam ein Paar auf mich zu. Mit holländischem Akzent fragten sie mich, ob ich denn auch einen Liebestee im Programm hätte. Sie würden einen Laden betreiben, dessen Produkte die Liebeslust ihrer Kunden anregt, und da wäre ein Tee doch ein nettes Angebot. Vermutlich bin ich, der Waldviertler Bauernbub, ein bisschen rot geworden. Aber die Idee hat ihren Weg in meinen Kopf gefunden. Was wirkte denn lustanregend im großen Garten der Natur? Ich kam u. a. auf Hanf, Verbene, Katzenminze und Petersilie. Heute wird dieser Tee von Familie Bauer aus Seyfrieds abgefüllt. Alles Liebe im Packerl!

Kurios war auch die Entstehung des Glückstees. 1999, das Jahr vor der Jahrtausendwende, brachte eine Hochkonjunktur für alle Unglückspropheten dieser Welt. Manche waren fest überzeugt, im August 1999 würde die Welt untergehen. Das forderte meine heiter-ironische Seite heraus und so kreierte ich für die Biofachmesse im Februar 1999 einen Weltuntergangs-Tee als Gastgeschenk für die Besucher unseres Standes. Manche fanden das dann doch ein bisschen zu pessimistisch. Und sie sollten recht haben, denn im September 1999 drehte sich die Welt noch immer um die Sonne. Glück gehabt, dachte ich mir, und wandelte den Weltuntergangs-Tee in einen Glückstee um. Die Mischung aus Zitronenmelisse, Apfel- und Pfefferminze, Ringelblume, Käsepappel, Kornblume und Gänseblümchen regt den Genuss am Leben an und fördert garantiert den Optimismus, dass es mit der Welt gut weitergeht.

Viele unserer Tees sind Gemeinschaftsprodukte. Irgendjemand hat eine Idee oder ein altes Rezept, und dann beginnen wir in Sprögnitz, oft gleich in unserer Teeküche, die Mischungen abzustimmen.

Der Fastenzeit-Tee geht zum Beispiel auf ein altes Rezept zurück, das einer unserer Bauern einmal mitbrachte und uns vorschlug. Wir probierten ein bisschen probiert, kombinierten und fertig war der neue Sonnentor Fastenzeit-Tee. Die beste und verlässlichste Rückmeldung,

Meine Mutter Berta Gutmann

ob wir mit unseren Produkten richtig liegen, bekommen wir von unseren Kundinnen und Kunden. Ihnen vertrauen wir fast mehr als uns selbst. Jedes Jahr überarbeiten wir ungefähr 30 bis 40 Produkte aus unserem 600 Artikel umfassenden Sortiment.

Ein wichtiger Kopf dabei ist unser Designer Peter Schmid. Er inszeniert mit seinen Ideen die Geschichten, um die es uns geht. In Sprögnitz und auf vielen Verpackungen lachen uns Bauern an wie meine Eltern, wie Helga Bauer oder Kurt Kainz. Oma Zach erinnert sich noch, dass sie gerade ihre Haare gewaschen hatte, als der Fotograf sie zum Fotografieren auf das Feld stellte. Wie sie sich mit Schwung durch die Haare fährt und in ihrer Kleiderschürze so mitten aus dem Leben kommend wirkt, ist einmalig. Meine Mutter Berta hätte sich für den Fotografen natürlich gerne schöner angezogen. Aber ich liebe ihre unverstellte Natürlichkeit besonders. Ein Kunde aus Japan, dem ich sie auf einem überlebensgroßen Foto als meine Mutter vorstellte, verstand das sofort. Die Ahnen werden in seiner Kultur ganz besonders verehrt.

Alt und neu gehen auch in unseren neuesten Verpackungen eine wunderbare Verbindung ein. Kennen Sie die Pyramidenbeutel schon? Keiner weiß, wie es den alten Ägyptern gelang, mit den technischen Möglichkeiten ihrer Zeit die riesigen Steinformationen zu schaffen. Wir reisten um die halbe Welt, um dem Geheimnis der Pyramidenbeutel auf die Spur zu kommen. Irgendwer brachte uns aus Neuseeland Teebeutel mit, die in Pyramidenform gestaltet waren. Eine faszinierende Idee, denn die Pyramide erlaubt, Blätter in größerer Form abzupacken. Teepuristen schwören auf lose Blätter für den Aufguss. Je größer und unversehrter die Blätter und Früchte, desto intensiver wird der Geschmack des Tees, unbestritten. Aber nicht immer hat man die Möglichkeit, den Tee in idealer Form aufzubrühen. Oft ist ein schneller Teebeutel die bessere Lösung.

Auch wir von Sonnentor haben lange überlegt, ehe wir Teebeutel in unser Sortiment aufnahmen. Heute findet jährlich Sonnentor-Tee in zirka 50 Millionen Beuteln seinen Weg in die Tassen. Aber zurück zu den Pyramiden. Eine neue Form des Teegenusses – wir waren sofort hellhörig. Und fragten uns durch, bis wir einen Produzenten in Japan gefunden hatten, der Maschinen erzeugt, die Pyramidenbeutel nach allen Regeln der Baukunst aus umweltfreundlicher Maisstärke errichten können.

HALLE
DRUNTER
&DRÜBER

Sonnentor-Produktpräsentation in Sprögnitz, 1996

Nun können unsere Kunden mit einem Pyramidenbeutel, der bis zu einem halben Liter Tee ergibt, „Süße Momente feiern“, die „Basis deiner Seele“ erleben oder die „Magie des Lebens“ spüren. Mit Ingwer und Gewürzen fällt die Aufforderung „Lass die Sonne scheinen“ leicht, und das Versprechen „Energie ist überall“ erschließt sich bei der sanften Grüntee-Kräutermischung. Genial, diese Pyramiden! An den Pyramidenbeuteln sehen Sie, dass längst die große Welt im kleinen Dorf Sprögnitz Einzug gehalten hat. Wir haben Tees und Gewürze in unser Sortiment aufgenommen, die nicht im Waldviertel wachsen, die aber ganz nach unserer Philosophie aus biologischem Anbau stammen. Von Rooibos bis Grüntee, von Ingwer bis Kardamom.

Wir können heute allen Teeliebhabern ohne Übertreibung versprechen, dass sie mit Sonnentor-Tees in 80 Tassen um die Welt reisen. Übrigens, nahe liegend, dass eines meiner Lieblingsbücher „In 80 Tagen um die Welt“ von Jules Verne war. Unmögliches denken und mit Witz umsetzen – dieser Philias Fogg ist mir sehr sympathisch! Genauso wie die Pfiffigkeit des Asterix, eine weitere Lieblingslektüre, oder der ironische Humor eines Wilhelm Busch, der mich bis heute erfreut. Mein Hang zu Erinnerungen an die Kindheit schlägt sich übrigens auch in unserem Sortiment nieder. Seit einigen Jahren haben wir für die jüngsten eine eigene „Bio-Bengelchen“-Linie. Die gesunden Bio-Bengelchen von heute ersetzen die Schokobrezeln von gestern, die ich nach der Schule immer beim Greißler im Dorf erstand. Deswegen gibt es ganz kindgerecht zur Abrundung in Sprögnitz auch gleich ein richtig spannendes Bio-Bengelchen Kräuterdorf.

Humor halte ich ganz gut aus, Kaffee habe ich allerdings lange nicht so gut vertragen. Mein empfindlicher Magen mochte die Säure einfach nicht. Kunden aus Deutschland haben mich aber immer wieder gefragt, warum wir als österreichisches Unternehmen keinen Kaffee haben. Gute Frage, über deren fehlende Antwort auch mein inzwischen formvollendeter Handkuss nicht hinwegtäuschen konnte. Also machte ich mich auf die Suche nach einem Kaffeeröster, der aus den grünen Bohnen solche in magenverträglichem Braun machen konnte. Ich fand ihn und schwöre nun, dass unsere „Wiener Verführung“ nicht sauer, sondern ausgesprochen lustig macht.

Ein leicht nervöser Bursche bin ich schon, das gebe ich ja zu. Stress und Belastung, die es bei allem Optimismus manchmal gibt, setzen mir dann doch zu. Wenn Melissentee nicht mehr hilft, greife ich manchmal zu unserem „Zaubersalz“. Ich setze mir einen Kaffeelöffel davon mit

Johannes Gutmann mit Tochter Susanna, 1996

einem halben Liter Wasser als Sole an und trinke sie am Morgen schluckweise. Ein Wundermittel, das wir übrigens aus Pakistan beziehen, weil die heimischen Salzerzeuger nur ihre eigenen Marken bedienen wollen. Schade, ich hätte dem Salz gerne viele Kilometer erspart!

Seit wir bei Sonnentor kontinuierlich jedes Jahr um rund 20 Prozent wachsen, sind wir auch ausgiebig zu Bauherren geworden. Wir brauchen Platz, und in Sprögnitz haben wir ihn Gott sei Dank. Ehe es bei uns zu heftig durcheinander geht, bauen wir also lieber eine Halle und nennen die „Drunter und Drüber“. Sie wird von den Bauern bevölkert, die ihre Rohware bei uns lieferfertig machen. In der Halle „Kreuz und Quer“ entscheiden unsere Mitarbeiterinnen und Mitarbeiter, was in der Warenübernahme wohin weiterverteilt werden muss, eben kreuz und quer, ob zu Verkauf oder Verpackung oder erst ins Lager. Weiter geht es in Sprögnitz dann zwei Mal „Rundherum“. In diesen Hallen lagern wir, was in die deutschsprachigen Länder ausgeliefert wird. In der Halle „Weltweit“ werden jene reisefertig gemacht, die es von Japan bis Irland in alle Himmelsrichtungen hinauszieht. Mit schönen Etiketten in den Landessprachen schicken wir sie auf die große Fahrt zu den Genießern in aller Welt.

Bleiben noch die letzten Hallen, deren Namen meiner großen Freundin Hildegard besonders gefallen hätten, sind sie doch ein Ausdruck wahrer Freude: „Halle-Luja“ und „Halle Sonnenschein“. Meine katholische Prägung hat mir bei der Namenswahl wohl einen kleinen Streich gespielt, denn die Halle-Luja ist über einen kleinen Bach gebaut und da fiel mir unweigerlich ein, dass es bisher nur einer geschafft hat, über das Wasser zu gehen, ohne unterzugehen. Was wir uns nach den ersten zwanzig Jahren Sonnentor natürlich auch für uns wünschen.

KAPITEL 6

die geschichte, worin die sonne alle tore öffnet

Drehen Sie einmal einen Globus, schließen Sie die Augen und legen Sie dann den Finger auf eine beliebige Stelle der Erdkugel. Die Wahrscheinlichkeit, dass er auf ein Land zeigt, in dem schon Sonnentor-Produkte genossen werden, ist groß. In 43 Länder der Erde exportieren wir derzeit. Ungefähr die Hälfte davon kenne ich bisher selbst. Ich nehme mir vor, zumindest jedes Jahr ein weiteres unserer Exportländer kennen zu lernen.

Oft wird mir die Arbeit des Reisens auch abgenommen. Denn viele Kunden kommen gerne selbst zu uns ins Waldviertel. Sie genießen unsere Gastfreundschaft und können sich selbst überzeugen, woher das kommt, was sie kaufen. Besonders vom Kontakt mit unseren Bauern sind viele begeistert. Aber manchmal dauert es auch länger, bis die Überzeugung reift. Mir fällt da ein ganz speziell kritischer Kunde aus Japan ein. Als er uns vor einiger Zeit besuchte, wollte er unbedingt, dass wir die Kräuter nach der Ernte waschen, damit sie frei von Staub und Schmutz würden. Zuerst versuchte ich lange ihn mit Analysen und Zertifikaten zu überzeugen. Ohne Erfolg. Er hatte wohl die Umweltverschmutzung seiner Heimat im Kopf, wo manche Menschen in den Großstädten sich nur mit Mundschutz auf die Straße wagen. Was also tun? Ich nahm ihn einfach bei der Hand, marschierte mit ihm zum nächsten Bach und trank vor seinen Augen das Wasser daraus. Zuerst beobachtete er mich skeptisch, dann begann er zu lächeln und schließlich entschuldigte er sich für sein Misstrauen. Es wurde der Beginn einer schönen Beziehung.

Einen Teil seines Charmes und seiner manchmal richtig verschlafenen Idylle verdankt das Waldviertel wohl auch seiner langen Zeit als Land am Eisernen Grenzzaun. Böhmen war für uns immer nahe und doch unerreichbar weit. 1989 kam endlich eine neue Zeit. Die Tschechoslowakei öffnete ihre Grenzen, die Menschen wurden frei. Bald schon reiste ich mit einer Delegation eines Bioverbandes nach Mähren, um über meine Erfahrungen beim Aufbau von Sonnentor zu reden.

Daraus folgte eine Einladung nach Prag, und dort entstand die Idee, in Tschechien mit dem Kräuteranbau zu beginnen. Der damalige Veranstalter empfahl mir seinen Schwager, einen jungen Pflanzenbauingenieur, Tomas Mitacek. Mit ihm konnte ich umsetzen, was in Österreich mit Sonnentor schon so gut funktionierte. Tomas war mir von Anfang an sehr sympathisch. 1992 gründeten wir ein Joint Venture namens „Slunecni Brana", wie Sonnentor auf Tschechisch heißt. Wir überzeugten in Südmähren eine ganze Reihe von Bauern, mit biologischer Landwirtschaft zu starten und auf den warmen, sandigen Böden ihrer Heimat Kräuter in bester Qualität anzubauen. Tomas setzt sich mit großer Energie für das Unternehmen ein. Er wohnt sogar in der alten Mühle, die wir als Betriebsgebäude schon 1993 in Cejkovice gekauft und renoviert haben. Inzwischen kommt uns auch zugute, dass es in Tschechien besonders viele gut ausgebildete Techniker gibt. Die Erzeugung der Teebeutel, auch der innovativen Pyramidenbeutel, ist ganz in Tschechien angesiedelt. Mehr als 50 Mitarbeiterinnen und Mitarbeiter haben dauerhaft eine gute Arbeit gefunden und müssen nicht in Großstädte abwandern. Im Jahr 2003 konnten wir stolz den EU-Erweiterungsaward der Wirtschaftskammer Niederösterreich für unsere frühe Kooperation mit Tschechien entgegennehmen.

Ich habe in meinem Leben schon mehr erwartet als „darennt", sage ich oft. Vieles kommt auf mich und auf uns zu, wenn wir nur offene Augen und Ohren haben.

Herr Szakacz zum Beispiel war ein Händler für Zapfensamen aus dem rumänischen Siebenbürgen. Ein Ungar, der Musik und Tanz liebt und eine ungeheure Lebensfreude ausstrahlt. Mit einem kleinen Auto stand er eines Tages, es muss im Jahr 2000 gewesen sein, ohne Vorwarnung vor unserem Firmensitz in Sprögnitz. Seine Frage war einfach: „Wie muss ich es anstellen,

„Slunecni Brana", die Sonnentor-Mühle in Tschechien, Mai 1997

dass ich in Rumänien für Sonnentor Kräuter produzieren kann?" Es gäbe viele Menschen, die sich noch mit altem Kräuterwissen auskennen, und in den Wäldern Transsylvaniens fände man noch beste wilde Kräuter. Ich erklärte dem Überraschungsgast im Schnellverfahren, was es für den Biokräuteranbau braucht und wie man zertifizierbar Wildkräuter sammelt. Dann ward Herr Szakacz zwei Jahre lang nicht mehr gesehen. 2002 stand er wieder vor der Tür mit der Botschaft: „Wir können loslegen. Was braucht Sonnentor?" Los ging es mit den ersten Anbauversuchen von Kornblumen, Ringelblumen, Sonnenblumen und Rosen. Die ersten Ergebnisse begeisterten uns. Die rumänischen Erntehelfer hatten mit enormen Fleiß die Blütenköpfe geerntet. Frau Szakacz stand mit Block und Waage am Feldrand und vermerkte genau, wer wie viel lieferte.

Im 20. Jahr unseres Bestehens als Firma Sonnentor wagen wir uns nun auch nach Albanien. Eine Reise in dieses scheinbar arme Land in Südeuropa hat mich tief beeindruckt. Stundenlang waren wir unterwegs, bis wir die Dörfer in den Bergen erreichten. Kleine Landwirtschaften mit durchschnittlich nur ein bis zwei Hektar Grund, Selbstversorger, prägen das Bild. Die Gastfreundschaft, die wir erlebten, war enorm. Was immer es im Haus zu essen gab, wurde für uns aufgetischt. Wann immer ich Hilfe brauche, von ihnen könne ich sie bekommen, wurde mir versichert. Diese Freundlichkeit ehrt mich. Ich möchte den Weg aber lieber umgekehrt gehen und den Bauern in Albanien helfen. Mit Unterstützung der Österreichischen Entwicklungszusammenarbeit ADA planen wir, das mediterrane Klima Albaniens zu nützen, neue Kräuter anzubauen und in das Sonnentor-Sortiment zu integrieren. Ich bin überzeugt, dass es in Albanien viel Potentzial für die Sonnentor-Idee gibt. Neben dem eigenen, althergebrachten Kräuterwissen haben die Albaner interessanterweise auch einen starken Bezug zu traditioneller chinesischer Medizin – ein Erbe der politischen Isolation, die nur Kontakte zum „Bruderstaat" China zuließ. So öffnen sich immer wieder neue Wege. „Die Chancen liegen auf der Straße, man muss sie nur aufheben": Auch so eine alte Weisheit, die ich gerne zitiere.

Natürlich sind diese Auslandskooperationen nicht immer einfach. So nahm Tschechien seine Bio-Richtlinien so besonders genau, dass viele Bauern resigniert zum konventionellen Anbau zurückgekehrt sind. Übrigens: Alle Sonnentor-Produkte, die aus dem Ausland kommen, werden von staatlich autorisierten Stellen kontrolliert. Bei Sicherheit und Qualität machen wir keine Kompromisse.

Johannes und Edith, 2008

Die Entwicklung in Rumänien ist sehr bewegt. Dem Land haben zwei Hochwasserkatastrophen, 2005 und 2006, arg zugesetzt. Der EU-Beitritt hat neben seinen guten Anstößen für das Land auch zu einem gigantischen Aderlass bei den Arbeitskräften geführt. Unserem guten Herrn Szakacz fehlt inzwischen fast ein Viertel seiner Erntehelfer. In Albanien sind die Probleme in vieler Hinsicht multipliziert. Das geht von der Landflucht bis zum Fehlen von Straßen, die unserem Standard entsprechen würden.

Aber ich lasse mir meinen Optimismus nicht nehmen. Oft genug habe ich erlebt, dass man sich auch von großen Hürden nicht den Blick auf sein Ziel verstellen lassen darf. Und manchmal muss etwas zu Ende gehen, damit das Neue wachsen kann. Im Jahr 2000 schied meine Frau aus unserem Unternehmen aus, unsere Wege trennten sich. Damit musste ich auch von meinen geliebten Töchtern Susanna und Klara Abschied nehmen. Der Kontakt ist zwar eingeschränkt, aber zum emotionellen Auftanken reicht es immer.

2001 lernte ich bei einer Weinverkostung in Eisenstadt eine sehr liebe und sympathische Burgenländerin kennen. Seit 2003 hat sie das Burgenland gegen das Waldviertel getauscht. Edith ist mir nicht nur privat der wichtigste Mensch geworden, sie trägt mit, motiviert alle und engagiert sich auch sehr erfolgreich bei Sonnentor. Mit ihr am Abend den Tag noch einmal Revue passieren zu lassen, bedeutet mir sehr viel.

Beziehungen zu pflegen, braucht Zeit. Heute nehme ich sie mir mehr als früher.

Wir genießen unser Leben, unseren Garten, unser Haus und haben gemeinsam gelernt, uns Rituale zurechtzulegen, um abschalten zu können. Edith hat viele Talente, sie ist besonders begabt mit dem Sinn für das Schöne. Mit leichter Hand arrangiert sie in unserem Haus ein heimeliges Ambiente – und ihren Kochkünsten erliege ich gerne. Edith ist mein Sonnenschein. Sie teilt alles mit mir, ob Freud oder Leid, und mit ihr möchte ich alt werden.

Wärme, Vertrautheit, Kontakt, Humor, Reden – bei dem, was mir wichtig ist, fällt mir immer wieder die Greißlerei, der Nahversorger in Brand ein. Habe ich schon verraten, dass mein erster Berufswunsch war, Greißler zu werden?

Ich gönne mir den Luxus, mir diesen Traum Schritt für Schritt zu erfüllen. In unserem Firmensitz in Sprögnitz führen wir schon seit geraumer Zeit einen Gemischtwarenladen mit allen Sonnentor-Produkten. Vieles, was in diesem Laden als Einrichtung verwendet wurde, hat mich durch die Jahre des Aufbaus begleitet. Einen alten Kasten habe ich bei einem Bauern in Seyfrieds auf dem Dachboden gefunden. Anfangs trockneten unsere Lieferanten ihre Kräuter teilweise noch hoch oben. Ohne Sonnenlicht, warm, luftig, so wie es die empfindlichen Schönheiten lieben. Wenn wir über enge Treppen in den Dachboden stiegen, um das Wohlergehen der Kräuter zu erkunden, fiel mein Blick immer wieder auf Kästen, die längst ausgemustert waren und nur mehr auf ihre letzte Bestimmung als Brennholz zu warten schienen. Da konnte ich sie besser brauchen! Ich baute sie bei Messen auf, präsentierte in ihnen auf Märkten meine Ware und lehnte mich an sie, wenn ich müde war. Übrigens: Die alten Sessel rund um den großen Holztisch in unserem Laden hatte einst eine Familie Franzus in Zwettl in Gebrauch und auf der Bank daneben haben Generationen der Familie Ecker aus Kamles gesessen.

Für mich zeigen unsere geplanten Sonnentor-Shops diese Verbundenheit mit unserer Greißler-Tradition und mit den Bauern des Waldviertels. Wir wollen in Zukunft Sonnentor-Shops in den großen Städten etablieren. Ein erster Versuch mit einem eigenen Sonnentor-Shop in Krems ist so hervorragend gelaufen, dass künftig noch viele derartige Geschäfte im Franchisesystem eröffnet werden. Ein ganzer Laden voll Sonnentor-Produkten, eine eigene Greißlerei! Ein Kindheitstraum wird wahr. Für die Führung der Läden interessieren sich bereits viele bestens qualifizierte Partner, die in der Sonnentor-Philosophie für ihr persönliches berufliches Leben einen echten Mehrwert sehen. Gute Ideen ziehen immer weitere Kreise.

Kreise verbinden uns auch mit anderen Menschen. Wenn ich überlege, welchen Personen ich mich besonders verbunden fühle, fallen mir gleich mehrere ein. Zum Beispiel Karl Heinz Böhm, der „Kaiser Franz Joseph“ der Sissy-Filme, der seine ganze Kraft in die Entwicklungshilfe für Äthiopien investiert. Er hat eine große Vision, eigentlich eine Mission, die er mit Ausdauer verfolgt. Ich durfte Karl Heinz Böhm und seine Ehefrau Almaz persönlich kennenlernen, als wir von Sonnentor ihn mit einer Aktion unterstützten. Ein Mann, den ich gerne persönlich kennen lernen würde, ist der Dalai Lama. Auch er folgt einem Auftrag, einer Idee, einer Bestimmung. Und er tut es meist mit einem Lachen. Eine Haltung, die mir sehr imponiert. Ich würde ihn gerne einmal fragen, woher dieses innere Strahlen bei ihm kommt. Vielleicht kreuzen sich unsere Wege einmal?

Den kleinen Waldviertler Bauernbuben Johannes Gutmann hat aber auch eine Familie aus seiner unmittelbaren Umgebung unglaublich beeindruckt. Es war die Sägewerksfamilie Schweighofer, die in unserem Ort ein großes Werk aufbaute. Er war für mich der Beweis, dass man entgegen dem üblichen Jammern auch im Waldviertel erfolgreich sein kann. Regelmäßig holte die Familie bei uns am Hof die frische Milch. Am Monatsende durfte ich das Milchgeld kassieren, und da war zu meiner großen Freude immer ein kleines Trinkgeld dabei. In den Ferien betätigte ich mich auch mit dem Rasenmäher rund um das Schweighofer'sche Haus und bekam einen kleinen Einblick, wie in einem Unternehmerhaushalt gelebt wurde. Die Familie fuhr außerdem in den 1970er-Jahren schon auf Urlaub. Darüber wurde im Ort geredet.

Ob heute auch über mich geredet wird? Ich nehme es an. Manche neiden mir vielleicht den Erfolg, andere staunen möglicherweise darüber. Ein Großteil ist wahrscheinlich froh, dass viele Menschen bei uns Arbeit gefunden haben, gute Arbeit. Noch ist kein Ende des Wachstums von Sonnentor abzusehen. Immer öfter zieht es auch Besucher für einen Tag nach Sprögnitz, um in den Genuss unseres „Kräuter-Sinnes-Erlebnisses" zu kommen. Manche wandern auf dem Sonnentor-Kräuterweg von Sprögnitz nach Engelbrechts. Kräuter streicheln ist dabei ausdrücklich erlaubt und nach fünf Kilometern Genusswanderung lockt eine Einkehr. Wir haben unser Stammhaus für Gäste geöffnet, die sich von unserer Philosophie persönlich überzeugen wollen oder unseren fleißigen Mitarbeiterinnen und Mitarbeiter zusehen wollen, wie sie duftende Rosenknospen oder würzigen Thymian verpacken. Ein Kräuter-Sinnes-Erlebnis wird garantiert!

Was ist Erfolg? Alles, was man teilen kann. Ich kann nur mit einem Löffel essen und in einem Bett schlafen. Mein altes klappriges Lieferauto der ersten Jahre hat natürlich längst seinen Dienst aufgegeben. Aber mit mehr als einem Auto kann ich auch heute nicht fahren.

Sonnentor ist eine Lebenshaltung. Die Menschen des Waldviertels sollen leben können, sollen gut leben können, von dem, was sie selbst produzieren. Sonnentor schafft nicht nur Arbeits-

Die Blütenpracht des Waldviertler Mohns

plätze und sichert die Existenz einer kleinteiligen Landwirtschaft. Sonnentor hilft auch, Böden gesund zu erhalten, verringert den Einsatz von Spritzmitteln um viele tausend Kilo und lässt viel Benzin in der Zapfsäule, statt Abgase wegen vieler Kilometer Transportwege in die Luft zu blasen. Mit unseren „spinnerten" Ideen schaffen wir einen neuen Kreislauf des Wohlbefindens. Wer hätte das vor zwanzig Jahren gedacht?

Ich bin sehr, sehr dankbar für alles, was mir im Leben bisher geschenkt wurde. Es ist unglaublich viel. Im Herzen bin ich ein einfacher Mensch geblieben. Meine Freude gilt noch immer den kleinen Dingen des Lebens: einem Vogelzwitschern, den blühenden Kräutern, den Blumen und Tieren – auch wenn es vielleicht pathetisch klingt.

Glück ist für mich, Menschen spüren und lieben zu können, gesund zu sein. Ich möchte nicht mehr, aber auch nicht weniger, als dass es gut weitergeht. Ich möchte weiter meinen kleinen Luxus pflegen, selbst zu entscheiden, wann ich am Morgen aufstehe. Und am Ende meines Daseins als Firmenchef möchte ich gerne am Abend mit dem Besen den Hof fegen. So wie ich es bei den alten Bauern immer gesehen habe, die ihren Besitz längst in jüngere Hände gegeben hatten.

Wissen Sie, was für mich das schönste Kompliment ist? Dass meine Eltern mittlerweile seit Jahren mindestens einmal am Tag Tee trinken. Da lacht die Sonne auf der bauchigen Sonnentor-Kanne und die beiden, wie ich sie kenne, lachen wohl mit ihr.

HOLUNDER
Eine heilige Sache.
US MAGNUS (1193–1280)

KAPITEL 7

kräuter- & gewürzkunde

Vielleicht würden wir ohne die Entdeckung der Gewürze noch immer meinen, die Erde sei eine Scheibe. Möglicherweise wäre ohne Kräuter auch niemand auf die Idee gekommen, „Functional Food“ zu entwickeln – denn die Pflanzen verbanden seit jeher Genuss und Wirkung. Kräuter und Gewürze können nicht nur mit ihrer stellenweise kuriosen Geschichte aufwarten, sondern tragen auch zu einem der schönsten Dinge bei, die das Leben bietet: dem Genuss.

68

die würze der welt-geschichte

wie die leidenschaft für gewürze den lauf der welt veränderte

„Ein Lustgarten sprosst aus dir, Granatbäume mit köstlichen Früchten, Hennadolden, Nardenblüten, Narde, Krokus, Gewürzrohr und Zimt, alle Weihrauchbäume, Myrrhe und Aloe, allerbester Balsam“ (Hohelied 4,13f). Schon der Dichter des biblischen Hoheliedes griff in die Gewürzkiste, um die Reize und die Schönheit seiner Geliebten zu beschreiben.

Die wertvollen Körner, Harze und Früchte waren seit jeher etwas Außergewöhnliches, sie weckten Leidenschaft und Vitalität und waren von einer geheimnisvollen Aura umgeben. Der Duft von Safran, die feine Schärfe von Pfeffer oder der bloße Anblick von duftenden Nelken hatte für Menschen in früheren Epochen eine magische Anziehungskraft. Ohne Pfeffer, Zimt oder Muskat wären die Unternehmungen von Entdeckern, Händlern und Königen wohl nie mit vergleichbarer Leidenschaft entbrannt. Gewürze wurden global gehandelt, als von Globalisierung noch keine Rede war, die Entdeckung neuer Länder und Routen war oft von der Suche nach dem Zugang zu Gewürzen motiviert.

Um die enorme Nachfrage nach Gewürzen nachzuvollziehen, die vom Mittelalter bis zum 18. Jahrhundert die Entwicklung Europas mitbestimmte, müssen wir den vielen Bedeutungen der Gewürze nachspüren. Wie der australische Autor Jack Turner in seinem Buch „Spice – the History of a Temptation“ erklärt, waren Gewürze viel mehr als nur schmackhafte Essenszusätze: Ihre kulinarische Bedeutung fiel oft hinter ihre Verwendung als Talisman oder Heilmittel zurück. Gewürze halfen, Dämonen abzuwehren, sie sollten gegen Krankheiten schützen und nicht zuletzt Potenz und Lust steigern. Eine Grenze zwischen Gewürz und Medizin war zur Blütezeit des Gewürzhandels nicht bekannt. Was für die einen begehrenswerte Wundermittel waren, förderte aus Sicht der anderen die Zuwendung zu Todsünden wie Wolllust und Völlerei. Gewürze waren verbotene Genüsse – umso begehrter wurden sie für eine reiche Klientel. Die wundersame Aura von Gewürzen war auch durch ihre exotische Herkunft bedingt: Mit jedem Korn kam ein Stück eines fernen, unbekannten Landes ins Haus. Nicht zufällig, erklärt Historiker Turner, haben die englischen Wörter „Spice“ und „Special“ dieselbe Wurzel. Bis zur Entdeckung Amerikas stammten die in Europa begehrten Gewürze fast ausschließlich aus Asien – und das, obwohl der Mittelmeerraum seit jeher eine reiche Auswahl an aromatischen Stoffen bot. Koriander, Kreuzkümmel und Safran waren dort heimisch. Der Gewürzhandel lief immer in beide Richtungen – im Mittelalter gehörte etwa England zu den größten Safran-Produzenten der Welt.
Pfeffer, Ingwer, Zimt, Nelken waren einige der wichtigsten Gewürze aus dem fernen Osten. Zimt wurde schon vom jüdischen Propheten Ezechiel und von der griechischen Dichterin Sappho erwähnt. Daraus lässt sich schließen, dass der aromatische Stoff schon im 6. vorchristlichen Jahrhundert im Mittelmeerraum gehandelt wurde. Wie der Historiker Andrew Dalby in seinem Buch „Dangerous Tastes“ erklärt, fuhren Händler wahrscheinlich schon damals bei Monsun über den offenen Indischen Ozean, motiviert von der Chance auf reiche Erträge.

Die Seeroute, die von Häfen in Ostafrika, in Ägypten und dem Süden Arabiens über den Indischen Ozean führte, war einer der wichtigsten Wege für den Gewürzhandel in der Antike und im Mittelalter. Die Handelsverbindungen reichten nach Indonesien und zu den „Gewürzinseln“, den heutigen Malaku Islands bzw. Molukken. Dort bauten Einheimische begehrte Güter wie Nelken und Muskatnüsse an und gewannen den für seine Heilkräfte gerühmten Kampfer. Die Händler aus dem Westen reisten weiter nach Südchina, das unter anderem Ingwer in alle Welt exportierte. Dalby zitiert einen chinesischen Priester, der im Jahr 750 n. Chr. festhielt, dass „am Fluss von Guangzhou (heute Provinz Kanton) unzählige Schiffe, die Hindus, Persern und Malayen gehören“ vor Anker lägen. Als Alternative zum langen, gefährlichen Seeweg etablierte sich die Seidenstraße, über die neben begehrten Textilien auch aromatische Stoffe wie Moschus und Süßholz in den Westen gelangten.

Die wertvollen Güter gingen durch die Hände vieler Zwischenhändler – entsprechend groß war der Drang, die Mittelsmänner auszuschalten. Vasco da Gamas Erkundung des Seewegs nach Indien 1497–98 verlagerte das Machtgefüge. Die Portugiesen errichteten bald Kolonien in Goa in Südindien sowie in Macau in Südchina und eroberten Malakka, einen strategisch wichtigen Punkt an der Seestraße zwischen der malaysischen Halbinsel und Sumatra. (Wenige Kilometer weiter südlich liegt heute der Stadtstaat Singapur.) Im Laufe der Jahrhunderte sollten noch viele Machtkämpfe um Gewürzquellen und Handelswege entbrennen. Die schärfste Konkurrenz für das portugiesische Monopol erwuchs im 17. Jahrhundert durch die Niederlande: Die 1602 gegründete Vereenigde Oostinidische Compagnie, die Kolonial-Gesellschaft der Niederlande, ergriff Kontrolle über die Gewürzinseln und weitere Gebiete des heutigen Indonesien. Die Briten, die ebenfalls eine „East India Company" etabliert hatten, besetzten andere Stützpunkte wie Aceh oder Jayakarta (heute Jakarta). Kurz versuchten Briten und Niederländer im Gewürzhandel zu kooperieren, doch als die Niederländer 1623 zwanzig britische Vertrauensleute brutal hinrichteten, war der Friede vorüber.

Die Briten zogen sich aus dem Gewürzhandel in Indonesien zurück, und der niederländische Gouverneur Jan Pieterszoon Coen dirigierte die Gewürzproduktion mit teils grausamen Methoden. Die Nachfrage im Westen hielt an, solange Gewürze vielseitige Verwendung fanden: Zimt wurde etwa zum Einbalsamieren von Verstorbenen verwendet, mit Balsam verrührt und ins Haar gerieben; an seine einst weit verbreitete Verwendung als Weingewürz erinnert heute noch der Glühwein. Nelken und Muskatnuss galten als Mittel gegen Mundgeruch. Rohrzucker, einst so selten, dass auch er als Gewürz gehandelt wurde, wurden positive Effekte auf Leber und Blase zugeschrieben.

Die Gründung von Plantagen in der Karibik führte allerdings dazu, dass der Zuckerpreis einbrach. Aus dem einstigen Gewürz Zucker wurde durch die Überproduktion ein Rohstoff für Zuckerl und Rum. Auch das Schicksal anderer exotischer Gewürze wandten sich mit der Kolonisation der Neuen Welt. Durch die rasante Verbreitung des Chilis, der sich billig und rasch kultivieren ließ, war die Einzigartigkeit des Pfeffers dahin. Neue Geschmäcker wie Tomaten, Kürbisse und Kartoffeln eröffneten Köchen neue Möglichkeiten und ließen die exzessive Verwendung von Gewürzen altmodisch erscheinen.

Die Entdeckung rationaler Denkweisen sowie Fortschritte in der medizinischen Forschung trugen dazu bei, dass Gewürze viele ihrer mythischen Qualitäten verloren. 1777, als das Zeitalter der Aufklärung seinem Höhepunkt zusteuerte, spalteten sich die pharmacistes (Apotheker) in Paris von den épiciers (Gewürzhändlern) ab. Gewürze hatten nicht viel Magisches mehr, auch Parfümeure wandten sich von ihnen ab. In den Küchen der Bürger und Bauern hatte freilich schon immer eine andere Würz-Kultur geherrscht: Hier wurde verwendet, was vor der eigenen Haustüre wuchs, die Geschmäcker, die der Oberschicht vorbehalten waren, wurden mit Rettich, Rüben, Honig und verschiedenen Kräutern und Samen nachempfunden. Senf, Dill oder Majoran waren für die Zubereitung und Konservierung von Gemüse unverzichtbar, Kümmel, Fenchel und Anis waren fixe Bestandteile eines schmackhaften Hausbrots.

Als exotische Gewürze billiger wurden, hielten auch sie nach und nach Einzug in die Küche der einfachen Leute: In Lebkuchen und Zimtschnecken wurde die Begeisterung für exquisite Geschmäcker von Kind zu Kind weitergegeben, Zimtstangen, Nelken und Ingwer fanden ihren Weg ins einfache Kompott. Dass Gewürze in unseren Tagen wieder in ihrer Vielfalt entdeckt werden, passt zum Wandel der Gesellschaft: In einer „postmodernen" Zeit genießen wir die Errungenschaften von Aufklärung und Industrialisierung, entdecken aber zugleich die Sinnlichkeit, die Geschichten und die Weisheit vergangener Tage wieder. Wenn wir heute die edlen Aromastoffe von Pfeffer, Zimt, Muskat oder Kurkuma in unserem Essen genießen, können wir noch einen Hauch der Magie der Gewürze erspüren.

heilsame kräuter

eine wissensgeschichte von der antike bis zur großmama

Wohl jeder hat eine Geschichte über die Heilwirkung von Kräutern zu erzählen: Irgendwann in der Kindheit gab es vielleicht Arnika als Hausmittel bei Verletzungen, ziemlich wahrscheinlich einen Tee gegen Bauchweh und womöglich Kräuterumschläge gegen Fieber. Oft wusste die Oma über die Heilmittel Bescheid, sie hatte die Rezepte wiederum von ihrer Mutter und Großmutter überliefert bekommen.

Bevor sich die Medizin als moderne Disziplin etablierte, waren Kräuter und pflanzliche Substanzen das einzige, worauf Ärzte und Pfleger zurückgreifen konnten. Die Nutzung von Pflanzen als Medizin überlagerte sich oft mit ihrer Verwendung in der Küche: Kräuter konnten gleichermaßen Heilung und Genuss spenden, sie waren „Functional Food", lange bevor dieser Trendbegriff erfunden war. Da sich die auf rationaler Wissenschaft beruhende Medizin später streng gegen alles Unbewiesene stellte, wurden traditionelle Heilmethoden teils diskreditiert, doch völlig abgekoppelt haben sich die beiden Wissensbereiche nie. Bis heute basieren viele Medikamente auf der Heilkraft von Pflanzen, und die überlieferte Volksmedizin bekommt unter dem Namen der „traditionellen europäischen Medizin" neue Aufmerksamkeit. Die Heilkundigen vergangener Jahrhunderte kannten die Unterscheidung zwischen Volks- und Schulmedizin nicht. Ihre medizinischen Theorien verbanden philosophische Gedanken mit Wissen über traditionelle Heilmethoden.

Das erste umfassende Kräuterbuch im Europa der Antike stammte vom griechischen Arzt Dioscurides (ca. 40–90 n. Chr.). „De Materia Medica" listete etwa 600 Kräuter auf und beschrieb deren Arzneiwirkungen. Bis in das 17. Jahrhundert hinein wurde sein Buch als Referenz herangezogen. Auch der Ältere Plinius (23–79 n. Chr.) versammelte in seinem Werk „Naturalis historia" (Naturgeschichte) umfangreiches Wissen zur Kräuterkunde. Ein weiteres großes Referenzwerk der Antike stammte von Galenos von Pergamon (kurz Galen), dem Leibarzt des römischen Kaisers Marc Aurel. Galen entwickelte die Idee des Hippokrates weiter, der zufolge sich die „Lebenssäfte" im menschlichen Körper das Gleichgewicht halten mussten, um den Menschen gesund zu erhalten. Er schuf ein mehrbändiges Werk, das bis ins 17. Jahrhundert hinein die europäische Medizin prägen sollte. In Galens Schriften finden sich Anleitungen, wie aus Heilkräutern Medizin gewonnen werden kann.

Bis heute heißt die Lehre von der Zubereitung von Arzneimitteln „Galenik". Ab dem Mittelalter sammelte sich das Wissen um die Heilkunde in Europa in den Klöstern an. Die Klostermedizin, die ab dem 8. Jahrhundert zur Blüte gelangte, war durch lateinische und arabische Denker beeinflusst, die Mönche und Nonnen katalogisierten aber auch lokale Pflanzen und deren Heilwirkungen in akribischer Weise. In einer der ältesten erhaltenen Quellen, dem „Lorscher Arzneibuch", das zur Zeit Karls des Großen niedergeschrieben wurde, wird bereits dazu ermahnt, nicht nur die Spezereien aus dem Orient, sondern auch die Pflanzen der heimatlichen Wiesen medizinisch zu nutzen. Wichtigen Einfluss auf das Kräuterwissen jener Zeit übte der islamische Gelehrte Abū Alī al-Ḥusayn ibn Abd Allāh ibn Sīnā, bekannt als Avicenna (979–1037) aus. Sein „Canon Medicinae" enthielt eine Abhandlung über Tier- und Pflanzendrogen in 758 Kapiteln. Als Zentrum des Wissensaustauschs etablierte sich im 10. Jahrhundert die Schule von Salerno. Moslems, Christen, Juden und Frauen, denen der Zugang zu vielen Bildungswegen verwehrt war,

GAIUS PLINIUS SECUNDUS

HILDEGARD VON BINGEN

PARACELSUS

konnten sich hier im medizinischen Handwerk ausbilden lassen. Ein bedeutender Schüler war Constantinus Africanus, vermutlich ein Gewürzhändler aus Nordafrika, der griechische und arabische Kräuter-Texte ins Lateinische übersetzte und den „Liber graduum", ein Verzeichnis von 209 Pflanzen und Mineralien und ihrer medizinischen Wirkungen, schuf. Unter dem Einfluss von Salerno schuf Hildegard von Bingen (um 1098–1179), die Äbtissin des Klosters Rupertsberg bei Bingen am Rhein, zwei medizinische Werke. In der neunbändigen „Physica" sind 230 Kräuter mit ihren Wirkungen dargestellt, ein Buch über die Grundelemente und die Heilkraft der Bäume ist ebenfalls Bestandteil des Werks. Hildegards zweites Opus, „Causae et Curae", legte eine Theorie über die Konstitution des Menschen und die Entstehung von Krankheiten vor.

Als „Hildegard-Medizin" neu verpackt, erfuhren die Lehren der Äbtissin im späten 20. Jahrhundert eine Renaissance, die bis heute anhält. Hildegard-Produkte sind selten reine

Arzneien – die Erkenntnisse der Äbtissin lassen sich in schmackhaften Suppen und Würzstoffen anwenden, die daran erinnern, dass Genuss und Gesundheitsvorsorge ursprünglich keine getrennten Welten waren. Die Kenntnisse aus Küche und Apotheke drifteten aber durch die Spezialisierung aller Wissensbereiche im Lauf der Jahrhunderte auseinander. Durch die Gründung der ersten Universitäten verloren die Klöster ihre Vormachtstellung als medizinische Wissensquellen. Zusätzlich erschütterte die Verbreitung von Seuchen die auf Galens Säftelehre basierende medizinische Praxis. Als großer Neuerer der Medizin betrat Paracelsus (1493–1541) die Bühne: Er baute seine Medizin stärker auf Naturerkenntnis auf und entwickelte eine Heilslehre, die für Chemie, Schulmedizin und Homöopathie einflussreich sein sollte. Paracelsus widmete Heilpflanzen breiten Raum und zog die Kräuter, die vor Ort wachsen, exotischen Mitteln vor. Er konnte der Idee viel abgewinnen, dass eine Pflanze, die einem Organ ähnlich sah, auch eben dieses Organ heilen konnte – so sollten etwa herzförmige Blätter gut fürs Herz sein, und die Wirkung des Lungenkrauts wurde damit erklärt, dass seine Blätter dem Lungengewebe ähnlich sahen. Paracelsus fand viele Nachahmer und Schüler, die seine Ideen weiter ausführten. In England verteidigte Nicholas Culpeper (1616–1654) die Notwendigkeit der Heilkräuterkunde: Gerade weil sich nicht alle Menschen Ärzte leisten konnten, galt es, das Wissen über die Anwendung von Heilkräutern zu erhalten.

SEBASTIAN KNEIPP

MARIA TREBEN

Fortschritte in Chemie und medizinischen Wissenschaften gaben in Europa aber den Anstoß dazu, das Kräuterwissen vom Kanon der nützlichen Errungenschaften auszuklammern. Bis ins 20. Jahrhundert blieben Kräuter dennoch das wichtigste Ausgangsmaterial für die Pharmazie. Für breite Schichten der Bevölkerung blieb die Pflanzenapotheke die wichtigste Option: Bauersfrauen beschäftigten sich ein Leben lang mit den Gewächsen in Wald und Wiese und hielten das Wissen über deren Wirkung am Leben. Die Geheimnisse aus dem Kräutergarten kamen stets auch der Küche zugute: Thymian war sowohl Hustenmittel als auch ein köstliches Gewürz für Kartoffel- und Fleischgerichte; Minze verfeinerte Knödel und wirkte gegen Kopfweh. Die Kräuterkundigen auf den Bauernhöfen und in den ländlichen Ortschaften dachten nie nur an einzelne Symptome, sondern immer an das leibliche Wohl des ganzen Menschen. Wie sehr sich diese Herangehensweise vom „modernen", rein ergebnisorientierten Denken unterscheidet, zeigen heute Knoblauchpillen und andere Nahrungsergänzungsmittel, die die Kraft der Kräuter für einzelne Zwecke nutzen wollen und dabei den Kontext des Genusses ausblenden.

HERMANN-JOSEF WEIDINGER

Gepflegt und popularisiert wurde die Heilpflanzenkunde im 19. und 20. Jahrhundert durch Geistliche wie Sebastian Kneipp (1821–1897) in Deutschland oder Johann Künzle (1857–1945) in der Schweiz. Die österreichische Kräuterexpertin Maria Treben (1907–1991) trug mit ihrem Buch „Gesundheit aus der Apotheke Gottes" maßgeblich zur Verbreitung des Kräuter wissens bei: Das Buch wurde in 20 Sprachen übersetzt und etablierte sich in Millionen von Haushalten als Referenzwerk. Der „Kräuterpfarrer" Hermann-Josef Weidinger (1918–2004) trug die Begeisterung für Heilkräuter bis ins 21. Jahrhundert. Weidinger hatte die fernöstliche Kräuterkunde studiert und war zugleich ein Experte für Klostermedizin. Sein Kräuterzentrum in Karlstein an der Thaya etablierte das Waldviertel schon früh als erste Adresse für Heilkräuter und als Anlaufstelle für Wissbegierige.

Der Wert des überlieferten Wissens der Klostermediziner und Kräuterkundigen scheint auch Skeptikern einzuleuchten. Kräutermedizin kann und soll die Errungenschaften der Schulmedizin nicht ersetzen, doch natürliche Stoffe können herkömmliche Behandlungsmethoden durch vielfältige Impulse ergänzen. In einem Zeitalter, in dem der Austausch von Wissen und von Waren so schnell und mühelos vonstatten geht wie nie zuvor, bleibt Sonnentor in der Tradition der biologischen Landwirtschaft und dem Volksmund verhaftet. Die Verbindung zu den Kräuterkundigen vergangener Tage steckt noch immer in den Säckchen und Schachteln, die von Sprögnitz aus in die Welt geschickt werden.

Ich liebe Steinpilze!

74

plädoyer
für würzigen genuss

„Iss mehr Obst und Gemüse." „Nimm Fleisch und Fett von deinem Speiseplan." „Spät essen ist ungesund." „Und vergiss ja nicht, genügend Ballaststoffe zu essen." – Gute, gut gemeinte und weniger gute Ernährungstipps prasseln von allen Seiten auf uns ein. In Buchläden türmen sich die Ernährungs- und Diätratgeber, in Frauenzeitschriften findet sich jeden Monat eine neue „Iss dich schlank"-, „10 Kilo in 3 Wochen"- und „Mit Sauerkraut abnehmen"-Diät. Dazwischen stehen wir und denken nach, was wir essen oder besser nicht essen sollten. Doch Lust und Genuss bleiben dabei auf der Strecke.

Essen ist zur reinen Kopfsache geworden. Dass für unseren Körper notwendige Nährstoffe in bestimmten Mengen aufgenommen werden, und dass es dafür ein paar Regeln geben muss, ist wichtig – kein Zweifel. Aber essen ist viel mehr als eine physiologische Notwendigkeit. Essen duftet, Essen schmeckt, und essen macht Spaß. Ein gesundes Essverhalten entsteht letzten Endes weder durch Askese noch durch strenge Diätverordnungen, die unsere Sinne nicht ansprechen, sondern vielmehr durch die emotionale Auseinandersetzung mit unseren Bedürfnissen, durch bewussten Genuss.

Kräuter und Gewürze sind die Vehikel auf der Straße dorthin. Aus den faden gedünsteten Karotten, Erbsen und Co wird plötzlich ein Geschmackserlebnis. Die herben, zarten, bitteren, süßen und frischen Geschmäcker können vielseitig eingesetzt werden. Neben ein wenig Experimentierfreude, Lust und Zeit zu kochen und natürlich Kräutern und Gewürzen braucht es dazu nicht viel.

Wer nicht weiß, wie er welches Kraut oder Gewürz einsetzen soll und was wozu passt, dem sei ein wenig Mut zum Ausprobieren zugesprochen. Solange man den Zimt nicht für das Wiener Schnitzel verwendet oder Safran auf den Salat gibt, kann nicht viel schief gehen. Im Grunde hat jeder selbst die Kompetenz, um zu beurteilen, was schmeckt oder nicht. Denn das Um und Auf beim Würzen, Verfeinern und Kochen ist es, sich auf die eigenen Sinne zu verlassen. Und diese werden am besten geschult, indem wir keine Scheu haben, nach Lust und Laune würzen und uns Zeit nehmen, um zu probieren und zu genießen. Anstatt „Coffee to go" und Kipferl auf dem Weg zur Arbeit kann man den Tag auch mit einem würzigen Frühstück starten. Zimt und Vanille eignen sich bestens dazu, Müsli, Getreide oder Flocken zu verfeinern. Dazu Äpfel im Winter, die auch kurz mitgekocht werden können, oder Beeren im Sommer und fertig ist ein köstliches Morgengericht. Ein würziges Frühstück vitalisiert mehr als weitere zehn Minuten im Bett. Ganz abgesehen davon, dass es köstlich schmeckt, die Laune bessert und Spaß macht. Auch unter den Kräutertees finden sich viele köstliche Stimmungsmacher, die einem den richtigen Kick für den Tag geben. Bei den einen schon zum Alltagsgetränk geworden, ist die Vielseitigkeit von Kräutertees bei anderen noch weitgehend unbekannt. Neben ihrer Geschmacksvielfalt und der Koffeinfreiheit unterscheiden sich Kräutertees vor allem darin vom Kaffee, dass sie sich auch hervorragend zum Essen kombinieren lassen.

Wer sich aus Zeitnot kein Mittagessen gönnt, vor dem Computer oder im Fast-Food-Lokal nebenan isst, dem kommt der Genuss im Alltag schnell abhanden. Um wieder zu einem genussvollen Mittagessen zu finden, dreht man das Handy am besten für eine halbe Stunde auf lautlos und belässt die Mails im Posteingang. Hat man neben Kräutern und Gewürzen auch ein paar Basics wie Reis, Nudeln oder Kartoffel zur Verfügung – sie können auch in der Büroküche gelagert werden –, lässt sich schnell ein köstliches Mittagessen zaubern, das nicht im Bauch liegt. Reis und Nudeln kochen von allein, während wir noch vor dem Bildschirm sitzen, und müssen hernach nur noch mit Gewürzen oder Kräutern, mit Gemüse, Tofu oder Frischkäse und bestem Öl verfeinert

werden. Auch ein knackiger Salat lässt sich im Sommer in Windeseile zubereiten, wenn man ein gutes Salatgewürz zur Verfügung hat.
Wer sich den Luxus einer halben Stunde Zeit zu Mittag gönnt und diese Pause dazu nützt, sich mit einem feinen, selbst zubereiteten Essen zu verwöhnen, tut nicht nur etwas für seinen Körper, sondern auch für den Geist und die Konzentration am Nachmittag. Hat man diese Vorteile einmal gespürt, ist der Würstelstand ums Eck bald Geschichte.
Neben den negativen gesundheitlichen Auswirkungen von klassischem Fast-Food wiegt vor allem dessen Geschmacksfreiheit den scheinbaren Vorteil von Bequemlichkeit und Zeitersparnis auf. Is(s)t man aufmerksam, fällt einem schnell auf, wie einheitlich süß, fett oder salzig der Kuchen vom Industriebäcker, die Fertig-Pasta und der Cheeseburger schmecken. Doch unsere Gaumen sind schon so sehr an diese Geschmacksrichtungen, die in der Natur nicht in dieser Eindeutigkeit existieren, gewohnt, dass unser Körper auch danach verlangt. Schritt für Schritt lässt sich dieses scheinbare körperliche Verlangen aber wieder abschalten, wenn wir unsere Geschmackssinne schulen. Das tun wir am besten, indem wir zu möglichst naturbelassenen, echten LEBENSmitteln greifen, diese anstatt mit Salz mit vielen Gewürzen und Kräutern verfeinern, indem wir genießen und genau hinschmecken.
Gute Lebensmittel findet man durchaus auch als Fast-Food. Schnelle Zubereitung, beste Qualität und feiner Geschmack schließen einander nicht aus, eine Tatsache, die immer mehr Lebensmittelproduzenten, Bio-Unternehmen und Lokale für sich entdecken. Unter den Bio-Produkten gibt es für den eiligen Mittagesser inzwischen eine gute Auswahl an Fast-Food, das köstlich schmeckt und gut tut.
Der US-Autor Michael Pollan rät in seinem Buch „In Defense of Food", nur zu essen, was auch unsere Großmütter als echtes Lebensmittel anerkannt hätten. Zur Zeit unserer Omas gab es weder Hamburger noch peruanische Mangos oder Bananen aus Costa Rica. Deshalb lebten die Menschen jedoch nicht weniger glücklich und vielleicht sogar gesünder. Es wurde eben einfach gekocht, was da war, was im Garten, auf Wiesen und im Wald wuchs. Saisonales wurde mit meist heimischen Kräutern und Gewürzen wie Kümmel, Fenchel, Thymian, Schnittlauch oder Petersilie verfeinert, und fertig waren die köstlichen Speisen. Durch fix vorgegebene Mahlzeiten war es außerdem üblich, sich Zeit zum Essen, zum Genuss und zum Sattwerden zu nehmen.
Die Straße zum Genuss ist auch eine Abkürzung zur Entspannung nach einem anstrengenden Arbeitstag. Die Zeit, die man sich nimmt, um ein vielleicht einfaches, aber feines Abendessen zu bereiten, bringt oft mehr Entspannung, als aus Gewohnheit vor dem Fernsehen zu sitzen. Kräuter und Gewürze sind dabei gute Inspirationsquellen, sie helfen, altbekannte Gerichte wieder neu zu interpretieren und einfachen Speisen den notwendigen Kick zu geben. Einfache, in Olivenöl geschwenkte Pasta mit einer Handvoll Kräutern und Knoblauch, dazu Salat, ist ein schnelles, aber absolut unschlagbares Abendessen, das Dinner-Cancelling schnell obsolet macht.
Alles schön und gut, aber Ihre Kinder wollen eben weder Gemüse noch Kräuter und schon gar keine Gewürze, dafür aber Hamburger, Pommes frites und Wurst? Es spricht nichts dagegen, Ihren Kleinen die Wurst zu geben, die sie verlangen. Dennoch ist es ratsam, den kleinen Bengelchen auch andere, neue Speisen anzubieten – und zwar mehr als einmal. Denn Studien haben gezeigt, dass Kinder Lebensmittel umso lieber essen, je öfter sie damit in Kontakt kommen. Anstatt das Kind von vorneherein einzuschränken, ist es also vielleicht sinnvoller, Neues auszuprobieren und die Kleinen dabei zu integrieren. Isst das Kind gerne Pommes frites, kann man auch gemeinsam Kartoffeln ohne Fett im Backrohr mit buntem Blütensalz zubereiten und sie als „Zauber-Pommes" servieren. Lässt sich das Kind von Wasser als Limoersatz nicht überzeugen, kann man es mit Kräuter- oder Früchtetees probieren. Gemischt mit Fruchtsäften kommen diese als „Betthupferl"-Getränk oder „Zaubertrunk" bei Kindern unheimlich gut an. Sind die Kinder-Cocktails noch nicht süß genug, kann man sie anstatt mit Zucker mit Honig, Agavendicksaft oder Ahornsirup süßen.
Fantasie und Experimentierfreude sind gute Voraussetzungen, um Kindern gute Essgewohnheiten zu vermitteln. Viel wichtiger dafür sind aber genussfreudige und „erzogene Erwachsene" (Goethe), die die Regeln zwar kennen, aber denen es vielmehr darum geht, ihren Kindern ihre Werte zu vermitteln. Genuss wird gelernt, indem er gelebt und gerade auch bei Tisch zelebriert wird.
Finden wir auch im Alltag wieder zum Genuss, bereichern wir unser Leben auf ungeahnte Weise. Kräuter und Gewürze sind keine Allheilmittel, können uns aber dabei helfen, dieses schöne Stück Leben zu entdecken. Durch die süßen, milden, bitteren, herben und scharfen Düfte und Geschmäcker werden wir permanent daran erinnert, unsere Sinne zu aktivieren.

KAPITEL 8

magische kräuter

Seit jeher wird im nördlichen Donauraum der Schatz der Kräuter gehütet. Vielleicht, weil man hier im Waldviertel noch genau weiß, welches Kraut welches Wehwehchen lindert, vielleicht aber auch, weil in dieser gesunden Abgeschiedenheit besonders aromatische Sorten gedeihen.

* apfelminze * brennnessel * fenchel * frauenmantel * griechischer bergtee * hafer * hanfblätter * hibiskus * himbeerblätter * holunderblüten * ingwer * johanniskraut * kamille * käsepappel * kleinblütiges weidenröschen * lavendel * lemongras * lindenblüten * löwenzahn * pfefferminze * ringelblume * rooibos * rosenblüten * salbei * schafgarbe * zinnkraut * zitronenmelisse * zitronenverbene

78

Die Aromen, Geschmäcker und Düfte von Kräutern inspirieren uns, entführen uns in andere Welten und wecken Erinnerungen an vergangene Genüsse. Um in die Welt der Kräuter einzutauchen, muss man gar nicht aufwendig kochen oder viel arbeiten, denn Kräuter sind einfach da. Sie wachsen im Garten, in Wäldern und auf Wiesen und warten nur darauf, gepflückt zu werden. Ganz so einfach ist es allerdings nicht, denn es ist viel Erfahrung nötig, um zu wissen, welche Kräuter wo und wann gesammelt oder kultiviert werden können. Neben unseren Omas, die noch viele alte Hausmittel und Kräuteranwendungen kennen, sind vor allem Bauern die wahren „Weisen", wenn es um Kräuterkunde geht. Sie gehören oft zu den wenigen Menschen, denen das wertvolle alte Kräuterwissen noch überliefert wurde. Nicht zuletzt wissen sie auch, wie man die Kräuter trocknet und anwendet.

Im österreichischen Waldviertel trifft das wertvolle Wissen der Kräuterbauern auf ideale Bedingungen: Ein eher trockenes Klima, sandige Böden und starke Temperaturschwankungen zwischen Tag und Nacht sorgen dafür, dass eine Vielzahl an Kräutern im Waldviertel sprießen. Mit Kräutern bester Qualität steht der Freude am Grün, an den bunten Blüten und der Zubereitung vieler köstlicher Speisen nichts mehr im Weg. Mit frischen oder getrockneten Kräutern hat man die wunderbare Möglichkeit, altbekannte Gerichte wieder neu zu entdecken. Allerdings ist es ratsam, dabei auch etwas Experimentierfreude an den Tag zu legen. Denn manche Dinge – auch Kräuter – sind nicht so kompliziert, wie wir meinen. Einzig und allein unser eigener Geschmack, die Lust und die Laune entscheiden, welches Kraut zu welchem Gericht passt.

Mit der Vielfalt an süßen, herben, säuerlichen, blumigen und bitteren Kräutern lassen sich außerdem wunderbare Tees zubereiten. Ist man einmal auf den Geschmack gekommen, lassen sie sich nicht mehr aus dem täglichen Leben wegdenken. Kräutertees beeinflussen die Stimmung, machen munter, beruhigen und gleichen aus. Vielleicht liegt es an der Wirkung, vielleicht auch einfach am Geschmack, dass Kräutertees derzeit ein wahres Comeback erleben. Sie liegen jedenfalls im Trend und werden zunehmend von Groß und Klein gerne getrunken.

Auch die reinigende, klärende Wirkung der Kräutertees während des Fastens im Frühling wird nach und nach wieder entdeckt. Salbei, Fenchel, Brennnessel und einige Hildegard-Mischungen seien in dieser Hinsicht besonders empfohlen. Vor dem köstlichen Kräutergenuss auf den folgenden Seiten sollen aber hier noch die wichtigen Themen Qualität und Teezubereitung erwähnt werden. Ätherische Öle bleiben am besten in ganzen Blättern und Blüten erhalten, was auch das volle Aroma garantiert. Daher soll beim Kauf darauf geachtet werden, dass Blätter, Stängel und Blüten nur grob zerkleinert wurden und noch ganz sind. Je behutsamer und langsamer die Kräuter getrocknet wurden, desto aromatischer und geschmacksintensiver sind sie.

Je hochwertiger die Kräuter sind, desto mehr Wirkstoffe sind auch enthalten und desto besser ist ihre positive Wirkung auf die Gesundheit. Damit kein Gewöhnungseffekt auftritt, ist es ratsam, nicht immer denselben Kräutertee zu trinken, sondern nach spätestens drei Wochen die Sorte zu wechseln.

Für die Teezubereitung wird empfohlen, die Blätter zu zerdrücken und eine „Drei-Finger-Prise" der Kräuter pro Tasse zu verwenden. Diese werden mit kochendem Wasser aufgegossen und sollten nicht länger als zehn Minuten lang ziehen. Je länger der Kräutertee stehen gelassen wird, desto kräftiger wird er im Geschmack und desto dunkler wird seine Farbe. Wer übrigens Tee für ein Wintergetränk hält, sollte seine Einstellung überdenken. Denn einige Kräuter wie Minze oder Melisse eignen sich wegen ihres frischen Geschmacks ausgezeichnet für köstliche Eistees an heißen Sommertagen. Aus kaltem Kräutertee und Fruchtsaft mixt man sich an solchen Tagen am besten seinen eigenen Kräuter-Cocktail, der auch beim nächsten Sommerfest garantiert Eindruck schinden wird. Tee ist nicht nur ein Frühstücksgetränk, sondern passt vorzüglich zum Essen. Das Glas Wein durch ein Glas Tee zu ersetzen, eröffnet unglaubliche Geschmackserlebnisse – mehr dazu in einem eigenen Kapitel zum Thema Tee. Zunächst zurück zu den Kräutern, ihren vielfältigen Geschmäckern und Wirkungen – wer mehr erfahren möchte, taucht am besten in die folgenden Seiten ein.

Die Beschreibungen der Kräuter und Auszüge stammen aus alten Überlieferungen. Wir glauben an die Kraft der Natur, es liegt aber in der Verantwortung von jedem persönlich, dieses traditionelle überlieferte Wissen von den Wirkungsweisen der Kräuter und Gewürze eigenverantwortlich und sensibel für das eigene körperliche Wohlbefinden anzuwenden. Wir raten Ihnen bei gesundheitlichen Beschwerden, diese vorerst mit dem Arzt abzuklären, um einen verantwortungsvollen ganzheitlichen Mix aus Schulmedizin und Unterstützung aus der Pflanzenwelt zu finden.

apfelminze
die mentholfreie milde
{mentha rotundifolia}

Wer den Sommer schon herbeisehnt, braucht Minze. Apfelminze ist zwar wesentlich milder als ihre große Schwester, die Pfefferminze, aber ihr zartes, fruchtiges Aroma ist Sommer pur. Minze ist kulinarisch nicht zu unterschätzen: Mit allen Arten von Minze lassen sich sehr köstliche – meist sommerliche – Gerichte zaubern. Während in der westlichen Küche fast ausschließlich frische Minze zum Einsatz kommt, verwendet man sie im östlichen Mittelmeerraum lieber getrocknet. Aufgrund ihres unterschiedlichen Geschmacks können sich die beiden nicht gegenseitig ersetzen. Das trockene Kraut kann zum Beispiel kurz in Olivenöl oder Butter angeschwitzt werden, um Linsen oder Lamm damit zu würzen. Auch Gurkenjoghurt oder Couscous mit Zitrone, Tomaten, Gurken und Olivenöl schmecken fein und erfrischend mit getrockneter Apfelminze.

SINNLICHER TEEGENUSS
Um sich einen leichten, sommerlichen Tee zuzubereiten, werden die Blätter der Apfelminze mit kochendem Wasser übergossen. Nach 5–10 Minuten ist der grünlich-gelbe Tee trinkfertig. Zum zart-minzigen, leicht fruchtigen Geschmack des Tees passt auch eine leichte Süße, er schmeckt warm oder kalt getrunken. Mit Apfelminze und Zitronenmelisse lässt sich auch ein wunderbarer, nach Apfel duftender Tee zubereiten.

WISSENSWERTES
Die Apfelminze gehört zur Familie der Lippenblütengewächse und wird auch als „milde Minze" bezeichnet. Sie ist eine von vielen Kreuzungen der Pfefferminze, wird bis zu 80 Zentimeter hoch und ist die größte aller kultivierten Minzearten. Sie hat ovale, abgerundete, etwas runzelige Blätter und trägt von Juli bis September lavendelfarbene Blüten. Als einziger Vertreter der Minzegattung enthält Apfelminze kein Menthol, wodurch sie auch für Schwangere und jene, die gerade ein homöopathisches Medikament einnehmen, genießbar ist. Sonnentor hat die Apfelminze in Österreich bekannt gemacht; gleich bei der Gründung wurden im Waldviertel Probekulturen angepflanzt, und diese mild aromatische Minze hat sich in Kürze zu einem beliebten Bestandteil der Kräutermischungen entwickelt. Apfelminze wird heute im gesamten europäischen Raum kultiviert.

WIRKUNGEN UND VERBORGENE KRÄFTE
Da Apfelminze kein Menthol enthält, wirkt sie nicht kühlend wie die anderen Minzenarten. Sie ist gut verträglich, wassertreibend und wird in der Volksmedizin als Stimmungsaufheller eingesetzt.

---

brennnessel
köstliche brandgefahr
{urtica dioica / urtica urens}

Brennnesselblätter sind zart und schmecken ähnlich wie Spinat, allerdings würziger und aromatischer. Mit den frischen Blättern lässt sich im Frühling eine sehr fein schmeckende Suppe kochen. Wie Spinat können die Brennnesselblätter auch gedünstet als Gemüse gegessen werden. Fans der italienischen Küche können die Blätter fein hacken, mit Ziegenkäse oder Ricotta, Salz und etwas Olivenöl mischen und damit entweder Nudelteig (Ravioli!) füllen oder – für Eilige – die Mischung unter frisch gekochte Nudeln heben. Und gleich noch eine heiße Empfehlung für Italien-Freunde: Brennnessel-Risotto – ein frühlingshaft köstliches Gericht.

SINNLICHER TEEGENUSS
Mit getrockneten Brennnesseln kann ein milder Tee zubereitet werden, der im Frühling gut passt und durch seine entschlackenden Eigenschaften auch als Kur getrunken werden kann. Die Blätter werden mit kochendem Wasser überbrüht, nach 5–10 Minuten ergibt sich ein grünlicher, mild schmeckender Tee.

WISSENSWERTES
Die Brennnessel gehört zur Familie der Urticaceae, der Nesselgewächse, wobei die mehrjährige (U. dioica) von der einjährigen (U. urens) unterschieden wird. In Europa sind Brennnesseln weit verbreitet, sie wachsen auf nährstoffreichen Böden bevorzugt in der Nähe des Menschen, an Zäunen entlang und in Gärten und sie werden bis zu einem Meter hoch. Auf Blättern und Stängeln befinden sich Brennhaare, deren Spitzen bei Berührung abbrechen und ihren juckenden Inhalt freisetzen. Für das Jucken und Brennen sind Amin-Verbindungen zuständig, ansonsten enthalten

* apfelminze

Brennnesseln Flavonoide, Chlorophylle und Carotinoide. Brennnesseln enthalten reichlich Spurenelemente und Mineralien.

WIRKUNGEN UND VERBORGENE KRÄFTE
Brennnesseln haben sich als Hausmittel bewährt: Sie sollen blutreinigend, blutdrucksenkend, stoffwechselanregend und harntreibend sein und werden zur Entschlackung und für Kuren eingesetzt. In der Volksmedizin ist die Brennnessel das beste pflanzliche Heilmittel zur Behandlung von Blutarmut und Eisenmangel, weshalb gerade Frauen den Tee regelmäßig trinken sollten, der auch Unterleibsbeschwerden lindert. Die Pflanze wird außerdem zur unterstützenden Behandlung bei Asthma, Heuschnupfen und Haut-Ekzemen empfohlen. Laut TCM haben Brennnesseln eine kühle Wirkung, vertreiben Lungenfeuchtigkeit und nähren das Leberblut. Die zugeordneten Organe sind Leber, Milz, Blase und Lunge.

---

fenchel
süße, gute laune
{foeniculum vulgare}

Bei einer Reise um die Welt kann man ihm nicht entkommen. Fenchel ist weltweit beliebt und ein wichtiges Gewürz unterschiedlicher Küchen. Im gesamten mediterranen Raum kommt man nicht ohne die Fenchelsamen aus. Was wäre eine sizilianische Pasta mit Sardinen oder ein fetter, provenzalischer Fisch ohne Fenchel? Die Samen charakterisieren den Geschmack vieler orientalischer und asiatischer Gewürzmischungen wie Panch Phoron (Bengalen/Indien) oder Garam Masala (Indien). In unseren Breiten ist Fenchel DAS Brotgewürz und ist aus einem knusprigen Holzofenbrot nicht wegzudenken. Weitere Ausführungen zu den kulinarischen Anwendungen sind im Kapitel Gewürze zu finden. Mit Fenchel oder dem österreichischen Bitterfenchel lässt sich außerdem ein wunderbar süßer Tee aufgießen, der sowohl in den Sommer wie auch in den Winter passt.

SINNLICHER TEEGENUSS
Der süße, grünlich-braune Fenchel lässt Anisnuancen erkennen, als Tee löscht er den Durst und wärmt von innen. Kalter Fencheltee ist aber mindestens ebenso fein, besonders, wenn etwas Zitronensaft dazugegeben wird. Wer möchte, kann den Tee auch leicht süßen, was aufgrund seiner natürlichen Süße aber kaum notwendig ist.

Aus Fenchel, Koriandersamen, Anis und Kümmel kann ein herrlicher und wirkungsvoller Gewürztee bereitet werden, der Bauchweh schnell vertreibt.

WISSENSWERTES
Fenchelpflanzen werden ca. 2 Meter hoch, haben gefiederte, grüne Blätter und kleine, gebogene, grünliche Samen. Von Juli bis September blühen die Pflanzen gelb. Die Heimat des Fenchels ist der gesamte mediterrane Raum, kultiviert wird er heute fast überall. Gewürzfenchel wird außerdem im österreichischen Burgenland und dem Weinviertel angebaut, im Mittelmeerraum gibt es daneben auch Gemüsefenchel. Anethol ist der Hauptbestandteil des ätherischen Öls und ist für den typischen Geschmack verantwortlich.

WIRKUNGEN UND VERBORGENE KRÄFTE
Bei Bauchweh aller Art, Verdauungsstörungen, Blähungen, Sodbrennen und Magenweh ist Fenchel das pflanzliche Heilmittel der Stunde. Dass Fenchel bei diesen Beschwerden schnell wirkt, liegt am hohen Anetholgehalt. Aufgrund seiner positiven Wirkung auf den Magen-Darm-Trakt wird Fenchel in der Volksmedizin Säuglingen wie Stillenden empfohlen. Die Samen sollen obendrein auch die Milchbildung fördern, weshalb sich Fencheltee auch als Stilltee eignet. Der Fenchel ist auch eine Lieblingspflanze der Hildegard von Bingen: „Wie auch immer er gegessen wird, macht er den Menschen fröhlich und vermittelt eine angenehme Wärme und guten Schweiß und er verursacht gute Verdauung. Wer Fenchel und seinen Samen täglich nüchtern isst, der vermindert den üblen Schleim oder die Fäulnisse in sich und er unterdrückt den üblen Geruch seines Atems." Laut Ayurveda wirkt Fenchel wärmend und vermindert überschüssiges Vata und Kapha. In der traditionellen chinesischen Medizin wird Fenchel zur Stärkung des Nieren-Yang und gegen Stagnationen des Leber-Qi eingesetzt.

frauenmantel
rosetten für die dame
{alchemilla vulgaris}

Der Name kommt nicht zufällig. Frauenmantel ist besonders hilfreich, um die Heilung von verschiedenen, typischen Frauenleiden zu unterstützen. Dafür eignet sich vor allem der Frauenmanteltee. Aufgrund ihres leicht bitteren Geschmacks, der pfeffrige Nuancen aufweist, sind die rosettenförmigen, grünen Blätter nicht bei jedem beliebt. Jenen, die dem Frauenmantel etwas abgewinnen können, sei neben Tee auch ein Frauenmantel-Frischkäse ans Herz gelegt. Dazu werden die Blätter fein gehackt und gemeinsam mit Salz, Pfeffer und etwas Senf unter den Kuh- oder Ziegenfrischkäse gemischt. Außerdem geben die Blätter – frisch oder getrocknet – sommerlichen Blattsalaten ein leicht pfeffriges Aroma.

SINNLICHER TEEGENUSS
Frauenmanteltee hat einen leicht bitteren, etwas pfeffrigen Geschmack und ist leicht adstringierend. Bei Beschwerden können pro Tag bis zu drei Tassen von dem grünen Tee getrunken werden, der sich bei Bedarf auch für Kuren eignet.

WISSENSWERTES
Frauenmantel gehört zur Familie der Rosengewächse, der Rosaceae. Die Pflanze ist im gesamten europäischen Raum heimisch und wächst gerne in höheren Lagen auf Fettwiesen und -weiden oder entlang von Bachufern. Sie wächst bis zu 30 cm hoch und breitet sich oft teppichartig aus. Die grünen Frauenmantelblätter sind rosettenförmig, in ihrer Mitte findet sich häufig ein Tautropfen. Von Mai bis September trägt die Pflanze eher unscheinbare, grüne Blüten. Neben den Blättern können auch die Wurzeln der Pflanze verwendet werden. Hauptinhaltsstoffe des Frauenmantels sind das Glykosid Tannin sowie Salicylsäure.

WIRKUNGEN UND VERBORGENE KRÄFTE
In der Volksmedizin wird die entzündungshemmende, wundheilende, blutreinigende und menstruationsregulierende Wirkung des Frauenmantel geschätzt, für die vor allem seine adstringierenden Eigenschaften verantwortlich sind. Das Kraut wirkt sich positiv während der Wechseljahre, bei starken Monatsblutungen, bei weißlichem Ausfluß und einer gestörten Vaginalflora aus. Bei Beschwerden wird empfohlen, bis zu drei Tassen Frauenmanteltee pro Tag zu trinken. Unterleibsentzündungen werden in der Volksmedizin mit Frauenmantel-Sitzbädern behandelt. Auch Erkrankungen im Magen-Darmbereich können mit Frauenmantel behandelt werden, vor allem gegen Durchfall und Gastroenteritis soll das Kraut wirksam sein. Außerdem wird dem Kraut nachgesagt, die Bindegewebe und Bänder zu stärken. Die TCM ordnet dem kühlenden Frauenmantel das Organ Leber zu, es klärt das Leberfeuer und die feuchte Hitze in der Blase. Außerdem stärkt das Kraut das Qi der Milz. Auch im Ayurveda geht man von einer kühlenden Wirkung des Frauenmantel aus, seine Grundeigenschaften sind leicht und trocken, seine Verdauungswirkung scharf. Frauenmantel vermehrt Vata und vermindert Pitta und Kapha.

griechischer bergtee
milder mittelmeergeschmack
{sideritis scardica}

Manche Dinge sind nicht so einfach, wie sie scheinen. Dazu gehört griechischer Bergtee. Wer nämlich glaubt, diesen würde es nur in Griechenland geben, der irrt. Denn die in ihrem Aussehen dem Salbei ähnelnde Pflanze wird hauptsächlich in der Türkei angebaut. Doch bevor man in politische Diskussionen über die Namensgebung gerät, sollte man ihn einfach mal probieren und entscheiden, ob man sich dieser Frage wirklich näher widmen oder den Griechischen Bergtee einfach nur genießen möchte. Der köstlich milde Geschmack jedenfalls spricht für Letzteres.

SINNLICHER TEEGENUSS
Um sich einen feinen Bergtee zuzubereiten, zerbricht man die Blätter und Blüten tragenden ganzen Stängel und übergießt sie mit heißem Wasser. Dem süßen Duft des gelben, mild-würzigen, leicht zitronigen Tees, der einem sofort entgegenströmt, kann man nicht lange widerstehen. Griechischer Bergtee schmeckt auch im Sommer, kalt getrunken und mit Fruchtsaft vermischt, köstlich.

WISSENSWERTES
Griechischer Bergtee ist keine Kräutermischung, wie manche meinen, sondern eine wild wachsende Salbeiart mit weißfilzigen Blättern, die zur Familie der Lippenblütler gehört. Die Blätter sehen dem Salbei sehr ähnlich, sodass die beiden Pflanzen oft verwechselt werden, obwohl sie sich im Geschmack wesentlich unterscheiden. Neben dem Hauptanbaugebiet in der Türkei wird Griechischer Bergtee in anderen mediterranen Ländern wie Spanien und Griechenland angebaut. Das ätherische Öl des Lippenblütlers enthält Mono- und Diterpene, Pseudo-Gerbstoffe, Bitterstoffe und Flavonoide. Insgesamt sind über 100 Arten von Griechischem Bergtee bekannt, die nicht alle kultiviert und oft von Bauern oder Hirten im Freien gepflückt werden.

WIRKUNGEN UND VERBORGENE KRÄFTE
Griechischer Bergtee wirkt stimulierend und entkrampfend, weshalb er bei Verdauungsbeschwerden und Magenkrämpfen verwendet wird. Außerdem ist er entgiftend und beugt Erkältungen und Grippe vor. Durch seine beruhigenden Eigenschaften ist er ein wunderbarer Abendtee.

hafer
oder wie aus müsli tee wird
{avena sativa}

Haferschleim, Flocken und Müsli sind die ersten Assoziationen, die Hafer hervorruft. Der mitunter köstliche Geschmack dieser Morgenmahlzeiten soll auch keinesfalls in Frage gestellt werden. Hinsichtlich einer Erweiterung des Geschmackshorizonts soll jedoch auf den feinen, milden, äußerst wirkungsvollen Hafertee hingewiesen werden, der unbedingt probiert werden sollte.

SINNLICHER TEEGENUSS
Der milde, leicht süßlich-grasige Geschmack des Hafers passt gut in den Frühling und zu manchen würzigen Speisen. Der zitronengelbe Tee schmeckt auch Kindern und ist ein guter Frühstückstee.

WISSENSWERTES
Der im Volksmund auch als „Habern" bezeichnete Hafer, zählt zu den Süßgräsern (Gramineae) und wird bis zu einen Meter hoch. An seinem geraden, hohlen Stängel hängen die stärkehaltigen Körner in Rispen. Für grünen Hafer werden die normalerweise im Spätsommer reifen Haferpflanzen schon etwas früher geerntet und zur Herstellung von Tee verwendet. Abseits davon wird die aus Nordeuropa stammende Pflanze ausschließlich als Getreide in gemäßigten Klimazonen weltweit kultiviert. Auch auf den Böden des niederösterreichischen Waldviertels fühlt sich der Hafer wohl und gedeiht gut. Neben Stärke enthält Hafer Alkaloide, Saponine, Flavonoide, Vitamin B und Kalzium.

WIRKUNGEN UND VERBORGENE KRÄFTE
Grüner Hafertee wird in der Volksmedizin als verdauungsförderndes, reinigendes Mittel eingesetzt und für entgiftende Fastenkuren empfohlen. Nieren- und Blasenleiden sowie Lebererkrankungen werden mit dem Tee behandelt. Außerdem soll er helfen, die Knochen zu stärken, da er viele Mineralstoffe und Kieselsäure enthält. Gegen nervöse Erschöpfung, Schlaflosigkeit und Nervenschwäche wird eine aus grünem Hafer hergestellte Essenz angewendet. Rheuma, Gicht und Hauterkrankungen wie Neurodermitis werden mit Haferstrohbädern behandelt. Für Hildegard von Bingen ist der Hafer ein Mittel zum Glück: „Der Hafer ist eine beglückende, gesunde Speise, er bereitet frohen Sinn und klaren Verstand." Hafer hilft übrigens, wenn man regelmäßig davon isst, auch, den Cholesterinspiegel zu senken.

hanfblätter
das liebeskraut
{cannabis sativa}

Mit getrockneten Hanfblättern lässt sich herb-süßlicher Tee zubereiten, der auch gut zu pikantem Essen passt. Wer des winterlichen Tee-Trinkens müde ist, kann mit Hanfblättern aber auch heiße Hanfmilch zubereiten: Blätter in Milch sanft etwa 20 Minuten köcheln lassen, danach abseihen, mit Honig süßen, und fertig ist das köstliche Heißgetränk für kalte Tage. Wer den herben Geschmack der Blätter mag, kann auch Pasta-Gerichte oder Suppe damit verfeinern. Hanfsamen schmecken auch gut im Brot.

* fenchel

SINNLICHER TEEGENUSS
Wer zu Spargel oder Rucolasalat anstatt Wein einmal Tee reichen möchte, kann es mit Hanf-Tee probieren. Der herbe, grasig-grüne Tee, der aus getrockneten Hanfblättern und kochendem Wasser bereitet wird, sollte für maximal 10 Minuten ziehen. In einer weißen Tasse serviert, sieht er besonders hübsch aus.

WISSENSWERTES
Hanf ist eine der ältesten Kulturpflanzen, man unterscheidet Nutzhanf (C. sativa subsp. sativa), dessen Blätter weniger THC (5-Tetrahydrocannabinol) enthalten, von indischem Hanf (C. sativa subsp. indica), der mehr THC enthält. Aufgrund des THC-Gehalts, das dem Menschen in seiner Gehirnleistung und seinen Bewegungsabläufen beeinflusst, ist der Anbau von gewissen Hanfsorten zur Suchtmittelerzeugung in vielen Ländern verboten. Zur Textil-, Papiererzeugung oder als Lebensmittel darf Hanf allerdings produziert werden. Von den Sonnentor-Bauern werden ausschließlich THC-arme Sorten angebaut. Aus Hanfsamen kann außerdem ein (idealerweise kalt gepresstes) „grasig" schmeckendes Öl gewonnen werden, das aufgrund des hohen Gehalts an ungesättigten Fettsäuren ernährungsphysiologisch besonders hochwertig ist. Hanfgewächse gedeihen hervorragend im Waldviertel und werden in unseren Breiten bis zu drei Meter hoch.

WIRKUNGEN UND VERBORGENE KRÄFTE
Die Volksmedizin schwört auf die beruhigende, schmerzstillende, krampf- und hustenlösende Wirkung des Hanfs. Er wird bei Bluthochdruck, Kopfschmerzen, Migräne, Übelkeit, Erbrechen und Appetitlosigkeit eingesetzt. Hanf kann außerdem zur Behandlung von depressiven Verstimmungen unterstützend eingesetzt werden. Seit jeher ist das Kraut aus verschiedenen Liebestränken bekannt, weshalb es auch eine wichtige Zutat von Liebestees ist. In der TCM wird Hanf bei Schlafstörungen, Menstruationsproblemen und gegen Schmerzen verwendet. Außerdem werden die Samen der Pflanze als Abführmittel empfohlen. Hildegard von Bingen ist von der „Heilkraft" des Samens überzeugt, allerdings: „Aber wer im Kopf krank ist und ein leeres Gehirn hat, dem schadet er, einem gesunden Kopf und einem vollen Gehirn schadet er nicht.

hibiskus
durstlöscher in rot
{hibiscus sabdariffa}

Der in tropischen Gefilden an jedem Eck wachsende Hibiskus hat sich mittlerweile auch bei uns durchgesetzt und blüht als Topfpflanze auch in heimischen Gärten in vielen prächtigen Farben. Neben den Farben und großen Blüten der tropischen Pflanze vermag aber auch ihr Geschmack zu entzücken. Aus den Blüten des Hibiscus sabdariffa lässt sich ein köstlich erfrischender Tee aufgießen, der Gaumen, Nase und Augen erfreut. Der tiefrote Hibiskus-Tee sieht nämlich sehr schön aus.

SINNLICHER TEEGENUSS
Der tiefrote, säuerliche Hibiskus-Tee ist wunderbar erfrischend, passt gut in den Sommer und schmeckt auch kalt getrunken oder mit Fruchtsaft gesüßt ausgesprochen fein.

WISSENSWERTES
Der auch als rote Malve bezeichnete Hibiskus sabdariffa gehört zur Familie der Malvengewächse. Die Pflanze ist in den warmen Gegenden Asiens und Südeuropas heimisch, wo sie bis zu fünf Meter hoch wird. Insgesamt sind mehr als 300 verschiedene Hibiskusarten bekannt, die in verschiedensten Farben – von weiß über gelb bis tiefrot – blühen. Bei der Herstellung von Tee aus roten Malven werden nicht die Blüten, sondern die dunkelroten Früchte verwendet, die viel Fruchtsäure und Farbkraft besitzen. Neben Schleimstoffen und Säuren enthält Hibiskus den Farbstoff Anthocyan sowie antioxidativ wirkende Verbindungen.

WIRKUNGEN UND VERBORGENE KRÄFTE
Hibiskus-Tee wirkt schleimlösend und reizlindernd, weshalb er zur Behandlung von Grippe und Erkältungskrankheiten eingesetzt wird. Bei Husten soll es gut sein, den Tee mit etwas Honig zu süßen. Außerdem kann der Tee auch bei leichten Kreislaufbeschwerden helfen, er wirkt allerdings leicht abführend. Im Ayurveda geht man davon aus, dass Hibiskus eine kühlende Wirkung hat, seine Grundeigenschaften sind leicht und ölig. In hohen Dosen kann Hibiskus Vata vermehren und Pitta und Kapha verringern.

himbeere
die beerenstarke zauberpflanze
{rubus idaeus}

Kann man sich etwas Schöneres vorstellen, als in Omas Garten zu stehen und die köstlichen, süßen Himbeeren direkt vom Strauch zu naschen? Fast ebenso fein: frische Himbeeren mit Joghurt, Himbeer-Schoko-Mousse oder Himbeereis. Auch ein Gläschen selbst gemachten Himbeersaftes regt zum Träumen an. Doch neben der Schwärmerei über diese wunderbaren Früchte sollte man nicht die Blätter der Pflanze vergessen, denn sie haben wahrlich Beachtung verdient. Mit Himbeerblättern lässt sich ein äußerst aromatischer Tee aufgießen, und sie finden sich in so mancher Kräuterteemischung. Von den Heilwirkungen der Himbeerblätter profitieren vor allem Schwangere.

SINNLICHER TEEGENUSS
Werden die getrockneten Himbeerblätter mit kochendem Wasser aufgegossen, ergibt sich ein vollmundiger, leicht süßlicher Tee. Seine Farbe ist ein sattes Gelb. Ganz nach dem Motto „probieren geht über studieren" können die Blätter aber auch verschiedensten Teemischungen beigegeben werden, denen sie eine vollmundige Geschmacksnuance verleihen. Sehr gut harmoniert die Kombination von Himbeerblättern mit Brombeer- und Erdbeerblättern.

WISSENSWERTES
Himbeeren gehören zur Familie der Rosaceae. Die Heimat der bis zu zwei Meter hohen Rosengewächse ist Europa und Asien, heute wachsen sie allerdings weltweit in vielen gemäßigten Zonen. Die Stängel der Pflanze haben feine Stacheln, die Blätter sind gezähnt und gefiedert, die Rückseiten der Blätter schimmern silbrig. Tatsächlich handelt es sich bei der Himbeere gar nicht um eine Beere, sondern um eine sogenannte Sammelsteinfrucht, die sich aus den Fruchtblättern bildet. Anders als bei Brombeeren sind die Früchte nur lose an den Blütenboden gebunden und können leicht abgezogen werden. Flavonoide, Tannine und Polypeptide sind die Hauptinhaltsstoffe der Himbeerblätter, während die Früchte neben Fructose und Fruchtsäuren auch viel Vitamin C enthalten.

WIRKUNGEN UND VERBORGENE KRÄFTE
Himbeerblätter zählen in der Volksmedizin zu den wichtigsten Heilkräutern während der Schwangerschaft und gegen Frauenleiden. Obwohl der Wirkungsmechanismus weitgehend unbekannt ist, glaubt man, dass die Blätter dazu imstande sind, die Uterusmuskeln zu stärken und die Frau so auf die Geburt vorzubereiten. Die Blätter sollen außerdem bei Durchfall wirksam sein. Durch ihre adstringierenden Eigenschaften können sie auch äußerlich zur Spülung bei entzündeten Augen oder Mundschleimhäuten verwendet werden. Hildegard von Bingen glaubt ebenso an den gesundheitlichen Nutzen der Himbeere: „Esset Himbeeren und Brombeeren. In ihrer Frucht ist Üppigkeit … Sie nützt dem Menschen mehr als sie ihm schadet." Nach der TCM wirken Himbeerblätter kühlend auf den Organismus, es werden ihnen die Organe Magen, Dickdarm, Lunge und Gebärmutter zugeordnet. Sie sollen die Gebärmutter stärken und Fehlgeburten verhindern sowie gegen Entzündungen wirksam sein. Laut Ayurveda verringern Himbeeren Pitta und Kapha, ihre thermische Wirkung wird auch hier als kühlend eingestuft.

holunderblüten
schweißtreibende süße
{sambucus nigra l.}

Die gelblich-weißen Holunderblüten haben einen angenehm süßlichen Geruch mit einem Hauch von bitteren Mandeln. Getrocknete Holunderblüten werden hauptsächlich dazu verwendet, einen säuerlich schmeckenden Tee aufzugießen. Frisch gepflückte Holunderblüten sind etwas für Süßmäuler: In manchen Gegenden werden sie mit Backteig überzogen, frittiert und mit Staubzucker und Kompott serviert. Gemeinsam mit Zucker, Wasser und Zitrone lässt sich mit Holunderblüten auch ein köstlich süßer, erfrischender Sirup zubereiten, der zum Sommer einfach dazugehört. Mit den dunklen Beeren und Karotten kann außerdem eine feine Holunder-Karotten-Marmelade für das nächste Sommer-Frühstück gekocht werden.

So beginnt das neue Sonnentor-Kräuterjahr: mit jungen Pflanzen, die schon alles in sich tragen, was später in den Tee kommt. Die Sonne und der Boden tun das Ihrige dazu, treiben den Saft in die Kräuter und speichern Öle und Wirkstoffe in den Blättern und Blüten. Eine prachtvolle Entfaltung!

SINNLICHER TEEGENUSS
Aus getrockneten Holunderblüten lässt sich ein feiner Tee zubereiten, den auch Kinder aufgrund seines süßen, leicht säuerlichen Geschmacks lieben. Der klare Tee ist fast farblos und passt gut in zarte, hellgelbe oder hellgrüne Tassen. Um einen Holunder-Schwitztee zuzubereiten, werden 4 Esslöffel Holunderblüten mit ca. einem halben Liter kochendem Wasser aufgegossen, nach 10 Minuten kann der Tee schluckweise getrunken werden.

WISSENSWERTES
Holunder oder Holler, wie er oft genannt wird, gehört zur Familie der Caprifoliaceae, der Geißblattgewächse. Der Hollerbusch wird bis zu fünf Meter hoch und breitet seine Äste, die gefiederte Laubblätter tragen, in alle Richtungen aus. Aus den gelblich-weißen Blüten im Juni oder Juli bilden sich im Herbst schwarz-violette Beeren, die in großen doldenähnlichen Blütenständen wachsen. In den Blüten finden sich Glykoside, Flavonoide, Gerbstoffe und Zucker, die Beeren sind vitamin- und mineralstoffreich.

WIRKUNGEN UND VERBORGENE KRÄFTE
Holunderblütentee ist in der Volksmedizin DAS Erkältungsmittel: Durch seine schleimlösende, schweißtreibende Wirkung vermag er Fieber zu senken und wirkt gegen Husten, Bronchitis und Grippe. Der Tee soll außerdem verdauungsfördernd und krampfstillend sein und wird als Mittel bei Schlafstörungen verwendet. Nach der TCM stärken die Blüten Lunge, Niere und Blase und werden ebenfalls bei Infektionskrankheiten mit Fieber eingesetzt. Im Ayurveda wird von einer erhitzenden Wirkung der Blüten ausgegangen, während Rinde und Blätter kühlend sein sollen. Hildegard von Bingen bezieht sich nur auf die Holunderblätter, die sie zur äußeren Behandlung bei Gelbsucht empfiehlt.

---

ingwer
die wunderwurzel chinas
{zingiber officinale}

Dass ein echter Asien-Fan immer Ingwer im Haus hat, ist kein Geheimnis. Die Wurzel hat zwischenzeitlich auch Eingang in die Fusionsküchen Europas erhalten, die ebenfalls nicht mehr ohne deren scharfen, leicht zitronigen Geschmack auskommen. Neben unzähligen Einsatzmöglichkeiten beim Kochen ist Ingwer auch als Tee sehr beliebt, da seine wärmende Wirkung an einem kalten Wintertag genauso gut tut wie seine erfrischende Schärfe im Sommer.

SINNLICHER TEEGENUSS
Der scharfe, holzige und leicht zitronige Geschmack eines frisch aufgegossenen Ingwertees ist nicht jedermanns Sache. Andererseits wird Liebhaberei in diesem Fall schnell zur Sucht. Denn der gelbe Ingwertee ist vielseitig, er schmeckt warm getrunken genauso gut wie kalt, in Mischungen oder pur. Während eine Mischung aus Ingwer, Minze und Zitrone gute Chancen auf eine Prämierung als Eisteefavorit hat, ist Ingwer-Vanille Anwärter für den Lieblingstee im Winter.

WISSENSWERTES
Die zur Familie der Ingwergewächse gehörende Wurzel stammt ursprünglich aus Süd-Ost-China und wird heute im gesamten tropischen Raum kultiviert. Die Pflanze benötigt fruchtbare Böden und sehr viel Regen, um zu gedeihen. Ihre schilfartigen, zweiteilig angeordneten Blätter werden bis zu 20 cm lang, sie blüht rot-gelb. Der Schärfegrad des Ingwer hängt davon ab, wie lange er sich in der Erde befunden hat. Das ätherische Öl wird von Sesquiterpenen dominiert, ein Harz namens Gingerol macht die Würze aus.

WIRKUNGEN UND VERBORGENE KRÄFTE
Ingwer zählt weltweit zu den wichtigsten Heilmitteln und wird vor allem in China als Medizin geschätzt, wo er als wahres Wundermittel gilt. Die TCM unterscheidet frischen und getrockneten Ingwer in seiner Wirkung: Während frischer Ingwer wärmend ist, soll getrockneter Ingwer sogar erhitzend wirken. Die zugeordneten Organe sind Magen, Milz, Leber und Lunge. Die Wirkungen von Ingwer auf den Menschen sind vielfältig und betreffen vor allem die Verdauungs- und die Atmungsorgane sowie den Kreislauf. Wem im Auto oder auf dem Schiff leicht übel wird, der sollte ein Säckchen kandierten Ingwer oder eine Thermoskanne Ingwertee dabei haben, denn die Wurzel vertreibt die Reisekrankheit sowie Morgenübelkeit und wird auch bei Verstopfung eingesetzt. Auch bei Infektionen im Gastro-Intestinal-Bereich kommt Ingwer aufgrund seiner antiseptischen Wirkung zum Einsatz. Außerdem fördert er die Blut-Zirkulation und verbessert den Blutfluß zu den Extremitäten, weshalb er gegen kalte Hände und Füße ein ausgezeichnetes Mittel ist. Durch die stark wärmende Wirkung ist es sinnvoll, Ingwer auch bei Erkältungen zu verwenden.

Auch in der Ayurveda unterscheidet frischen und getrockneten Ingwer in der Wirkung: Während frischem Ingwer die Eigenschaften schwer, trocken und spitz zugeordnet werden, ist trockener Ingwer leicht und ölig. Die energetische Wirkung ist in beiden Fällen erhitzend.
Hildegard von Bingen empfiehlt pulverisierten Ingwer jenem, der „schon fast stirbt", sowie ihn äußerlich gegen „Flechtenausschlag" anzuwenden.

johanniskraut
für graue wintertage und bademäuse
{hypericum perforatum}

Am x-ten grauen Wintertag ohne Sonneneinstrahlung kommt unweigerlich ein Gefühl der Antriebslosigkeit, Trübsinnigkeit und Müdigkeit auf. Wer kennt das nicht? Johanniskrauttee wirkt dagegen wahre Wunder und hilft, den inneren Frohsinn wiederzufinden. Mit dem Kraut kann auch ein Öl für Kuren zum Einnehmen zubereitet werden. Bademäuse können sich auch ein wohltuendes Bad mit Johanniskraut bereiten: Das Kraut einfach über Nacht in einem Kübel kaltem Wasser einweichen, das Wasser am Morgen zum Kochen bringen, ins Badewasser gießen, sich hineinlegen und die Augen schließen.

SINNLICHER TEEGENUSS
Der bräunlich-grüne Johanniskraut-Tee hat einen erdig-grasigen Geschmack. Wegen seiner beruhigenden Wirkung genießt man eine Tasse davon am besten abends vor dem Schlafengehen

WISSENSWERTES
Das im Volksmund als Blutheu oder Hartkraut bezeichnete Johanniskraut zählt zur Familie der Hartheugewächse, der Hypericaceae. Es ist in Europa, Nordafrika und Nordasien heimisch und öffnet seine gelben Blüten um die Sommersonnenwende. Johanniskraut wird 25 bis 90 cm hoch und wächst gerne an lichten Waldstellen. Wenn man die Blätter gegen das Licht hält, sind weiße Punkte zu erkennen, die nichts anderes als Sekretbehälter mit ätherischen Ölen und Harzen sind. Werden die gelben Blüten zwischen den Fingern zerrieben, werden sie rot, was auf die Hypericin-Drüsen der Blütenblätter zurückzuführen ist. Hypericin ist auch der wichtigste Wirkstoff von Johanniskraut. Das Kraut macht die Haut lichtempfindlich, weshalb Johanniskraut vor dem Sonnenbad nicht eingenommen werden soll.

WIRKUNGEN UND VERBORGENE KRÄFTE
Neben Tee ist auch eine Tinktur aus Johanniskraut sehr wirkungsvoll: Dazu wird das Kraut für 14 Tage in 35–40-prozentigem Alkohol eingelegt und danach durch eine Weinpresse gepresst. Durch den Wirkstoff Hypericin ist Johanniskraut ein pflanzliches Antidepressivum, das bei nervlichen Belastungen eine beruhigende Wirkung ausübt. Johanniskraut wirkt bei depressiven Verstimmungen, Angstzuständen, Stress, Unruhezuständen und Erschöpfung. Auch Beschwerden des Klimakteriums können mithilfe des Krautes gelindert werden. Ebenso beliebt ist ein selbstgemachtes Johanniskraut-Öl. Es wird gerne bei Blutergüssen, Verstauchungen oder nach einem Sonnenbrand eingesetzt. Die in der TCM zugeordneten Organe sind das Herz, die Leber und die Niere. Wie in der europäischen Medizin ist Johanniskraut auch bei den Chinesen ein Nervenberuhigungs- und stimmungsaufhellendes Mittel. Die ayurvedische Grundeigenschaft des Krautes ist schwer, seine energetische Wirkung erhitzend. Es verringert Vata und Pitta, während es Kapha vermehrt.

kamille
blüten-balsam für gesunde und kranke
{matricaria chamomilla}

Wer Kamillentee mit Kranksein verbindet, hat meist einen guten Grund dafür: Nur mit den besten Absichten wurde uns der Blütentee beim kleinsten Anflug von Bauchweh von Omas, Mamas und Papas eingeflößt. Mit ein wenig Honig kann der frisch gebraute Kamillentee trotzdem schmecken. Wer ihn dennoch nicht trinken mag, kann etwas für seine Schönheit tun und darin baden. Glänzende Augen ohne zu weinen bekommt man durch eine Kamillen-Augenpflege: Zunächst einen Kamillentee zubereiten, nach etwa 10 Minuten Blüten abseihen und die Flüssigkeit in Eiswürfelbehälter füllen. Bei müden, überanstrengten Augen werden die Kamillen-Eiswürfel in Tücher gewickelt, auf die geschlossenen Augenlider gelegt und für einige Minuten dort gelassen.

SINNLICHER TEEGENUSS
Frisch aufgegossener Kamillentee aus hochwertigen Blüten schmeckt würzig-aromatisch. Der gelbe Tee schmeckt fein, wenn er mit etwas Honig gesüßt wird. Wer auch die Augen erfreuen möchte, serviert den Tee aus einer gläsernen Kanne und lässt pro Tasse drei bis fünf Blüten im Tee.

WISSENSWERTES
Die Kamille gehört zur Familie der Korbblütengewächse, in einer Höhe von 30 bis 50 cm wächst sie zwischen Juni und August an Wegrändern, Böschungen und Äckern. Um die echte Kamille zu erkennen, knipst man eine einzelne Blüte in der Mitte auseinander: Ist das Köpfchen innen hohl und duftet nach Kamille, liegt keine Verwechslung und echte Kamille vor. Die Blüten setzen sich aus den äußeren, weißen Zungenblüten und den inneren, gelben Röhrenblüten zusammen. Der Zeitpunkt des Sammelns ist bei der Kamille kritisch, weil er die Qualität der Blüten maßgeblich beeinflusst. Ideal ist es, sie am dritten bis fünften Tag nach dem Aufblühen zu sammeln. Der wichtigste Bestandteil der Kamille ist das enthaltene ätherische Öl, dessen bedeutendste Inhaltsstoffe Chamazulen und alpha-Bisbolol sind.Es ist zu mindestens 0,4 Gramm pro 100 Gramm Kamille enthalten. Wer auf Korbblütler allergisch reagiert, sollte auch bei Kamille vorsichtig sein und diese innerlich und äußerlich vorerst in kleinen Mengen ausprobieren.

WIRKUNGEN UND VERBORGENE KRÄFTE
In der Volksmedizin spielt Kamille eine wichtige Rolle, sie wird innerlich und äußerlich angewendet: Kamillentee wird bei Bauchweh, Koliken, Blähungen und Erkältungen verwendet. Kamillenteekuren sollen außerdem reinigend für Nieren und Leber sein. Äußerlich werden die Blüten bei Entzündungen der Haut oder Augen verwendet. Nach dem Ayurveda ist die Grundeigenschaft der Kamille scharf, sie soll ausgleichend für Vata wirken und Pitta sowie Kapha vermindern. Hildegard von Bingen empfiehlt, Kamille mit Kuhbutter zu vermengen und damit zu salben „wo es weh tut".

käsepappel
crazy kraut
{malva sylvestris}

Der Sage nach wird verrückt, wer zu viele Malvenfrüchte konsumiert. Demnach ist es also besser, sich bei Käsepappeln auf Blüten und Blätter zu beschränken, was Teefans nicht allzu schwer fallen dürfte. Wer sich nicht zu den Teetrinkern zählt und kann mit Käsepappel etwas gegen seine Altersflecken tun möchte, kann sich ein wohltuendes Handbad mit Käsepappel bereiten.

SINNLICHER TEEGENUSS
Mit Käsepappeln kann ein feiner, milder, leicht bitterer Tee aufgegossen werden, der bei Kindern gut ankommt. Das Kraut eignet sich auch für Teemischungen und passt gut mit Minzen, Kornblumen oder Hanfblättern zusammen. Empfohlene Teezubereitung für eine sehr gute Ausbeute der wirksamen Schleimstoffe: 2 TL mit 1/4 l warmem Wasser übergießen und über Nacht oder einige Stunden ziehen lassen. Anschließend nur mehr erwärmen – nicht kochen.

WISSENSWERTES
Die im Volksmund als blaue Malve oder Gänsepappel bezeichnete Pflanze gehört zur Familie der Malvengewächse und wird bis zu 1,5 m hoch. Der Name der Pflanze leitet sich von Käse und Brei, „Pap", ab: Käse, weil die Malvenfrüchte in ihrer Form einem Käselaib ähneln, und „Pap" aufgrund des hohen Gehaltes an pappigen Schleimstoffen. Wild wächst die Malve entlang von Wegen, Äckern und Mauern, man findet sie auf bis zu 1.500 Metern Seehöhe. Ihre run-

* frauenmantel

den, gelappten Blätter erinnern etwas an den Frauenmantel, von Juni bis August trägt die Pflanze rötlich-violett-blaue Blüten, die bei der Ernte ohne Stiel gesammelt werden. Neben den viele Schleimstoffen enthält Käsepappel ätherisches Öl und Gerbstoffen.

WIRKUNGEN UND VERBORGENE KRÄFTE

Käsepappel hat sich in der Volksmedizin als Mittel gegen Husten, Heiserkeit, trockenen Mund und Entzündungen bewährt. Die enthaltenen Schleimstoffe überziehen das entzündete Gewebe wie ein Schutzfilm und lindern dadurch den Schmerz. Malventee ist wirksam bei Entzündungen im Mund- und Rachenraum, Blasenentzündungen und Magenproblemen. Käsepappel kann aber auch äußerlich angewendet werden, um Schwellungen zu lindern oder Gifte herauszuziehen. Hildegard von Bingen bezieht sich auf die innerlichen Wirkung der Malve: „Aber kein Mensch soll Malve roh essen, weil sie ihm so ein Gift wäre, weil sie schleimig ist. Jenem aber, der einen kranken Magen hat, ist sie hilfreich gut gekocht, wenn sie gerade zu wachsen beginnt, und unter Beigabe von Fett, weil sie einigermaßen die Verdauung fördert. Und wegen diesem Erfordernis esse der Kranke die Malve, aber dennoch mäßig."

---

kleinblütiges weiden-röschen

blumiger blitzableiter

{ebilobium parviflorum}

Die Geschichte des Weidenröschens steckt voller Zauber und Mysterien: Während sich die Schamanen Heilkräfte vom Rauchen der Blätter versprachen, wurde das Weidenröschen in Europa lange Zeit dazu benutzt, die Kraft von Blitzen abzuleiten. Die Bedeutung der Röschen ist heute wesentlich geringer, wenn sie auch nach und nach wieder entdeckt werden. Das Kraut – Blätter, Blüten und Stängel – wird heute fast ausschließlich zum Teeaufguss verwendet. Steht einem der Sinn nach einem regionalen Frühlingsessen, kann aus den jungen Trieben ein köstlicher Salat, der ähnlich dem Vogerlsalat schmeckt, oder Spinat bereitet werden. Beides schmeckt ausgesprochen fein und ist wert, probiert zu werden.

SINNLICHER TEEGENUSS

Weidenröschentee schmeckt blumig und leicht bitter. Für die Zubereitung werden ganze Ruten geschnitten. 1 TL davon wird mit 200 ml Wasser übergossen, nach 10 bis 15 Minuten ist der hellgelbe Tee fertig.

WISSENSWERTES

Das kleinblütige, bis 80 Zentimeter hohe und mehrjährige Weidenröschen ist ein Nachtkerzengewächs und in den gemäßigten Zonen Europas und Nordamerikas heimisch. Die Pflanze wächst an vielen verschiedenen Orten, in Gärten, an Bachufern, in Auwäldern oder in Hecken. Der Stängel ist flaumig-behaart, die Blätter sind leicht gezahnt. Ab dem Monat Juli kommen kleine, hellrosa Blüten aus der Spitze des Stängels hervor. Für die Wirkung des Weidenröschens sind vor allem Flavone und Tannine verantwortlich. Sonnentor verdankt den Kräutervorträgen von Maria Treben und ihren Lobliedern auf das Weidenröschen die ersten Wildsammlungen von den Bauernfamilien Kainz, Zach und Bauer. Diesen folgten bald die ersten Anbauversuche – mehr dazu im ersten Teil des Buches.

WIRKUNGEN UND VERBORGENE KRÄFTE

Aus volksmedizinischen Überlieferungen ist die Wirkung des Weidenröschens auf die Prostata bekannt, wofür es vor allem in Österreich und Deutschland seit jeher eingesetzt wird. Mit Weidenröschentee werden Prostatavergrößerungen und -entzündungen behandelt. Außerdem soll das Röschen auch wirksam bei der Behandlung von Blasenleiden sein. In diesem Sinne empfehlenswert sind auch Teemischungen aus Weidenröschen und Brennnessel, die sich durch ihre harntreibende Wirkung beide positiv auf Blasenentzündung auswirken.

lapacho südamerikas ginseng

{tababuia avelleneda}

Was der Ginseng für die Chinesen, ist Lapacho für die Südamerikaner. In einigen Ländern des Kontinents werden der Rinde des Lapacho-Baumes wahre Wunderkräfte zugesprochen. Dass der Baum und der aus der Rinde zubereitete Tee in unseren Breiten eher unbekannt ist, ist schade, denn er ist es wert, probiert zu werden. Lapacho-Tee ist ein köstliches, herbstliches Heißgetränk. Im Sommer wird Lapacho-Tee am besten kalt und in Kombination mit Früchten getrunken: Mit Fruchtsaft und Erdbeer-, Apfel-, oder Mangostücken ergibt der Tee eine äußerst empfehlenswerte Sommerbowle. Wer alkoholfreie Bowle verweigert, sei beruhigt: Lapacho-Tee eignet sich auch als Basis für Cocktails, der Kreativität sind dabei keine Grenzen gesetzt.

SINNLICHER TEEGENUSS

Um einen herrlich voll schmeckenden Lapacho-Tee zuzubereiten, 1 gehäuften Esslöffel Rindenteile in Wasser 5 Minuten leicht kochen und danach 15 Minuten ziehen lassen. Aus der Kanne steigt ein leichter Duft von Vanille. Der rötlich-braune Lapacho-Tee schmeckt erdig-rauchig und ist köstlich, besonders, wenn er mit etwas Milch oder Obers und Honig getrunken wird.

WISSENSWERTES

Der Lapacho-Baum wächst in den Regenwäldern Südamerikas, vor allem in Argentinien, Paraguay und Brasilien, wo er den benötigten eisen- und kalkreichen Boden vorfindet. Mit bis zu 30 Metern Höhe sind Lapacho-Bäume echte Riesen,sie erreichen ein Alter von bis zu 700 Jahren. Um den Tee zu gewinnen, wird die innere, rötliche Rinde des Baumes ähnlich wie bei der Korkgewinnung ein bis zwei Mal pro Jahr abgeschält, wodurch der Baum nicht verletzt wird. Innerhalb von kurzer Zeit wächst die Rinde wieder nach. Das abgeschälte, weiche Jungholz wird klein geschnitten und als Tee verwendet. Die Rinde des Lapacho-Baumes ist mineralstoffreich und enthält viel Kalzium, Magnesium und Zink. Außerdem sind Chinone, Bioflavonoide und Coenzym Q enthalten.

WIRKUNGEN UND VERBORGENE KRÄFTE

Lapacho-Tee soll ein wahres Wundermittel sein und wird in Südamerika als Allheilmittel gesehen. Durch die enthaltenen keimtötenden Substanzen soll er pilzhemmend, entzündungshemmend und antibakteriell wirken. Daher wird er bei Pilzinfektionen (Vaginalpilz, Darmpilz) und bei Hauterkrankungen angewandt. Durch seine adstringierende Wirkung lindert er entzündete Hautstellen und beschleunigt die Wundheilung. Außerdem soll Lapacho-Tee imstande sein, Allergien und Heuschnupfen zu lindern. Bei Kniegelenksathrose wird empfohlen, den Tee über einen Zeitraum von mindestens drei Wochen täglich über den Tag verteilt in größeren Mengen zu trinken. Wer das Gefühl hat, den Boden unter den Füßen zu verlieren, dem kann Lapacho-Tee helfen, sich wieder zu erden.

lavendel entspannung in violett

{Lavandula officinalis/syn.}

Die Assoziationskette von Lavendel zu frischer Kleidung ist kurz. Lavendel-Duftpölsterchen sind kein Phänomen der 80er-Jahre geblieben, sondern haben sich zu Recht in das 21. Jh. herüber gerettet. Der blumig-süße Duft der tief-violetten Blüten findet sich in so manchem Kleiderkasten. Lavendel kann aber noch mehr als unsere Kleider parfumieren. Eine Tasse Lavendelblütentee nach einem anstrengenden Tag wirkt wahre Wunder. Um die Entspannung vollkommen zu machen, werden die Blüten kurz in Wasser aufgekocht. 15 Minuten ziehen lassen und die Flüssigkeit nach dem Abseihen dem Badewasser zugießen. Wer sich bei gedimmtem Licht und brennenden Kerzen ins heiße Lavendelblütenbad legt, dem wird klar, was Entspannung bedeutet.

SINNLICHER TEEGENUSS

Lavendelblütentee duftet würzig-süß mit Anklängen von Zitrone und Minze. Der Geschmack ist blumig, süß, etwas bitter und erinnert leicht an Rosmarin. Die schöne gelblich-lila Farbe des Tees verdient Beachtung, weshalb der frisch aufgegossene Tee unbedingt in einer weiten Tasse serviert werden sollte.

WISSENSWERTES

Lavendel gehört zur Familie der Lippenblütler und stammt ursprünglich aus dem westlichen Mittelmeergebiet. Des ätherischen Öls wegen wird die Pflanze heute beinahe weltweit zur Parfumherstellung und zu medizinischen Zwecken kultiviert. Die mehrjährige Pflanze (bis zu 30 Jahre) wird bis zu 0,75 Meter hoch und wächst am liebsten an sonnigen Plätzen. Lavendel wird während der Vollblüte im Juli und August geerntet, die violetten Blütenrispen werden an einem schattigen Ort getrocknet. Das ätherische Öl der Pflanze ist komplex zusammengesetzt, die wichtigsten der mehr als 40 Bestandteile sind Linalyl Acetat, Cineol, Linalool, Nerol und Borneol.

WIRKUNGEN UND VERBORGENE KRÄFTE

Lavendel ist vor allem wegen seiner (physisch und psychisch) entspannenden Wirkung bekannt. Die violetten Blüten haben auch antidepressive, antiseptische und blutdruckregulierende Eigenschaften. Lavendel ist bei Schlafstörungen, Migräne und Kopfschmerzen ein wirksames Mittel. Aufgrund seiner sedierenden Eigenschaften kann Lavendel auch unterstützend bei manchen Formen von Asthma eingesetzt werden. Außerdem können Muskel-, Gelenks- und Rückenschmerzen damit behandelt werden. Hildegard von Bingen setzt Lavendel bei Leber- oder Lungenleiden ein: „Lavendel in Wein oder mit Honig und Wasser kochen und lauwarm davon trinken, mildert den Schmerz in der Leber und in der Lunge."
In der TCM zählt Lavendel zu den kühlenden Kräutern, er soll Qi-Blockaden lösen und schmerzstillend sein. Die zugeordneten Organe sind Leber, Magen und Herz.
Die energetische Wirkung im Ayurveda wird hingegen erhitzend bezeichnet, Lavendel soll Vata und Kapha reduzieren.

lemongras
pure erfrischung
{Cymbopogon citratus}

An einem dieser Tage, an denen man nicht so recht auf Touren kommen will, ist Lemongras gefragt. Schon der intensive Duft des Zitronengras-Tees ist unheimlich anregend, ein paar Schlückchen davon machen einen munter und klar. Die grünen Stängel gehören auch in unzählige Gerichte, vor allem aus dem südostasiatischen Raum. So lässt sich mit Lemongras, Kokosmilch, Ingwer und frischem Koriander sowie Fischfilet eine köstlich, frische Fischsuppe machen.

SINNLICHER TEEGENUSS

Um sich einen feinen, erfrischenden Lemongrastee zu bereiten, werden die getrockneten Stängel mit kochendem Wasser aufgegossen. Der gelblich-grüne Tee schmeckt intensiv frisch-zitronig und ergibt gekühlt einen herrlichen Eistee. Ein aus Lemongras und Ingwer aufgegossener Tee schmeckt kalt ebenso herrlich, kann leicht gesüßt werden und ist ein wunderbares Sommergetränk.

WISSENSWERTES

Lemongras wächst im tropischen Klima Südostasiens und gehört zur Familie der Süßgrasgewächse. Das Gras hat trotz seines Namens nichts mit Zitrusfrüchten zu tun. Zitronengras kann bis zu zweieinhalb Meter hoch werden, die Blätter sind lang und spitz und wachsen büschelartig. Verwendbar ist nur der untere, weißlich-grüne Teil der Stängel, der Rest ist bereits verholzt. Das ätherische Öl des Grases wird vor allem von Citral und Citronellal dominiert, die für den charakteristischen Duft und Geschmack zuständig sind.

WIRKUNGEN UND VERBORGENE KRÄFTE

Lemongras spendet Energie, regt an und erfrischt auf wundersame Weise. Es fördert die Konzentration, wirkt gegen Müdigkeit und Erschöpfung und stimuliert die Sinne. In der Karibik setzt man das Gras auch bei fieberhaften Erkrankungen ein, weil es fiebersenkend wirken soll. Auch bei Magen- und Verdauungsproblemen ist Zitronengras wirksam, es entspannt die Muskulatur von Magen und Darm. Mit Zitronengras hält man sich auch Ungeziefer vom Leib: Stechmücken und Flöhe scheuen den Geruch.

* löwenzahn

lindenblüten
süß und voller liebe
{flos tiliae}

Wer von allen Seiten angehustet und angeschnupft wird, dem sei Lindenblütentee ans Herz gelegt. Der Tee hat nämlich nicht nur zahlreiche Heilwirkungen, er ist auch eine hervorragende Prophylaxe. Wenn man pitschnass vom Fahrrad steigt oder schon stundenlang mit nassen Füßen unterwegs war, ist Lindenblütentee eine wahre Wohltat. Damen, die mit trockenem oder sprödem Haar kämpfen, sind mit Lindenblüten ebenfalls gut beraten: Die Blüten werden ca. 15 Minuten im Wasser gekocht und dann abgeseiht. Die erkaltete Flüssigkeit ergibt eine wunderbare Haarspülung, die nach jeder Haarwäsche angewendet werden kann. Schleckermäuler können darauf hoffen, dass der Imker ihres Vertrauens auch Linden in seiner Nähe hat, denn Lindenblütenhonig ist viele Sünden wert.

SINNLICHER TEEGENUSS
Der Duft von Lindenblütentee ist anregend, sein Geschmack süßlich. Der wohlig wärmende Tee schmeckt auch fein, wenn er mit ein wenig Honig oder Agavendicksaft gesüßt wird.

WISSENSWERTES
Viele Dorf- und Kirchenplätze werden von Linden umsäumt, sie verschönern Dorffeste, verstärken und begleiten ganze Menschenleben im Zeichen der Liebe. Zwei Lindenarten, die Winter- und die Sommerlinde, existieren in unseren Breiten. Die Winterlinde hat kleinere Blätter, reichhaltigere Blütenstände und blüht etwas 14 Tage später als die Sommerlinde. Diese wird bis zu 40 Meter hoch, während die Winterlinde etwas kleiner bleibt und eine maximale Höhe von 30 Metern erreicht. Die Blätter der Linden sind herzförmig und lang gestielt. Während die Blattoberseite dunkelgrün ist, hat die Unterseite einen hellen Schimmer. Linden blühen im Juni und Juli und wachsen gerne an sonnigen Plätzen und gut durchlüfteten Böden. Lindenblüten enthalten die Flavonoide Quercetin und Kampferol neben Zuckerverbindungen, Schleimstoffen und Gerbstoffen.

WIRKUNGEN UND VERBORGENE KRÄFTE
Lindenblüten wirken schweißtreibend und erhöhen die Körpertemperatur, weshalb sie als gutes Hausmittel gegen grippale Infekte, Erkältungen, Schnupfen oder Bronchitis gelten. Die in den Blüten enthaltenen Schleimstoffe sind schmerzstillend, entzündungshemmend und hustenreizstillend. Lindenblüten wirken aber auch beruhigend und werden jenen empfohlen, die Schwierigkeiten haben, ein- oder durchzuschlafen. Wer Magenbeschwerden hat, trinkt am besten einen Tee aus Lindenblättern. Hildegard von Bingen spricht nicht nur von der wärmenden Wirkung der Linde, sondern erwähnt auch die Wirksamkeit der Erde, in welcher die Linde wächst: „Und wer Gicht hat, der nehme von der Erde, welche um die Wurzel der Linde liegt, und bring sie ins Feuer und mach sie glühend. Und im Dampfbad gieße man Wasser darüber und bade so. Er tue dies über neun Tage, und er wird geheilt werden.“ Auch im Ayurveda wird von einer erhitzenden Wirkung der Lindenblüten ausgegangen, die Vata und Kapha vermindert sowie Pitta vermehrt.

löwenzahn
das pusteblumenkraut
{taraxacum officinale}

Wer die Pusteblume nicht schon unzählige Male seinen Freunden ins Gesicht geblasen hat oder sich die weißen Flausen von genervten Eltern hat entfernen lassen, hat etwas verpasst. Die Liebe von Kindern ist ihm gewiss, dem Löwenzahn. Doch nach und nach wird das Kraut auch von Erwachsenen wiederentdeckt – zu Recht: Kaum ein Kraut ist so vielseitig einsetzbar wie der Löwenzahn. Sowohl die Blätter als auch die Blüten und die Wurzeln finden Verwendung in der Küche. Ein besseres Frühlingsgericht als frisch gestochener Löwenzahnsalat, der aus den Blättern und einem Dressing aus Kern- oder Walnussöl zubereitet wird, ist auch nicht vorstellbar.

SINNLICHER TEEGENUSS
Löwenzahntee wird aus den Blättern der Pflanze bereitet; er schmeckt bitter-herb und hat eine bräunlich-grüne Farbe. Er ist ein klassischer reinigender Frühlingstee, der auch als Kur getrunken werden kann.

WISSENSWERTES

Löwenzahn, der auch als „europäischer Ginseng" beizeichnet wird, gehört zu den anpassungsfähigsten Pflanzen überhaupt. Das zur Familie der Korbblütler zählende Kraut wächst fast überall, besonders gerne aber auf stickstoffreichen Böden. Seine rosettenförmig angeordneten Blätter werden bis zu 25 Zentimeter, seine Pfahlwurzel bis zu 30 Zentimeter lang. Der im Volksmund als Apothekerkraut oder Augenwurz bezeichnete Löwenzahn blüht von März bis Mai. Was unsereiner als Pusteblume kennt, sind in Wahrheit die reifen Früchte, die er nach der Blütezeit trägt und die alle mit einem fallschirmartigen Anhängsel ausgestattet sind, damit der Wind die Samen möglichst weit trägt. Blütenstängel, Blätter und Wurzeln enthalten einen weißen, klebrigen Milchsaft. Neben Kalzium enthält Löwenzahn auch Magnesium, Eisen, Carotinoide, Saponine und Bitterstoffe.

WIRKUNGEN UND VERBORGENE KRÄFTE

Löwenzahn ist in der Volksmedizin weit verbreitet und wird generell als stärkend angesehen. Seine Wirkung ist entgiftend, schwach abführend, tonisierend und harntreibend. Löwenzahn wird auch empfohlen, um stärkende, reinigende Kuren durchzuführen. Dazu sollen mindestens zwei Tassen Tee und zwei Esslöffel frischer Löwenzahnsaft pro Tag eingenommen werden. Die Bitterstoffe des Krauts regen sämtliche Verdauungsorgane an, weshalb Löwenzahn auch bei Rheuma und Gicht angewendet wird. Außerdem wird Löwenzahn bei Frühjahrsmüdigkeit, Husten, Bronchitis, Fieber, Appetitlosigkeit und Verstopfung eingesetzt. Der bittere, scharfe Geschmack des Löwenzahns vermehrt laut Ayurveda Vata und vermindert Pitta und Kapha. Die TCM geht von einer erfrischenden Wirkung des Krauts aus und ordnet die Pflanze dem Element Feuer zu.

---

pfefferminze
kraut für hitzköpfe
{mentha piperita}

An einem Glas erfrischendem, sehr süßem Pfefferminztee kommt man auf einer Reise durch Marokko nicht vorbei. Bei jeder Gelegenheit trinken Marokkaner und Tunesier ihr Nationalgetränk, und es ist auch nicht weiter verwunderlich, dass die kühle Pfefferminze gerade in heißen Ländern beliebt ist. Die erfrischenden Blätter eignen sich hervorragend zum Würzen von sommerlichen Salaten, Dips und Fischgerichten. Aus Äpfeln, Zitrone und Pfefferminze lässt sich eine frische, süße Pfefferminzmarmelade zaubern. Pfefferminzlikör wird aus Pfefferminzzweigen, Gewürznelken, Zitronenmelisse und Koriandersamen hergestellt und überzeugt vielleicht nicht jeden durch seinen Geschmack, aber ganz sicher durch die Farbe.

SINNLICHER TEEGENUSS

Um sich einen feinen, ungemein erfrischenden Tee zu bereiten, werden die Pfefferminzblätter mit kochendem Wasser übergossen. Der Tee schmeckt süß-würzig und ist kühlend im Abgang, man genießt ihn am besten pur oder leicht gesüßt mit Honig. Der klare, grünlich-gelbe Tee wird heiß oder kalt getrunken und sieht auch in einem Teeglas sehr hübsch aus. Pfefferminztee sollte allerdings kein Dauergetränk sein, das enthaltene Menthol kühlt den Körper zu sehr ab. Wer den Minzegeschmack nicht missen möchte, kann sich aber sehr gut mit Apfelminze behelfen, die kein Menthol enthält und auch für Kleinkinder und Babys geeignet ist.

WISSENSWERTES

Die Pfefferminze gehört, wie alle Minzearten, in die Familie der Lippenblütler. Sie ist eine Kreuzung aus Bachminze und Krauseminze, weshalb echte Pfefferminze wild in der Natur nicht vorkommt. Selbst im Garten gepflanzte Pfefferminze kreuzt sich schnell wieder zurück. Das Kraut hat länglichelliptische, gezähnte Blätter, wird bis zu 80 Zentimeter hoch und blüht von Juli bis August rosa. Die Pfefferminze wächst gerne im Halbschatten auf feuchtem Boden, den sie auch im Waldviertel findet, wo sie biologisch kultiviert wird. Das ätherische Öl der Pfefferminze besteht zu 60 Prozent aus Menthol, welches auch für den Geruch und Geschmack zuständig ist. Daneben sind Flavonoide, Gerb- und Bitterstoffe die wichtigsten Wirkstoffe.

WIRKUNGEN UND VERBORGENE KRÄFTE

In der Volksmedizin wird die Pfefferminze aufgrund ihrer antibakteriellen und keimtötenden Wirkung besonders geschätzt, die vor allem auf das enthaltene Menthol zurückzuführen ist. Zudem wirkt sie auch schmerzstillend und entzündungshemmend und wird bei Erkältungskrankheiten, Grippe, schlecht heilenden Wunden, Durchfall, Blähungen und Übelkeit eingesetzt. Außerdem soll sie gegen Husten, Kopfweh und Mundgeruch helfen sowie Magenschmerzen lindern. Die ayurvedischen Grundeigenschaften des Krautes

Bitte um Bewunderung: Die Ringelblume ist nicht nur ein fesches Mädel, sie verfügt auch über heilende Kräfte. Wunden aller Art kann man der Naturdoktorin getrost überlassen. Ein bisschen Frost, im kühlen Waldviertel nicht auszuschließen, macht sie nur noch schöner, oder?

sind spitz, austrocknend und leicht, Pfefferminze vermehrt Pitta und vermindert Vata und Kapha. In der TCM werden der scharfen Minzenart die Organe Lunge und Leber zugeordnet, und es wird von ihrer kühlenden Wirkung ausgegangen. Sie soll helfen, Kopf und Augen zu klären und den mittleren Erwärmer zu aktivieren. Hildegard von Bingen beschreibt die als „Poleiminze" bezeichnete Pfefferminze als „Kraut der Kräuter", das die Kraft von 15 Heilpflanzen in sich trägt.

ringelblume
kraftvolle blümchen
{calendula officinalis}

Wunderschön sehen sie aus, die gelb-orange Blümchen. Dennoch entzweien sie die Geister. Der Geschmack des Blümchen-Tees ist nicht jedermanns Sache. Wer sich zu den Blümchen-Tee-Verweigerern zählt, kann Ringelblumen jedoch anderweitig verwenden und zum Beispiel darin baden, eine sehr wirksame Salbe daraus machen oder sich ein Blümchen-Mundwasser zubereiten.

SINNLICHER TEEGENUSS

Werden die orangen Ringelblumen mit kochendem Wasser aufgegossen, ergeben sie einen aromatischen, aber leicht bitteren Tee. Wer den Geschmack des gelblichen Tees mag, kann die Blumen auch mit einer Vielzahl von anderen Kräutern wie Apfelminze oder Zitronenmelisse mischen und so den Frühstückskräutertee auch farblich aufwerten.

WISSENSWERTES

Die zur Familie der Korbblütler gehörende Ringelblume kommt wild so gut wie nicht vor. Die oft auch als Butterblume, Goldblume oder Regenblume bezeichnete Pflanze wird bis zu 50 cm hoch und blüht von Juni bis Oktober in einem leuchtenden gelb-orange Farbton. Um sich am Tierfell festzuhaken und sich so zu verbreiten, entwickelt die Ringelblume aus den Blüten kleine Krallen. Ihr deutscher Name stammt wahrscheinlich von ihren teilweise geringelten Früchten. Wer dem Wetterfrosch nicht glaubt, der beobachte seine Ringelblumen im Garten. Nach volkstümlichen Überlieferungen ist die Wahrscheinlichkeit für Regen hoch, wenn sie nach 7 Uhr früh noch geschlossen sind. Die kostbaren Blütenköpfe können ausschließlich händisch geernet werden. Ein getrockneter Ringelblumenkopf im Sichtfenster ist außerdem ein bekanntes Merkmal der Sonnentor Kräutermischungen; dieser wird ebenfalls von unseren Bauern per Hand sorgfältig platziert.

WIRKUNGEN UND VERBORGENE KRÄFTE

In der Volksmedizin kennt man vor allem die wundheilenden Kräfte der Pflanze, die sowohl äußerlich als auch innerlich wirken sollen. Deshalb werden Ringelblumen vor allem als Wirkstoff in Salben, Ölen und Tinkturen verwendet, die wiederum bei Entzündungen, Schwangerschaftsstreifen oder Venenproblemen eingesetzt werden. Als Tee wirkt die Ringelblume Magen- und Darmentzündungen, Verstopfung oder Menstruationsbeschwerden entgegen. Die gelb-orange Blumen sollen auch gegen Warzen und Hühneraugen helfen, denen sie in Form eines Breis aufgelegt werden sollen. Außerdem unterstützt die Ringelblume das Lymphsystem und wird bei Schwellung der Lymphdrüsen angewendet. Bereits im 12. Jahrhundert zählte Hildegard von Bingen die Ringelblume zu den heilsamen und anbauwürdigen Gartenpflanzen. „Die Ringelblume ist kalt und feucht und hat starke Grünkraft in sich und sie ist gut gegen Gift." Die TCM ordnet den Ringelblumen die Organe Gebärmutter, Herz und Leber zu, sie sollen das Herz-Yin nähren und feuchte Hitze trocknen. Auch in der TCM werden die Blumen bei Drüsenschwellungen empfohlen. Laut Ayurveda gleichen die Ringelblumen alle drei Doshas aus, ihre energetische Wirkung ist kühlend, die Grundeigenschaften schwer und ölig.

rooibos
südafrikas süße seite
{aspalathus linearis}

Auf einer Reise durch Südafrika kommt man um Rooibos (Rotbusch) nicht herum. Der dort mit einem Schuss Milch und leicht gesüßt getrunkene Rooibos-Tee hat mit seinem molligen, etwas süßlichen Geschmack inzwischen auch die Europäer in seinen Bann gezogen, weswegen es den Tee in vielen Varianten jetzt auch in unseren Breiten gibt. Mit abgekühltem Rooibos-Tee, Traubensaft, Apfelsaft, Äpfeln und Trauben lässt sich auch eine gute Kinderbowle zaubern, die beim nächsten Kindergeburtstag bei Klein und Groß gut ankommt.

SINNLICHER TEEGENUSS

Der mit kochendem Wasser aufgegossene Rooibos kann 10–15 Minuten ziehen. Der rote Tee schmeckt voll, süßlich-fruchtig und wird auch bei längerem Ziehen nicht bitter. Unschlagbar ist der Tee mit etwas Obers und Honig gesüßt, besonders delikat auch gewürzt mit Zimt oder Vanille. In einer Mischung mit Kakaoschalen ist Rooibos ein köstlicher Begleiter zum Nachmittagskuchen. Der Tee kann aber auch kalt getrunken und mit Fruchtsäften als Eistee zubereitet werden.

WISSENSWERTES

Rooibos oder Rotbusch ist ein ca. 1,5 Meter hoher, mehrjähriger Leguminosenbusch. Seine Heimat ist das westliche Kap Südafrikas, wo er auch heute ausschließlich wächst und die sandigen Böden vorfindet, die er braucht. Seine Triebe und Blätter werden bei der Ernte zwischen Jänner und März zu etwa halbzentimeter-langen Stückchen zerkleinert, im Freien aufgeschüttet und einen halben Tag lang bewässert. Dadurch beginnt der Tee zu fermentieren, seine rot-braune Farbe entsteht. Rooibos enthält keine Gerbstoffe, dafür sehr viel Vitamin C, Mineralstoffe wie Eisen, Kupfer, Kalzium, Zink, Spurenelemente und Flavonoide.

WIRKUNGEN UND VERBORGENE KRÄFTE

In der südafrikanischen Volksmedizin werden Rooibos dutzende Kräfte zugesprochen. Unter anderem soll er eine krampflösende, reinigende Wirkung haben und wird bei Koliken eingesetzt. Außerdem wirkt er sich positiv bei Darmbeschwerden aus und wird bei Durchfall und Entzündungen des Darms eingesetzt. Sein Aufguss soll unterstützend sein, um Hautprobleme wie Neurodermitis, Ekzeme oder Sonnenbrand zu behandeln. Außerdem werden Schlafstörungen und Nervosität gelindert, weshalb eine Tasse Rotbusch-Tee abends hilfreich sein kann. Infolge seines Mineralstoff- und Vitamingehalts wirkt Rooibos antioxidativ und kann neben Obst und Gemüse den Körper vor freien Radikalen schützen.

rosenblüten

süß, sinnlich und voller liebe

{rosa damascena}

Liebende schenken einander Rosen. Nichts verkörpert die Liebesbotschaft besser als die zarten, sinnlichen und gleichzeitig kraftvollen Rosenblüten. Wer einfallsreicher in Sachen Liebesgeschenke sein möchte, kann versuchen, seine Liebste mit – selbst gemachter – Rosenmarmelade zu erfreuen. Ihre Schönheit und der feine Geschmack sind zwei gute Gründe, Rosenblüten in die Küche zu integrieren. Der Kreativität sind dabei keine Grenzen gesetzt. Ob man die Blüten nur dazu verwendet, den Tellerrand zu verzieren oder Rosenbowle als Aperitif reicht, sei jedem selbst überlassen.

SINNLICHER TEEGENUSS

Der süße Duft und Geschmack von Rosenblütentee ist ein echtes Erlebnis für die Sinne. In einer zarten, weißen Tasse serviert, ist Rosenblütentee auch hübsch anzusehen, besonders wenn man einige Rosenblätter dazulegt. Eine Kräutermischung mit Rosenblüten erfreut Augen und Gaumen, mit Zitronenverbene oder Hanfblättern harmonieren die Blüten besonders gut. Wer ein „Dinner for two" plant, kann Rosenblütentee anstelle von Wein zum Dessert reichen und sich von der Wirkung selbst überzeugen.

WISSENSWERTES

Die Rose gehört zur Familie der Rosengewächse. Hagebutten sind die ersten gezüchteten Rosen, weshalb die Früchte der Rosen generell als Hagebutten bezeichnet werden. Die Blüten der Rosen sind fünfzählig, sie haben zahlreiche Staubblätter. Zum Trocknen und zum Genuss eignen sich Damascena-Rosen besonders gut. Sie stammen ursprünglich aus Bulgarien, der Türkei und dem nordafrikanischen Raum und zählen zu den Duftrosen. Die Damascena-Rose hat lange, verzweigte Triebe und einen kräftigen, dichten Wuchs. Die Rosenblüten werden halboffen geerntet, bei der Trocknung schließen sich die Blüten wieder. Um ein Kilo Rosenöl herzustellen, werden etwa fünf Tonnen Rosenblüten benötigt. Die Hauptkomponenten des ätherischen Öls der Rosenblüten sind Geraniol, Nerol und Citronellol.

WIRKUNGEN UND VERBORGENE KRÄFTE

Die ätherischen Öle der Rose wirken entzündungshemmend und krampflösend. Eine Mischung aus Rosen-, Melissen- und Jojobaöl wird bei Kopfschmerzen empfohlen und soll helfen, den weiblichen Hormonhaushalt zu regulieren. Rosenhonig und Rosenblütentee haben eine ausgleichende, beruhigende und antidepressive Wirkung. Sie entspannen bei Wallungen, Menstruationsbeschwerden und Wochenbettdepressionen. Rosenblüten sollen außerdem reinigend und entwässernd sein, weshalb der Tee auch als Kur zur Nierenreinigung getrunken werden kann. Hildegard von Bingen beschreibt den Effekt der Rosen auf die Sehkraft und geht von der klärenden Wirkung der Rosenblüten aus: „Sammle die Rosenblätter bei Tagesanbruch und lege sie über die Augen, sie machen dieselben klar und ziehen das „Triefflen" heraus." Nach der TCM ist die thermische Wirkung der Rosenblüten kühl und frisch. Sie sollen das Blut in Bewegung bringen und den unteren Erwärmer entspannen. Sie werden bei Depressionen und plötzlichen Blutungen eingesetzt. Rosenblüten wirken laut Ayurveda ausgleichend auf alle drei Doshas.

---

salbei
heilsame samtblätter
{salvia officinalis}

Salbei ist aus der Kräuterkunde nicht wegzudenken. Die samtigen Blätter entfalten eine Vielzahl an Wirkungen, worauf schon die Etymologie schließen lässt. So leitet sich das Wort Salbei vom lateinischen „salvare" ab, das für „heilen, bewahren, retten" steht. Doch Salbei ist nicht nur „Retter", sondern auch Träger eines leicht bitteren, herben Geschmacks, der fein zur mediterranen Küche passt (siehe Kapitel Gewürze). Wer sein Immunsystem für den harten Winter stärken möchte, kann sich süßen Salbeiwein bereiten, der – falls wider Erwarten nicht wirksam – zumindest die Laune verbessern sollte.

SINNLICHER TEEGENUSS

Der leicht bittere, herbe Salbeitee hilft nicht nur gegen Halsweh, sondern vermag bei manchen auch Urlaubsgefühle auszulösen. In Griechenland hat es der klare, gelbliche Tee zu einiger Beliebtheit gebracht und wird gerne getrunken.

WISSENSWERTES

Der ursprünglich aus dem mediterranen Raum stammende Salbei wird heute fast weltweit kultiviert. Der Lippenblütler gedeiht gut auf trockenen Böden und sonnigen Plätzen, die er auch im Südosten Österreichs, dem Burgenland, findet. Die Pflanze wird kniehoch und hat grau-grüne, filzige Blätter, die fünf bis neun Zentimeter lang werden. Salbei blüht von Juni bis August hellblau, blau-violett, weiß oder rosa. Das Aroma des Salbei wird von den beiden ätherischen Ölen Thujon und Kampfer bestimmt. Weltweit sind mehr als 500 Salbeisorten bekannt, neben salvia officinalis wird auch der thujonfreie salvia lavandulifolia häufig verwendet.

WIRKUNGEN UND VERBORGENE KRÄFTE

In der Volksmedizin wird Salbei schon seit jeher wegen seiner antiseptischen, adstringierenden und tonischen Eigenschaften geschätzt. Bei Halsschmerzen oder Entzündungen im Mund- und Rachenraum wird empfohlen, mit lauwarmem Salbeitee zu gurgeln. Die samtigen Blätter sollen auch die Östrogenausschüttung stimulieren, weshalb Salbei unterstützend im Wechsel eingesetzt werden kann. Die Blätter reduzieren Nachtschweiß, wirken gegen feuchte Hände und Füße und sind menstruationsfördernd. Salbei wird außerdem eingesetzt, um die Verdauung anzuregen. Hildegard von Bingen empfiehlt, den Salbei gegen „schlechte Säfte" zu nehmen: „Nimm Salbei und pulverisiere ihn, und iss dieses Pulver mit Brot, dies vermindert die schlechten Säfte in dir." Außerdem setzt sie das Kraut bei Mundgeruch und Lähmungen ein. Auch in der TCM wird Salbei als Heilkraut verwendet, seine thermische Wirkung ist kühl, die zugeordneten Organe sind die Lunge und der Magen. Salbei hilft, feuchte Kälte aus Blase und Milz sowie Feuchtigkeit aus der Lunge zu vertreiben. Er wird bei Lungenerkrankungen, prämenstruellem Syndrom und schmerzhafter Periode eingesetzt. Nach Ayurveda wirkt Salbei leicht erhitzend, vermehrt Pitta, vermindert Vata und vor allem Kapha. Seine Grundeigenschaft ist leicht, sein Geschmack scharf, bitter und zusammenziehend.

* salbei

schafgarbe
das kraut des achill
{achillea millefolium}

Schafgarbe heilt Achillesfersen, das besagt jedenfalls die griechische Mythologie. So gab die Göttin Aphrodite dem von Paris verletzten Achill Schafgarbe, um die verletzte Ferse zu heilen. Schafgarbe sollte aber nicht nur wegen ihrer Heilkräfte probiert werden, sondern auch wegen ihres aromatischen, leicht bitteren Geschmacks. Frisch passt sie sehr gut in Wildkräutermischungen, mit denen sich köstliche Risotti, Salate oder Getreidegerichte zubereiten lassen. Schafgarbe ist außerdem eine geeignete Ingredienz für Kräuterteemischungen aller Art. Wer die handelsüblichen Fruchtsirupe satt hat, könnte es mal mit Schafgarbensirup versuchen.

SINNLICHER TEEGENUSS
Der aromatische, leicht bittere Tee ist von heller, leicht gelblicher Farbe. Schafgarbe passt gut in verschiedenste Kräuterteemischungen. Diesbezüglich sehr empfehlenswert ist eine Mischung mit Pfefferminze und Holunderblüten. Der Tee ist aromatisch, etwas süßlich und eine erfrischende Abwechslung an frühsommerlichen Nachmittagen.

WISSENSWERTES
Die Schafgarbe gehört zur Familie der Korbblütengewächse. Das ursprünglich aus Europa und Westasien stammende Kraut wächst wild entlang von Wegrändern oder auf Wie sen, wobei Staunässe von der Pflanze eher gemieden wird. Die Blätter der bis zu 70 Zentimeter hohen Schafgarbe sind länglich und gefiedert, ihre Blüten sind klein, weiß oder rosa, die Stängel etwas zäh und markhaltig. Ihre Blütezeit dauert von Juni bis Oktober. Hauptinhaltsstoffe des ätherischen Öls der Schafgarbe sind Linalool, Kampher und Sabinen. Daneben enthält das Kraut Sesquiterpene, Flavonoide und Alkaloide.

WIRKUNGEN UND VERBORGENE KRÄFTE
Schafgarbe hat eine lange Geschichte als wundheilendes Mittel, nicht umsonst war das Kraut lange unter dem Namen „herba militaris“ bekannt. Ihr ätherisches Öl wirkt antiseptisch, entzündungshemmend und krampfstillend. Sie kann innerlich und äußerlich angewendet werden und hilft bei Entzündungen der Haut und der Schleimhäute. Schafgarbe wird außerdem für gynäkologische Beschwerden verwendet, sie soll helfen, den Zyklus zu regulieren, starke Blutungen zu stillen und Periodenschmerzen zu lindern. Besonders in Kombination mit anderen Kräutern kann Schafgarbe auch bei Grippe und Erkältungen unterstützend wirken. In der Volksmedizin wird das Kraut auch dazu verwendet, innere Blutungen zu stillen. Von dieser Fähigkeit ist auch Hildegard von Bingen überzeugt: „Wer eine Wunde im Körperinneren erhielt, der pulverisiere Schafgarbe und trinke jenes Pulver in warmem Wasser.“ Die thermische Wirkung der Schafgarbe nach TCM ist neutral, die zugeordneten Organe sind die Leber, die Milz und die Blase. Schafgarbe trocknet Schleim und Feuchtigkeit und nährt das Blut. Die ayurvedische Grundeigenschaft der Schafgarbe ist leicht, die energetische Wirkung kühlend. Sie hilft Vata zu vermehren und Pitta sowie Kapha zu mindern.

---

zinnkraut
gegen schweißfüße ist ein kraut gewachsen
{equisetum avense}

Wer behauptet, dass gegen Schweißfüße kein Kraut gewachsen sei, kennt Zinnkraut nicht. Der Ackerschachtelhalm ist das Kraut der Stunde bei diesem lästigen und belästigenden Leiden. Die getrockneten Kräuter werden mit Schnaps bedeckt, das Gemisch für drei Wochen an einer warmen Stelle stehen gelassen und abgefiltert. Danach soll man die gewaschenen Füße damit einreiben – Käsefuß ade.

SINNLICHER TEEGENUSS
Für Zinnkrauttee, auf den so mancher Kneippanhänger schwört, wird das getrocknete Kraut mit heißem Wasser übergossen und für maximal zehn Minuten ziehen gelassen. Der Tee hat einen frischen, blumigen, zarten und etwas krautigen Geschmack, seine Farbe ist hellgelb.

WISSENSWERTES
Das auch unter dem Namen Ackerschachtelhalm bekannte Zinnkraut gehört zur Familie der Schachtelhalmgewächse, der Equisetaceae. Die Pflanze ist in Europa, Nordafrika, Nord-

* scharfgarbe

asien und Amerika heimisch. Sie wächst fast überall an Wiesenrändern und Böschungen, sollte aber nicht mit anderen Schachtelhalmgewächsen verwechselt werden. Zinnkraut ist am deutlich längeren unteren Glied der Seitenäste zu erkennen. Gesammelt wird das von Landwirten ungeliebte „Unkraut" am besten im Hochsommer. Zinnkraut enthält große Mengen an Kieselsäure, die auch für seine therapeutischen Wirkungen verantwortlich ist.

WIRKUNGEN UND VERBORGENE KRÄFTE

In der Volksmedizin ist Zinnkraut als das beste Mittel für Blutgerinnung bekannt. Mit dem Schachtelhalm kann Nasenbluten, das Erbrechen von Blut und das Bluten von Wunden rasch gestoppt werden. Aufgrund des hohen Kieselsäuregehaltes wirkt sich Zinnkraut auch positiv auf die Festigkeit und Spannung von Haut, Haaren, Knochen und Nägeln aus. Bei langsam heilenden Frakturen sollen Zinnkrautbäder helfen. Durch seine adstringierenden Eigenschaften kann Zinnkraut auch dabei helfen, Blutungen im Harnwegsbereich zu stillen. Sitz- oder Dampfbäder sind bei Unterleibsproblemen, Blasenverkühlung und Nierenschmerzen wirksam. Wer zu Pilzinfektionen neigt, dem wird Zinnkraut-Absud in der Volksmedizin zur Vorbeugung empfohlen. Hildegard von Bingen empfiehlt ein mit Zinnkraut-Saft angesaugtes Tuch bei Nasenbluten. Laut TCM ist die thermische Wirkung des Ackerschachtelhalms kühl. Blase, Niere, Lunge und Dickdarm sind die zugeordneten Organe. Das Kraut soll helfen, Feuchtigkeit aus dem Körper auszuleiten und Qi-Stagnationen im unteren Erwärmer zu lösen. Auch Ayurveda geht von der kühlenden Wirkung des Krautes aus, es soll Vata vermehren und Pitta sowie Kapha vermindern.

---

zitronen-melisse
erfreut herz und sinne
{melissa officinalis}

Wer Zitronenmelisse im Garten hat, kann sich an ihrem frischen, zitronigen Duft im Vorbeigehen erfreuen. Aber auch in der Küche hat sich das Kraut seinen Platz verdient. Denn Zitronenmelisse ist vielseitig. Mit dem köstlichen Tee lässt sich nicht nur der Nachmittag verbringen, sondern auch ein wunderbares Sorbet bereiten. Die zackigen Blätter des Krauts passen gut in Erfrischungsgetränke. Eine Limonade aus frischem Ingwer, Zitrone, Honig und Zitronenmelisse ist ein herrliches, erfrischendes Nachmittagsgetränk. Die frische Melisse sollte auch unbedingt in Kräuteraufstrichen und Kräuteressigen zugegen sein. Klein gehackt macht sie sich sehr fein im Obstsalat oder zu Zuckermelone. Der Verwendung von Melisse sind keine Grenzen gesetzt; Lust, Laune und Geschmack bestimmen.

SINNLICHER TEEGENUSS

Der gelb-grünliche Zitronenmelissen-Tee ist mild mit zitronig-minziger Note. Der sommerliche Tee hat etwas Erfrischendes und schmeckt warm oder kalt getrunken, er kann auch leicht gesüßt oder mit Fruchtsäften gemischt werden. Sein klarer Charakter wird betont, wenn er in einem Teeglas oder einer gläsernen Kanne serviert wird.

WISSENSWERTES

Die auch als Frauen- oder Nierenkraut bezeichnete Melisse gehört zur Familie der Lippenblütler. Ursprünglich stammt sie aus Westasien und dem östlichen Mittelmeerraum. Heute wächst sie überall in Europa, auf den Böden des Waldviertels wird biologische Melisse kultiviert. Zitronenmelisse wird bis zu 70 Zentimeter hoch und neigt zum Wuchern. Nicht zufällig bedeutet „Melissa" übersetzt „Biene": Ihre weißen Blüten sind nektarreich und ziehen Bienen in der Zeit von Juli bis August an. Die Blätter der Melisse sind eiförmig, wachsen gegenständig angeordnet am Stängel und sind eingekerbt. Das komplex zusammengesetzte ätherische Öl der Melisse ist nur zu 0,1 Prozent enthalten. Es enthält mehr als 50 Aromakomponenten, die wichtigsten sind Citronellal, Nereal, Geranial, Citronellol und Geraniol.

WIRKUNGEN UND VERBORGENE KRÄFTE

Aufgrund seiner beruhigenden Wirkung wird Melisse in der Volksmedizin bei Unruhezuständen, Reizbarkeit und Einschlafstörungen eingesetzt. Durch seine krampflösenden Eigenschaften soll Zitronenmelissentee auch bei Menstruationsbeschwerden helfen. In stressigen Zeiten wird die Anwendung von Melisse innen und außen empfohlen: Sowohl der Tee als auch ein Melissenbad sollen wirksam sein. Zitronenmelissentee unterstützt außerdem die Besserung von Erkältungen, Grippe, Fieber, Husten und Bronchitis. Hildegard von Bingen betont die positive Wirkung der Melisse auf den Geist: „Die Melisse ist warm und der Mensch, der sie isst, lacht gern, denn sie erfreut das Herz und die Milz." Die thermische Wirkung von Zitronenmelisse laut

TCM ist kalt, die zugeordneten Organe sind das Herz, die Leber und der Magen. Melisse soll helfen, Qi-Stagnationen zu lösen. Die ayurvedische Grundeigenschaft der Melisse ist leicht, ihre energetische Wirkung leicht erhitzend, sie gleicht alle drei Doshas aus.

zitronen-verbene

ein kraut für luisa

{lippia citriodora/syn. aloysia triphylla}

Der intensive Duft der Zitronenverbene vermag zu betören. Der Geschmack des Krauts ist fast ebenso intensiv, zitronig, aber mild. Mit Zitronenverbene, Olivenöl und Salz lässt sich eine köstliche Marinade bereiten, in die Fisch oder Huhn vor dem Zubereiten gelegt werden. Wer sein Kompott einmal anders würzen möchte, ist mit Zitronenverbene ebenfalls gut beraten und sollte am besten einige Zweige mitkochen lassen. Überhaupt passt das Kraut sehr fein zu Obst, was beim nächsten Marillenkuchen ausprobiert werden kann. Auf Blattsalaten schmeckt Zitronenverbene ebenso gut.

SINNLICHER TEEGENUSS

Getrocknete, mit heißem Wasser aufgegossene Blätter ergeben einen erfrischenden Tee, der heiß oder kalt getrunken ein hervorragender Durstlöscher an einem heißen Sommertag ist. Der Tee ist mild und dennoch intensiv zitronig im Geschmack. Mit seiner grünen Farbe passt er gut in zarte, helle Porzellantassen. Der mit Fruchtsaft gesüßte Zitronenverbenetee ist ein köstliches Kinder- und Erwachsenen-Getränk.

WISSENSWERTES

Zitronenverbene gehört zwar zur Familie der Eisenkrautgewächse, sollte aber nicht mit echtem Eisenkraut (Verbena officinalis), das bitter schmeckt, verwechselt werden. Der im Volksmund als Zitronenstrauch bezeichnete Busch wird bis zu zwei Meter hoch und wirft im Herbst sein Laub ab. Zitronenverbene hat kurzstielige, längliche Blätter und hell-lila Blüten, deren Blütezeit August ist. Der Strauch stammt ursprünglich aus Argentinien und Chile. Die Hauptbestandteile des ätherischen Öls sind Citral und Neral. Der veraltete Gattungsname „Aloysia" bezieht sich auf die Ehefrau von König Carlos IV. von Spanien, Luisa, weshalb viele Sprachen diesen in sich tragen. So heißt es auf Spanisch „hierba luisa", das Kraut der Luisa, oder auf Slowakisch, „alojzia citrónová", Zitronen-Luisa.

WIRKUNGEN UND VERBORGENE KRÄFTE

Zitronenverbene-Tee ist appetitanregend, entkrampfend und entspannend. Das Kraut ist auch bei gereizten Schleimhäuten wirksam und lindert Erkältungen, Husten und Halskratzen. Außerdem hat es einen positiven Effekt bei Stress und Unruhezuständen, da es hilft, die nervöse Anspannung zu lösen. Stoffwechsel, Immunsystem und die Stimmung werden von Zitronenverbene positiv beeinflusst.

Ausatmen, ausruhen, entspannen. Einfach schauen, bleiben, einen Stein berühren, Silhouetten wahrnehmen, innere Geschichten hören, spüren, bleiben, warten auf den nächsten Frühling. Im Waldviertel und seinen Kräutern atmet der Rhythmus des Lebens.

Und irgendwann kommt dann wieder der Frühling…

meine kräuter-mischungen

Streichen Sie an einem warmen Sommertag einmal mit der Hand über die Blätter der Apfelminze, riechen Sie an einem Strauch Lavendel und beschnuppern Sie die gelbweißen Blüten der Kamille. Und nun gehen Sie auf Partnersuche. Wer könnte zu wem passen? Die Kamille zu den Lindenblüten? Die Apfelminze zur Ringelblume und der Lavendel zur Melisse? Wir von Sonnentor kennen mittlerweile die interessantesten Partnerschaften. Jede Kräutermischung beginnt auf dem Feld unserer Bauern. Was sie anbauen, kombinieren wir nach alten und neuen Rezepturen. So haben wir im Laufe der Zeit für fast jede Stimmung und jeden Geschmack eine tragfähige Kräuterliaison gefunden. Wohl bekomm's!

abendtee

Um sich vom Trubel des Alltags zu entspannen und eine erholsame Nacht zu verbringen, ist es manchmal hilfreich, den Abend bewusst ruhig zu verbringen. Der Sonnentor-Abendtee hilft dabei, „abzuschalten" und gut einzuschlafen. Neben beruhigender Zitronenmelisse enthält die bekömmliche Teemischung auch Himbeerblätter und Käsepappel. Der Tee wird am besten ca. eine Stunde vor dem Schlafengehen getrunken.

basen-balance-kräutertee

Balance lautet das Stichwort in einer schnelllebigen Zeit. Ob Job, Freizeit oder Familienleben – Ausgewogenheit ist das erklärte Ziel, um unsere Ressourcen zu schützen. Auch körperliche Ausgewogenheit spielt eine wichtige Rolle dabei, die von einem ausgeglichenen Säure-Basen-Haushalt unterstützt wird. Die reinigende Kräutermischung trägt dazu bei, den Säure-Basen-Haushalt im Körper auszugleichen und die richtige Balance zu finden. Die gut verträgliche Mischung wirkt reinigend und kann den ganzen Tag über getrunken werden. Außerdem eignet sie sich besonders gut für Entschlackungs-, Reinigungs- und Fastenkuren.

blütenmischung

Diese Blütenmischung überzeugt allein durch ihre Farbenpracht, worin der eine oder andere auch Inspiration zu finden vermag. Die fein abgestimmte Mischung aus zarten Blüten und kräftigenden Kräutern hat einen feinen, lieblichen Geschmack, den auch Kinder mögen. Die Mischung ist stärkend, die enthaltene Kamille fördert die Verdauung, Apfelminze macht gute Laune und Ringelblume entfaltet ihre desinfizierenden Eigenschaften. Der Tee kann den ganzen Tag über getrunken werden.

druidentrank

Lang, lang ist's her, dass die Kelten das Waldviertel bewohnten. Die Druiden, die geistige Elite ihrer Gesellschaft, waren oftmals Magier, die so manches Getränk zu brauen wussten. Der Sonnentor-Druidentrank kommt zwar ganz ohne Magie aus, enthält aber viele Kräuter mit aufbauender Wirkung. Besonders wohltuend ist diese Kräuterteemischung für „Gesundete", die einige Tage im Bett verbringen mussten und gerade dabei sind, sich zu erholen. Der Druidentrank versorgt den Körper mit einem kräftigenden Impuls und beruhigt das Gemüt. Die Mischung schmeckt erfrischend, kräftig und intensiv. Die enthaltene Apfelminze enthält kein Menthol, weshalb der Tee auch während einer homöopathischen Behandlung getrunken werden kann.

erfrischungstee

Man braucht nur mal seine Nase in das Säckchen zu halten und tief einzuatmen. Schon der intensive zitronige Duft dieser Kräuterteemischung ist Erfrischung pur. Die würzig-erfrischende Mischung regt an und ist etwas für müde Glieder und stressgeplagte Menschen. An warmen Sommertagen ist die Zubereitung als Eistee absolut empfehlenswert: Den Tee einfach am Morgen zubereiten, erkalten lassen, Eiswürfel und etwas Zitronen- oder Fruchtsaft dazu und sich erfrischen lassen.

geburtstagstee

Um den Ehrentag ordentlich zu würdigen, bringt der Tee die Zeremonie für das Geburtstagsfrühstück. Der lieblich-erfrischende Geschmack dieser Sonnentor-Kräuterteemischung versetzt einen für den Rest des Tages in Feierlaune. Neben Lindenblüten, Himbeerblättern und Kornblumen ist auch die mentholfreie Katzenminze enthalten.

glückstee

Glück braucht man immer. Diese Kräuterteemischung versorgt uns mit einem kleinen Stück vom Glück, indem sie uns dabei unterstützt, mehr Lebensfreude zu verspüren, und darauf aufmerksam macht, dass manche Kleinigkeiten nicht selbstverständlich sind. Der Sonnentor-Glückstee ist eine kräftigende, anregende Mischung, ein beliebter Frühstückstee und ein köstliches Geschenk für mehr und weniger Glückliche. Dass es die Mischung vom „Weltuntergangstee", als die sie zuerst vermarktet wurde, zum „Glückstee" geschafft hat, war ihr wahres Glück, denn so ist sie mittlerweile ein Bestseller geworden.

gute laune-tee

Dass gute Laune ansteckend ist, hat sich herumgesprochen. Die Gute Laune-Teemischung ist eine der ältesten und mit Sicherheit die beliebteste Kräuterteemischung im Sonnentor-Sortiment. Die Mischung schmeckt auch vielen Kindern, was auf ihren lieblichen, milden Geschmack zurückzuführen sein dürfte. Gute Laune-Tee wirkt stimmungsaufhellend, balanciert den Säure-Basen-Haushalt und stärkt das Immunsystem. Besonders köstlich schmeckt die Mischung auch mit einem Schuss Zitronensaft.

guten morgen-tee

Dass ein aktiver Start in den Tag gut tut, ist „Frauenmagazinwissen", wie manche meinen. Wie sehr frühe Aktivität das Tages-Energieniveau tatsächlich verändert, wissen nur jene, die es probieren. Die Pfefferminze im Guten Morgen-Tee versorgt einen jedenfalls mit dem richtigen „Kick", um das Büro nicht im Halbschlaf zu erreichen. Die Kräuterteemischung schmeckt kräftig-würzig mit kühlen Pfefferminznuancen und wirkt aktivierend, blutreinigend und stärkt das Immunsystem.

kräuterzauber

Die Wirkung der Kräuter ist zwar keine Zauberei, aber bezaubert uns trotzdem. Kräuterzauber ist eine anregende, erfrischende Mischung, die nicht zuletzt durch die vielen bunten Blüten fasziniert. Kräuterzauber schmeckt intensiv-würzig und ist das perfekte Getränk, wenn man sich abgespannt und müde fühlt. Die Mischung eignet sich auch als Frühstückstee und kann auch während einer homöopathischen Behandlung getrunken werden, da Apfelminze kein Menthol enthält.

kutz-kutz-tee

Wer die Bedeutung von „Kutz-Kutz" nicht entschlüsseln kann: „kutzen" heißt „husten" auf Österreichisch. Der Name kommt nicht von ungefähr, denn die Kutz-Kutz-Mischung ist der optimale Kräutertee für Zeiten, in denen man angehustet, angeschnupft und angesteckt wird. Die Kräuterteemischung mobilisiert die Abwehrkräfte und lindert Husten und Heiserkeit. Im Kutz-Kutz-Tee sind die beliebtesten und wirksamsten Erkältungs-Kräuter wie Salbei, Lindenblüten, Kamille und Holunderblüten vereint. Die Mischung ist aromatisch und schmeckt würzig, besonders gut auch mit etwas Honig gesüßt.

alles liebe-gewürztee

Die Welt braucht mehr Liebe. Mit dem Liebes-Gewürztee zaubert Sonnentor etwas mehr davon in unsere Herzen. Ananas, Anis, Bohnenkraut, Verbene, Nelken und Petersilie aphrodisieren und wecken die Empfindungen. Der wärmende Tee schmeckt intensiv-würzig und zeigt sich durch die süßliche Note auch gerne von der charmanten Seite.

alles liebe-kräutertee

Da man nicht genug Liebe bekommen kann, bringt Sonnentor neben dem Liebes-Gewürztee auch einen Alles Liebe-Kräutertee. Die Kräutertee-Mischung enthält (THC-armen) Hanf, der schon seit jeher für verschiedene Liebesgetränke verwendet wird. Alles Liebe-Kräutertee soll inspirieren, öffnen, entspannen und stimulieren. Was man mit der vielen Anregung anfängt, entscheidet letztendlich jeder selbst.

loslassen-kräutertee

Im Zeitalter des Burn-Outs müssen wir wieder lernen, abzuschalten. Der Loslassen-Kräutertee soll uns dabei unterstützen, die Energie auf die wirklich wichtigen Dinge zu fokussieren. Die Goldmelisse, grünen Hafer, Ringelblumen, Kornblumen und Kleeblüten enthaltende Mischung schmeckt kräftig-malzig und ist der perfekte „After-Work-Cocktail", um den Tag ausklingen und die Seele baumeln zu lassen.

mystischer hexentee

Wie schade, dass es keine Hexen mehr gibt. Gäbe es welche, wüssten wir mehr über viele Kräuter und ihre Wirkungen. Aber damit die Hexen und ihr Wissen nicht ganz in Vergessenheit geraten, gibt es den Mystischen Hexentee. Die Mischung enthält einige bekannte „Hexenkräuter", wie Hanf und Eisenkraut. Der mild-aromatische Tee entspannt, kräftig und regt den Stoffwechsel an.

muntermacher-tee

Die „Jetzt brauch' ich einen Kaffee-Situationen" könnten sich mit Muntermachertee ändern. Die Mate (coffeinhaltig) und Lemongras enthaltende Mischung erfrischt und steigert das Konzentrations- und das Durchhaltevermögen. Der Muntermachertee eignet sich vom Frühstückstee bis zum Durchmachertee.

oma's haustee

Wer hat nicht schon mal einen wertvollen Kräutertipp von seiner Oma bekommen? Omas wissen einfach viel über alles, was im Garten, im Wald und auf der Wiese wächst. Omas Haustee ist daher eine traditionelle Mischung einer überlieferten Rezeptur. Melisse, Fenchel, Kornblumen und andere Kräuterschätze tun gut, entspannen und verbreiten jene gemütliche Stimmung, die es nur bei Oma gibt

schönen feierabend-tee

Mit dieser Kräutermischung im Haus wird man jeden Abend daran erinnert, den wohlverdienten Feierabend bewusst zu genießen. Schöner Feierabend Tee regt an, stimuliert und entspannt. Durch das enthaltene Lemongras schmeckt die aromatische Mischung erfrischend und eignet sich für die ganze Familie.

sonnige grüße

Mit dieser Mischung schickt Sonnentor sonnige Grüße aus dem Waldviertel. Die Früchte-Kräuter-Mischung schmeckt mild fruchtig und wirkt entspannend und erfrischend. Da der Tee säurearm ist, kann er auch von magenempfindlichen Personen und Kindern getrunken werden.

waldviertler fastenzeit-tee

Sich einfach mal nichts – zumindest nichts Essbares – gönnen. Fasten befreit und reinigt den Körper von innen. Wer dieses Gefühl kennengelernt hat, möchte es nicht mehr missen. Der köstliche, aromatische Waldviertler Fastenzeit-Tee ist der ideale Begleiter während der kleinen Auszeit. Die Kräutertee-Mischung enthält u. a. Zitronenmelisse, Katzenminze und Haselnussblätter, sie wirkt leicht ausleitend, reinigend und beruhigend.

wohlschmecker-tee

Wohlgeschmack ist immer willkommen. Die Kräutertee-Mischung eignet sich für jeden Tag, ist besonders bekömmlich und wirkt kräftigend. Eine unserer ersten demeter Kräuterteespezialitäten für den ganzen Tag, auf vielfachen Wunsch ohne Minzen ...

zaubertrunk

Die Kraft der Kräuter grenzt an Zauberei. Die „Zauberkraft" dieser würzigen Kräuter-Mischung inspiriert, reinigt und regt an. Die nach einem alten Waldviertler Hausrezept hergestellte Mischung ist ein köstlicher Frühstückstee, der sich hervorragend zur Stärkung der Abwehrkräfte in harten Grippezeiten eignet.

hildegard energie-tee

Man kann nie genug Energie für den Start in den Tag haben. Hildegard Energietee sorgt für mehr Schwung am Morgen. Der als Suppenkraut bekannte Ysop sowie Krauseminze und Kamille wirken energetisierend, dynamisierend und kurbeln den gesamten Stoffwechsel an. Die feine Teemischung schmeckt würzig-aromatisch und wird am besten zum Frühstück oder zu Mittag getrunken.

hildegard entspannungstee

Hildegard sorgt nicht nur für genügend Tagesenergie, sondern auch für Entspannung, die nach einem stressreichen Tag vonnöten ist. Melisse, Salbei und Lavendel beruhigen die Nerven und entspannen. Der milde Kräutertee schmeckt leicht würzig und kann am Abend und in Stresszeiten genau so gut auch tagsüber getrunken werden.

hildegard schutzengel-tee

Ein Schutzengel, der uns immer begleitet – wie schön wäre das. Dieser Hildegard Tee sorgt dafür, dass wir uns selbst ein bisschen besser schützen, indem er das Immunsystem stärkt und uns Energie gibt. Die herzhafte Mischung kann tagsüber und am Abend getrunken werden, sie schmeckt würzig und auch sehr gut mit etwas Honig.

hildegard fastenzeit-tee

Wie wichtig ein passender Tee in Fastenzeiten ist, wissen jene, die regelmäßig fasten, nur allzu gut. Der Hildegard-Fastentee aktiviert die Blase, die Nieren und das Verdauungssystem. Außerdem mildert er das Hungergefühl, das gerade in den ersten Tagen des Fastens verstärkt auftreten kann. Der Kräutertee hat einen kräftigen, würzigen Geschmack und eignet sich hervorragend als Begleiter für Fastenkuren im Frühling.

KAPITEL 9

erlesene gewürze

Was eine „Wurz“ hat, kann auch zum Gewürz werden. Deswegen liegt zwischen Anis und Zwiebel ein weites Land an Düften und Essenzen, das zu erkunden sich lohnt. Wie immer hat die Natur die Aufgaben gut verteilt, sodass kein Gewürz dem anderen die Wirkung neiden muss. Auftritt für die Geschmacksverbesserer!

* anis * bärlauch * basilikum * bockshornklee * bohnenkraut * chili * dill * fenchel * heidelbeeren * ingwer * kardamom * knoblauch * koriander * kreuzkümmel * kümmel * kurkuma * lemongras * liebstöckel * lorbeer * majoran * nelken * oregano * paprika * petersilie * pfeffer * rosmarin * safran * salbei * schnittlauch * schwarzkümmel * senf * sternanis * thymian * vanille * wacholder * zimt * zwiebel

120

Reisen, ohne Koffer zu packen, Tickets zu buchen oder auf den Zug zu warten – wie schön wäre das. Mit genügend Gewürzen im Regal kann man fremde Kulturen erschnuppern, ohne wegzufahren. Der kleinen Weltreise steht nichts mehr im Weg, denn sie kann von der Küche aus angetreten werden.

Ist es draußen bitter kalt, empfiehlt sich eine Reise nach Südostasien, um ein wenig Energie zu tanken. Ingwer, Kurkuma, Koriandersamen und Chili bringen uns nach Indien und passen fein in eine rote Linsensuppe, die zum ersten Gang serviert wird. Mit Lemongras, Limetten und Korianderblättern geht es weiter nach Thailand. Ein köstlich frisches Thai-Curry mit diesen Gewürzen, knackigem Gemüse, Kokosmilch und Jasminreis lässt Urlaubsgefühle aufkommen und schmeckt großartig. Und weil wir schon in der Gegend sind, gibt es als Dessert gebratene Bananen mit Zimt, Nelken und Honig – Indonesien lässt grüßen.

Im Sommer, wenn uns der Sinn mehr nach mediterranen Geschmäckern steht, verlassen wir das Land gen Süden. Mit Petersilie, Salbei, Basilikum, grünen Bohnen, Tomaten, Knoblauch und etwas Speck zaubern wir toskanische Fagiolini, die ihresgleichen suchen. Dazu frisches Olivenbrot und ein Glas besten Weines – und Gedanken an den Alltag sind wie weggeblasen. Ein simples Risotto mit Safran, Carnaroli-Reis, Parmesan, Zwiebeln und – ganz wichtig – Weißwein bringt uns nach Mailand. Wer die Hitze der Stadt lieber meidet, kann mit einem gut gewürzten Lammbraten nach Frankreich abzweigen: Rosmarin, Thymian, Majoran, Bohnenkraut und Lavendel passen gut dazu, und ihr Duft räumt alle Zweifel aus, ob sich der Umweg rentiert hat. Will man den Kurzurlaub zu zweit ausklingen lassen, muss unbedingt Vanille in die Nachspeise: Mit den aphrodisierenden schwarzen Pünktchen endet die Reise garantiert im siebenten Himmel.

Wer lieber innerhalb der Landesgrenzen reist, kann einen Abstecher ins Waldviertel machen. Ein mit Kümmel und Fenchel gewürztes kräftiges Bauernbrot mit viel Butter ergibt eine köstliche Jause während einem ausgiebigen Spaziergang. Gleich ums Eck wächst Thymian, mit dem sich ein köstlicher Obstsalat für den Nachmittag zubereiten lässt. Dazu passt ein würziger Aniskuchen, für den man ebenso nicht mehr weit fahren muss, denn auch dieses Gewürz gedeiht in der Gegend.

Viele Gewürze, die in unseren Breiten wachsen, sind in Vergessenheit geraten. Kümmel, Fenchel, Anis oder Koriandersamen, die wichtige Bestandteile der Küche unserer Omas waren, sind näher als man denkt und müssen nur wieder entdeckt werden. Diese besonderen Geschmackserlebnisse sollten wir uns gerade im Zuge der Globalisierung nicht entgehen lassen und neue Wege finden, um diese „alten“ Gewürze in die heutigen Zubereitungsmethoden zu integrieren.

Gewürze können aphrodisieren, wärmen, kühlen, energetisieren und sogar heilen. Viele positive Wirkungen der Gewürze auf die Gesundheit sind noch weitgehend unbekannt, werden aber nach und nach erforscht. Alternativmedizinische Methoden wiedie Traditionelle Chinesische Medizin (TCM), Ayurveda und – neuerdings – die Traditionelle Europäische Medizin sorgen dafür, dass Gewürze als Heilmittel zunehmend anerkannt werden. Auch Hildegard von Bingen wusste die Gewürze zu schätzen und setzte sie als Medizin ein. Durch sie erfahren, vergessene Gewürze wie Quendel, Bertram und Ysop heute wieder eine Renaissance.

Um die unzähligen möglichen Wirkungen zu erfahren, müssen wir gar nicht viel tun, sondern einfach nur würzen und uns am Geschmack und den prächtigen Farben erfreuen. Für mehr Farbe im Essen sorgen auch Gewürzblütenmischungen, die alle Sinne beflügeln.

Vor dem Eintauchen in die bunte Welt der Gewürze aber noch ein paar grundlegende Tipps: Das Um und Auf bei der Aufbewahrung von Gewürzen ist die kühle, trockene und dunkle Lagerung. Auch wenn die Gewürze in diversen Glasbehältern wunderschön und dekorativ anzusehen sind, ist es eine Überlegung wert, sie doch im lichtgeschützten, geschlossenen Kasten aufzubewahren. Denn Licht zerstört die Farbpigmente, und die strahlenden Farben sind schnell Vergangenheit.

All jenen, die viel kochen, sei empfohlen, sich einen Mörser oder eine Gewürzmühle anzuschaffen. Denn frisch gemahlene Gewürze sind unvergleichlich in ihrem Duft und Geschmack, was sich nicht nur auf die Speise, sondern auch auf die Laune und das Wohlbefinden der Esser und Genießer am Tisch auswirkt.

Ob man das Gewürz eher am Beginn oder am Ende des Kochvorgangs hinzugibt, hängt ganz vom Gewürz ab. Einige, wie Kümmel, Koriandersamen, Nelken oder Zimt, sollten so lange wie möglich mitgegart werden, andere, wie Petersilie, Bärlauch oder Schnittlauch, sind aromaempfindlich und werden erst später dazugegeben.

Duft, Farbe und Geschmack sind die wichtigsten Qualitätskriterien bei Gewürzen – je intensiver, desto besser. Bei industriell hergestellten Produkten kann dieser Anspruch oft nicht erfüllt werden, weil die Trocknung zu schnell erfolgt ist. Allen Genießern und Köchen sei daher ans Herz gelegt, einen Gewürzproduzenten mit entsprechenden Qualitätsansprüchen auszuwählen. Gewürze, die aus biologischem Anbau stammen, sind zwar oft etwas teurer, können aber den höchsten Anforderungen zu 100 Prozent gerecht werden. Steht das köstlich duftende Essen erst auf dem Tisch, wird klar, dass sich jeder Cent mehr rentiert hat. Denn erst beste Qualität jeder einzelnen Zutat ermöglicht wahren Genuss.

Wer auf der Suche nach neuen Ideen ist, mehr über die Wirkungen von Gewürzen erfahren oder einfach wissen möchte, welche Gewürze miteinander harmonieren, wird auf den folgenden Seiten fündig.

Die Beschreibungen der Gewürze stammen aus alten Überlieferungen. Wir glauben an die Kraft der Natur, es liegt aber an jedem persönlich, dieses traditionelle überlieferte Wissen von den Wirkungsweisen der Kräuter und Gewürze eigenverantwortlich und sensibel für das eigene körperliche Wohlbefinden anzuwenden. Wir raten Ihnen, gesundheitliche Beschwerden vorerst mit dem Arzt abzuklären, um einen verantwortungsvollen ganzheitlichen Mix aus Schulmedizin und Unterstützung aus der Pflanzenwelt zu finden.

anis
mehr als ein „schnapsbruder“
{pimpinella anisum}

Man liebt oder man hasst ihn: Der intensive, lakritzenartige und süße Geschmack von Anis ist einzigartig, aber eben nicht jedermanns Sache. In der Küche wird Anis, ähnlich wie Fenchel, zum Verfeinern von Brot, Gebäck und Kuchen verwendet. Ein Blick in die Ferne beweist aber schnell, dass sich Anis vielseitig einsetzen lässt: Kurz in heißem Öl geröstet, gibt Anis einem indischen Dhal (Linsengericht), einem Fisch- oder Gemüsecurry eine ganz besondere Note. Zur Herstellung von Aperitifs und Schnäpsen wie Ouzo und Pastis wird das aus Anis gewonnene ätherische Öl, dessen Aroma vor allem von Trans-Anethol kommt, schon lange verwendet. Mit einigen Tropfen Pastis über Krabben, Muscheln oder Fischsuppe lässt sich so mancher Gast noch überraschen.

WISSENSWERTES

Anis stammt ebenso wie Fenchel aus der Familie der Doldengewächse. Fälschlicherweise werden die verwendeten Pflanzenteile oft als Samen bezeichnet, tatsächlich handelt es sich aber um die Anisfrucht, die als Gewürz oder Heilmittel eingesetzt wird. Aniskraut wird ca. 60 cm hoch, hat weiße Blüten und ähnliche Blätter wie Koriander. Auch in der Türkei, Südrussland und Indien wird das lakritzenartige Gewürz häufig angebaut und gerne verwendet. In Österreich gedeiht Anis auch hervorragend in Niederösterreich.

TIPP

Am besten entfaltet Anis seinen Geschmack, wenn er kurz vor der Verwendung im Mörser zerstoßen wird.

HARMONIERT MIT

Fenchel, Knoblauch, Kardamom, Kümmel, Mohn, Muskat, Nelken, Pfeffer, Zimt

WIRKUNGEN UND VERBORGENE KRÄFTE

Schon die Römer wussten über die verdauungsfördernde Wirkung von Anis Bescheid und importierten ihn, um ihn nach ihren ausführlichen Mahlzeiten in Form von Anisgebäck zu genießen. In der Volksmedizin wird Anis als krampflösendes Mittel eingesetzt, außerdem soll er die Milchbildung bei Stillenden fördern und Schleim lösen. Hildegard von Bingen empfiehlt, ihn bei Blähungen äußerlich, warm und in Säcken, aufzulegen. Außerdem, so Hildegard, „eröffnet, wärmt und stärkt Anis alle Eingeweide.“ Im Ayurveda steht Anis für die Geschmäcker süß, scharf und bitter, hat eine wärmende Wirkung und wird zur Verminderung von Vata und Kapha sowie zu Vermehrung von Pitta eingesetzt. Auch die TCM betont die wärmende Wirkung von Anis und setzt ihn dazu ein, die Kälte aus dem unteren und dem mittleren Erwärmer zu vertreiben. Er wird laut TCM auch bei sexueller Schwäche, Impotenz und Reizblase empfohlen.

JOHANNES GUTMANN:

Meine Mutter machte uns Brustwickel aus mit dem Messer zerdrückten und mit Schmalz vermischten Anisfrüchten, wenn unser Husten besonders hartnäckig war.

---

bärlauch
der knoblauch des frühlings
{allium ursinum}

Während Bärlauch vor einigen Jahren nur bei Wildkräutersammlern bekannt war, kann man sich heute im Frühling kaum mehr davor retten. Ob als Pesto, Suppe oder Aufstrich – Bärlauch ist überall. Will man nur annähernd in sein, bekocht man seine Gäste jedenfalls mit Bärlauch. Doch jeder, der sich nach Frühlingsgefühlen sehnt, muss bemerken, dass abseits der aktuellen Trends an dem Kraut wirklich etwas dran ist. Das Aroma erinnert an Knoblauch, ist aber milder und schwächer und hat Noten von Schnittlauch. Mit Bärlauch können Gemüse-, Kartoffelgerichte und Salate verfeinert werden, die damit schnell nach Frühling schmecken. Durch sein unverwechselbares Aroma kann Bärlauch auch gut eigenständig eingesetzt werden: Blätter einfach fein hacken, kurz in warmem Olivenöl wenden und unter die Pasta mischen. Auch Risotto und Topfen-Aufstriche benötigen nicht viel mehr als Salz und eben Bärlauch.

WISSENSWERTES

Bärlauch zählt zur Familie der Lauchgewächse und stammt ursprünglich aus West- und Mitteleuropa, wo er auch heute noch großteils wild wächst. Dem Volksglauben zufolge essen die Bären nach ihrem Winterschlaf im Frühling Bärlauch.

Wer ihn isst, wird daher auch bärenstark. Der typische knoblauchartige Geruch und Geschmack kommt von einer Vielzahl an Schwefelverbindungen im ätherischen Öl des Bärlauch, von denen Divinylsulfid, Dimethylthiosulfonat und Methylcysteinsulfoxid die wichtigsten sind.
Alle Jahre wieder verwechseln Kräutersammler und solche, die es noch werden wollen, Bärlauch mit Maiglöckchen oder Herbstzeitlosen und vergiften sich dabei. Genau hinzuriechen sei daher jedem geraten, der Familie und Freunde mit Bärlauch beglücken will, denn weder Maiglöckchen noch Herbstzeitlose riechen nur annähernd nach Knoblauch.

TIPP

Im Frühling wird Bärlauch auf fast allen Märkten angeboten, wo man ihn frisch kaufen und sobald wie möglich verwenden sollte. Im Rest des Jahres kann man Bärlauch auch getrocknet einsetzen, und es ist empfehlenswert, dabei nicht zu sparsam zu sein, denn getrockneter Bärlauch hat ein schwächeres Aroma. Sowohl für frischen als auch für getrockneten Bärlauch gilt der Tipp, das Kraut eher erst gegen Ende des Garens hinzufügen.

HARMONIERT MIT

Zwiebel, Basilikum, Schnittlauch, Petersilie, Kräuter der Provence, Oregano

WIRKUNGEN UND VERBORGENE KRÄFTE

Bärlauch zählt zu den bekanntesten Gewürzen der Volksmedizin. Er soll appetitanregend, cholesterinsenkend und blutreinigend sein. Außerdem wird er bei Eisenmangel empfohlen und soll die Hirnleistung steigern. Bärlauch soll die Frühjahrsmüdigkeit bekämpfen und – was für einige vielleicht neu ist – aphrodisierend wirken.

basilikum
pesto für die pasta
{ocimum basilicum}

Ob für Pesto oder Pasta, Basilikum ist das nicht mehr ganz so gut gehütete Geheimnis der italienischen Küche. Doch das Gewürz, in unseren Breiten schon fast zum natürlichen Begleiter von Tomatengerichten avanciert, lässt sich abseits von Pesto, Pomodoro und Co auch anders verwenden. Basilikum mit geriebener Zitronenschale, Knoblauch und brauner Butter ist eine köstliche sommerliche Kreation, die unter das Risotto gehoben oder über die Polenta gegossen werden kann. Die mehr als zehn bekannten Basilikum-Sorten haben ein süßlich-würziges Aroma, schmecken aber je nach Sorte mehr oder weniger intensiv, pfeffrig und frisch-zitronig.

WISSENSWERTES

Basilikum zählt zur Familie der Lippenblütengewächse und stammt wahrscheinlich aus dem indischen Raum. Heute wird die Pflanze fast weltweit, vor allem im Mittelmeerraum und den asiatischen Ländern, kultiviert. Hauptproduzenten sind Frankreich, Italien, Marokko und Kalifornien. Das ätherische Öl von Basilikum ist von äußerst komplexer Zusammensetzung. Die sechs Inhaltsstoffe Cineol, Linalool, Citral, Methylchavicol (Estragol), Eugenol und Methylcinnamat sind in unterschiedlichen Mengen enthalten.

TIPP

Im Sommer frisch, im Winter getrocknet, lautet das Motto. Jedenfalls ist es ratsam, Basilikum erst gegen Ende der Garzeit in den Topf zu geben, damit das Aroma nicht verdampft.

HARMONIERT MIT

Knoblauch, Kapern, Koriander, Rosmarin, Schnittlauch, Minze, Oregano, Majoran, Thymian, Petersilie, Schnittlauch

WIRKUNGEN UND VERBORGENE KRÄFTE

Basilikum soll beruhigend auf das Nervensystem wirken und wohltuend bei Magenbeschwerden sein, davon ist die Volksmedizin überzeugt. Die ayurvedischen Grundeigenschaften sind leicht, trocken und spitz. Basilikum vermehrt Pitta und vermindert Vata und Kapha. In der TCM werden dem Basilikum die Organe Herz, Lungen und Magen zugeordnet. Das Kraut soll das Yang dieser Organe tonisieren und außerdem wärmend wirken. Basilikum wird auch in der aphrodisierenden Küche gerne eingesetzt.

bockshornklee
die curry-energie
{trigonella foenum-graecum}

Kein Curry ohne Bockshornklee. So sehen es zumindest die Inder, und deshalb ist Bockshornklee in der Küche des Subkontinents so beliebt. Das bittere Aroma der Bockshornklee-Samen erinnert an Sellerie und Liebstöckel und würzt indische Chappatis und Naans (indische Brotarten) so wie Chutneys und ist Bestandteil verschiedenster Currymischungen. Will man seinem Gericht einen nur annähernd indischen Geschmack geben, kommt man an Bockshornklee also nicht vorbei. Besonders gut passt das Gewürz in vegetarische Speisen, zu Linsen, Spinat, Kartoffeln etc. – der Kreativität sind keine Grenzen gesetzt. Auch im Orient ist man den bitteren Samen nicht ganz abgeneigt und verfeinert Brot, Pastirma (luftgetrocknete türkische Fleischspezialität) und Gemüsegerichte damit. Die Europäer verwenden Bockshornklee gerne als Würze von Käse und Brot. Experimentierfreudige können die Samen auch keimen lassen und mit einer Vinaigrette mit schwarzen Oliven und Tomaten als Salat anrichten.

WISSENSWERTES
Der Schmetterlingsblütler kommt heute vom Mittelmeer, von wo er ursprünglich auch stammt, bis nach China wild vor. In Österreich gedeiht er auch gut im Burgenland. Dies erklärt auch, warum der botanische Name übersetzt „griechisches Heu" bedeutet. Bockshornklee ist eine kleine, zierliche Pflanze mit kleeähnlichen Blättern, die weiß oder gelb blüht. Die unregelmäßig-viereckigen Samen enthalten nur wenig ätherisches Öl, dessen aromabestimmende Komponente das Soloton ist. Für den bitteren Geschmack sind die Furostanolglykoside verantwortlich.

TIPP
Obwohl in Indien auch die Blätter gerne verwendet werden, kann man in unseren Breiten fast ausschließlich die Samen käuflich erwerben. In gemahlenem Zustand sollten sie allerdings eher schnell aufgebraucht werden. Es ist empfehlenswert, die Samen vor der Verwendung ohne Fett in einer beschichteten Pfanne zu rösten, weil sich so der bittere Geschmack verliert.

HARMONIERT MIT
Fenchel, Limetten, Kardamom, Kreuzkümmel, Kurkuma, Nelken, Pfeffer, Schwarzkümmel, Zimt

WIRKUNGEN UND VERBORGENE KRÄFTE
Fördert das allgemeine Wohlbefinden. Gilt als schleimlösend, und Hildegard von Bingen empfiehlt eine äußerliche Anwendung in Form einer Kompresse/Tee bei der Abheilung von verschiedenen Hauterkrankungen. Bockshornklee spielt eine wichtige Rolle in der gesamten ayurvedischen Medizin. Die nährenden Samen werden für Gewichtszunahme, als Wehenauslöser und zur Behandlung von Gastritis empfohlen. Das Gewürz vermindert Vata und Kapha und vermehrt Pitta. In der TCM werden die Samen des Bockshornklees dem Element Feuer zugeordnet und es wird ihnen eine wärmende Wirkung nachgesagt.

---

bohnenkraut
wellness für hülsenfrüchte
{satureja hortensis}

Dass das Kraut zu Bohnen passt, ist keine allzu große Überraschung. Doch es harmoniert generell gut mit allen Typen von Hülsenfrüchten, denen das pfeffrig-scharfe Aroma ein wenig mehr Pfiff verleiht. Der ein wenig an Thymian, Minze und Majoran erinnernde Geschmack macht sich auch gut zu Kartoffeln, Kohl und Wurzelgemüse. Wer grüne Bohnen im Garten hat oder sie im Sommer frisch auf dem Markt ersteht, kann diese kurz bissfest kochen, abschrecken und in etwas brauner Butter mit Bohnenkraut garen – ist rasch fertig und schmeckt köstlich sommerlich. Das würzige Blatt charakterisiert nicht nur zahlreiche Gerichte der Mittelmeerküche, sondern spielt auch in der Kulinarik des Balkans eine wichtige Rolle. Besonders dominant ist es in den bulgarischen Krautwickeln – ein Nationalgericht, bei dem Krautblätter mit Fleisch, Reis und Zwiebeln gefüllt sowie mit viel Bohnenkraut, Paprika, Dill und Petersilie gewürzt werden.

WISSENSWERTES
Bohnenkraut gehört zur Familie der Lippenblütler und stammt aus dem Mittelmeergebiet sowie aus West- und Zentralasien, wo es auch noch heute wächst. Gedeiht aber

auch hervorragend in Österreich. Man unterscheidet das mehrjährige Winter- oder Bergbohnenkraut vom einjährigen Sommerbohnenkraut, das milder und frischer schmeckt. Winterbohnenkraut ist ein immergrüner Strauch, der bis zu 30 cm hoch wird und weiße, rosa oder violette Blüten hat. Sommerbohnenkraut wird noch höher, hat wesentlich breitere, dunkelgrüne Blätter und blüht zartlila. Geerntet wird das Kraut knapp vor der Blüte im Sommer. Bohnenkraut enthält ein dem Thymian ähnliches ätherisches Öl, das anstelle von Thymol das chemisch ähnliche Carvacrol sowie p-Cymen und Linalool enthält.

TIPP

Bohnenkraut behält in getrockneter Form lange seine Würzkraft und wird daher auch am besten so verwendet, wenn es nicht frisch zur Verfügung steht. Dem Gericht idealerweise erst am Ende der Garzeit beifügen.

HARMONIERT MIT

Basilikum, Majoran, Oregano, Minze, Thymian, Rosmarin, Petersilie, Lorbeer, Kreuzkümmel, Lavendel

WIRKUNGEN UND VERBORGENE KRÄFTE

In der Volksmedizin wird Bohnenkraut zur Stärkung der Verdauungsorgane, vor allem des Magens, eingesetzt. Außerdem soll es gegen Schwächezustände, Husten und Verschleimungen wirken. Hildegard von Bingen empfiehlt, das Kraut in Kombination mit Salbeipulver und Kümmel gegen Gliederzittern einzunehmen. Findet sich auch in der aphrodisierenden Küche.

chili
oder die nähe von liebe und schmerz

{capsicum frutescens}

Dass viele Menschen Chili nicht mögen, liegt vielleicht daran, dass sie nicht masochistisch veranlagt sind. Denn: Schärfe ist kein Geschmack, sondern ein Schmerzempfinden. Andere wiederum lieben die Schärfe des Chili, sind sogar süchtig danach.
In der Küche sind dem Einsatz von Chili keine Grenzen gesetzt. Wer es scharf mag, gibt ihn in Pastasaucen und ins Curry oder bereitet Marinaden damit zu. Aber auch desserts können ein wenig Feuer gut vertragen, sehr empfehlenswert ist die Schoko-Chili-Sauce, die sowohl mit Süßem (Eis) als auch Pikantem (Huhn) harmoniert.

WISSENSWERTES

Es gibt viele verschiedene Sorten von Chili, deren unterschiedliche Schärfe in Scoville-Einheiten gemessen wird. Wurden die Einheiten ursprünglich subjektiv durch Geschmacksvergleiche gemessen, werden sie heute mittels Hochflüssigkeitschromatographie ermittelt. Die Schärfsten bringen es auf 200.000 bis 300.000 Scoville, der handelsübliche Jalapeño oder der italienische Peperoncino schaffen es auf 5.000. Für die Schärfe ist das Capsaicin verantwortlich, von dem sehr scharfe Sorten bis zu 2 Prozent enthalten. Die Samen sind schärfer als das Fleisch, und der „Allerschärfste“ ist der mexikanische Habanero. Chilis stammen ursprünglich aus Südamerika, der heutige Hauptproduzent ist Indien.

TIPP

Frische Chilis sollten glänzend und festfleischig sein. Getrocknete Chilis sind ebenso scharf und büßen nichts von ihrem Aroma ein, gut verschlossen gelagert halten sie fast unbegrenzt. Wer Chili berührt, was sich beim Kochen schwer vermeiden lässt, ist gut damit beraten, die Finger von seinen Augen zu lassen. Denn es besteht „Brandgefahr“ auf allen Schleimhäuten, die durch Capsaicin-Spuren auf den Händen ausgelöst wird. Sollten Lippen, Zungen, Rachen und Schlund bereits (ver-)brennen, Milch und nicht Wasser trinken. Denn Capsaicin ist fett- und nicht wasserlöslich.

HARMONIERT MIT

allen Gewürzen, Kokosmilch, Limetten, Zitronen

WIRKUNGEN UND VERBORGENE KRÄFTE

Chili wirkt laut Volksmedizin stimulierend und tonisierend; er hat eine stark stoffwechselanregende Wirkung, fördert die Schweißbildung und tötet Krankheitserreger ab. Sowohl im Ayurveda als auch in der TCM wird von seiner heißen Wirkung gesprochen, wobei beide Lehren davon abraten, Chili im Übermaß zu verwenden. Dies kann zu Trockenheit (Haut, innere Organe), Hyperaktivität, Yin-Mangel und Yang-Fülle führen. Chili ist außerdem seit jeher eine wichtige Zutat der aphrodisierenden Küche.

dill
mehr als gurkenkraut
{anethum graveolens}

Gegen Dillgurken oder ein sommerliches Gurken-Joghurt mit Dill ist nichts einzuwenden, doch das Gewürz nur darauf zu reduzieren, wäre ein Versäumnis. Wer die nordische Küche mag, kann Graved Lachs, Jakobsmuscheln oder Riesengarnelen mit Dillsauce zubereiten und sich an dem typisch skandinavischen Geschmack erfreuen. Das klare, duftende, zitronige Aroma von Dill passt gut zu Wurzelgemüse, Fisolen, Kartoffeln und Roten Rüben. So braucht die russische Borschtsch (Rote Rüben-Suppe) unbedingt Dill, um authentisch zu schmecken. In Nordindien oder dem Iran verwendet man meist sowohl die Samen als auch das Kraut zum Würzen. Äußerst empfehlenswert ist etwa ein persisches Alltagsgericht, das aus Spinat, Schalotten und Dill besteht. Ebenso köstlich schmeckt ein indisches Linsen-Spinat-Gericht, dessen Charakter Dillkraut und Dillsamen bestimmen. In Österreich kennt fast jeder die traditionellen Dillfisolen zum Rindfleisch.

WISSENSWERTES

Das gefiederte Kraut stammt aus Zentralasien und wird heute auch in weiten Teilen Europas angebaut. Der Charakter unseres Dill wird vor allem durch Limonen und Carvon bestimmt, das Aroma von Sowa (indischer Dill) kommt größtenteils vom sogenannten Dillapiol. Dill zählt zu den Doldenblütengewächsen, blüht gelb und ist schnell durch seine fein gefiederten Blätter zu erkennen.

EINKAUF, AUFBEWAHRUNG UND VORBEREITUNG

Dill kann frisch oder getrocknet verwendet werden, sowohl die Samen als auch die Blätter sind essbar. Da die getrockneten Blätter nicht mehr ganz so aromatisch sind wie die frischen, ist es gut, nicht mit getrocknetem Dill zu sparen. Sein Aroma ist empfindlich, daher ist es empfehlenswert, das gefiederte Kraut erst kurz vor Ende des Kochvorgangs zuzugeben.

HARMONIERT MIT

Basilikum, Knoblauch, Kren, Paprika, Petersilie, Senfkörnern

WIRKUNGEN UND VERBORGENE KRÄFTE

In der Volksmedizin wird Dill als blähungstreibendes Mittel eingesetzt. Verschiedenen Quellen zufolge soll das Kraut auch milchbildend und beruhigend wirken. „Der Dill ist von trockener, warmer, gemäßigter Natur", beschreibt Hildegard von Bingen die Eigenschaften des Krauts. Obwohl sie findet, dass er „nicht zum Essen taugt", empfiehlt sie ihn in gekochter Form gegen Gicht. Leicht, trocken und spitz sind die ayurvedischen Grundeigenschaften des Dills. Laut Ayurveda vermehrt Dill Pitta und vermindert Vata und Kapha. In der TCM wird nur den Dillsamen Wirksamkeit zugeschrieben, die zugeordneten Organe sind der Magen und die Niere. Dillsamen werden zur Senkung des Magen-Qi und zur Stärkung des Nieren-Yang empfohlen.

---

fenchel
das süße brotgewürz
{foeniculum vulgare}

Ein Bauernbrot ohne Fenchel ist kaum vorstellbar: Der süßlich-aromatische Samen gibt dunklem Brot und Gebäck seinen unverwechselbaren Geschmack. Aber Fenchel kann noch viel mehr als Brot aromatisieren, er wird in der Küche jedoch häufig unterschätzt und selten eingesetzt. Verwendet man ihn in Kombination mit (fettem!) Fisch, wie Lachs, Makrele oder Hering, und frischem Limetten- oder Zitronensaft, ergibt sich ein Geschmack, der den Gourmet für eine Sekunde an einen Tisch in der Toskana versetzt. Mit den zerstoßenen Samen lassen sich im Sommer köstliche Salatdressings kreieren, im Winter passen sie fein zu wärmenden Lammfleischgerichten. Fenchelsamen finden sich aber genauso in diversen Currymischungen. Und: Sie lassen sich auch keimen – die Keimlinge peppen jeden grünen Salat auf.

WISSENSWERTES

In Österreich gedeiht Fenchel, der als Gemüse- oder Gewürzvariante angebaut werden kann, besonders gut und häufig im Weinviertel und im südlichen Burgenland. Wird aber auch in Indien, Argentinien, Nordafrika, Mitteleuropa und den USA kultiviert. Die gelb blühende Fenchelpflanze hat zarte Fiederblätter, für den typischen Geschmack der Samen ist vor allem ein ätherisches Öl namens Anethol zuständig, dessen Anteil bis zu 80 Prozent ausmacht. Österreichischer

* fenchel

Fenchel ist so intensiv (bis 7 Prozent ätherische Öle), dass er auch als Bitter-Fenchel bezeichnet wird. Der helle, gelbhellgrüne Fenchel wird auch als Süßfenchel bezeichnet. Er enthält bis zu 2 Prozent ätherische Öle, kommt aus dem Orient und erzielt nur ein Drittel vom Preis des österreichischen.

EINKAUF, AUFBEWAHRUNG UND VORBEREITUNG

Beim Kauf von Fenchel, ist besonders auf die Farbe des Samens zu achten. Je grün-dunkelbraun er noch ist, desto höher die Qualität und desto intensiver der Geschmack. Vor der Verwendung ist es empfehlenswert, die Samen in einer beschichteten Pfanne ohne Fett zu rösten, um sie danach im Mörser zu zerstoßen. So kommt das süßlich-milde Aroma am besten zur Geltung.

HARMONIERT MIT

Petersilie, Oregano, Salbei, Chili, Kardamom, Thymian

WIRKUNGEN UND VERBORGENE KRÄFTE

Dass Fenchel Blähungen bei Säuglingen zu verbessern vermag, ist nicht neu. Denn schon lange wird er als Hausmittel zur Verdauungsförderung eingesetzt. Außerdem ist Fenchel entzündungshemmend und fördert die Milchproduktion bei Stillenden. Hildegard von Bingen empfiehlt den intensiver schmeckenden Bitterfenchel, der einen höheren Gehalt des Wirkstoffs Fenchon hat, zur Verdauungsförderung. In ihrer „Physica" nennt Hildegard von Bingen Fenchel auch gegen müde Augen, Mundgeruch und zum Erheitern des Gemüts. Laut Ayurveda wirkt Fenchel wärmend und vermindert überschüssiges Vata und Kapha. In der traditionellen chinesischen Medizin wird Fenchel u. a. zur Stärkung des Nieren-Yang und gegen Stagnationen des Leber-Qi eingesetzt.

---

heidelbeeren
kraftspender vom waldboden
{vaccinium myrtillus}

Während eines Waldspaziergangs im Frühsommer kann (und soll!) man sich das Naschen der süß-säuerlichen blauen Beeren kaum verkneifen. Heidelbeeren sind vitaminreich und enthalten viele Mineralstoffe, Spurenelemente und Pektin. Frisch oder getrocknet passen sie in Müslis, zu Joghurt oder Buttermilch. Wer seinen Früchtetee noch verbessern will, gibt ein paar getrocknete Heidelbeeren hinein. Ihr säuerlich-süßer Geschmack peppt das heiße oder kalte Getränk in jedem Fall auf. Die getrockneten Beeren schmecken auch in einem indischen Gemüse-Reisgericht überraschend gut und geben diesem einen süßlich-frischen Touch.

WISSENSWERTES

Heidelbeeren gehören zur Familie der Heidekrautgewächse. Von Mai bis Juni wachsen sie am liebsten im Halbschatten, daher sind sie häufig auf Waldböden und in Torfmooren zu finden. Neben den Vitaminen C, B1 und B2 enthalten die Beeren auch Eisen und Kalzium.

EINKAUF, AUFBEWAHRUNG UND VORBEREITUNG

Im Sommer isst man die Heidelbeeren am besten – und am billigsten – während des Waldspaziergangs direkt vom Strauch oder ersteht sie – etwas teurer – auf dem Markt. Während des Jahres verwendet man einfach die getrockneten Beeren, die ebenso gut, aber etwas intensiver schmecken und auch anders wirken (s. u.).

HARMONIERT MIT

Ingwer, Kurkuma, Zimt, Vanille

WIRKUNGEN UND VERBORGENE KRÄFTE

In der Volksmedizin werden die pektinreichen getrockneten Heidelbeeren vor allem zur Bekämpfung von Durchfall verwendet, weil Pektin das Wasser im Darm bindet. Frische Heidelbeeren wirken im Gegensatz dazu abführend. Außerdem sollen Heidelbeeren helfen, die Sehkraft zu stärken und Nachtblindheit zu bekämpfen. Hildegard von Bingen hält allerdings nicht besonders viel von Heidelbeeren und meint dazu, „dass sie mehr schaden wie nutzen" würden , weil sie Gicht hervorrufen. In der TCM wird die Heidelbeere dem Element Holz zugeordnet, sie soll erfrischend wirken und das Qi im Allgemeinen heben.

ingwer
gewürz für asien-fans und kaltfüßler
{zingiber officinale}

Wer den Erdball von seiner Küche aus gerne kulinarisch bereist, kommt schwer ohne Ingwer aus. Sein wärmendes Aroma mit erfrischenden, holzigen Noten und zitronigen Anklängen gehört in unzählige Gerichte der Küchen Asiens, Lateinamerikas, der Karibik und Afrikas. Seit einigen Jahren ist das weltweit beliebte Gewürz aber auch in Europa in aller Munde. Mit Ingwer können außerdem winterlich-wärmende Tees aufgegossen werden, die mit Honig und ein wenig Zitrone ausgesprochen köstlich sind.

WISSENSWERTES
Ingwer gehört zur Familie der Ingwergewächse und stammt höchstwahrscheinlich aus dem südchinesischen Raum. Wenn die frischen Wurzeln geerntet werden, sind sie zwei bis drei Monate alt. Das ätherische Öl wird von den Sesquiterpenen dominiert. Für die Schärfe ist ein Harz namens Gingerol verantwortlich, das sich bei langer Lagerung zum milderen Shoagole verwandelt.

TIPP
Beim Kauf sollte frischer Ingwer glatt, nicht runzelig und fleischig sein. Die frische Ingwer-Wurzel wird am besten in ein feuchtes Tuch gewickelt und im Kühlschrank oder Gemüsefach aufbewahrt.
Auch getrockneter Ingwer hat noch ein erfrischend-zitroniges Aroma, wenn die Qualität stimmt. Während frischer Ingwer eine Zeit lang mitgekocht werden kann, sollte die getrocknete Variante eher gegen Ende der Garzeit hinzugefügt werden.

HARMONIERT MIT
Basilikum, Chili, Knoblauch, Kurkuma, Galgant, Koriander, Zitronengras, Limetten, Sojasauce, Minze, Tamarinde

WIRKUNGEN UND VERBORGENE KRÄFTE
Ingwer ist DAS Heilmittel für Kälteempfindliche und Kaltfüßler. Sowohl in der Volksmedizin als auch im Ayurveda und in der TCM wird er dafür eingesetzt. Seine stoffwechselanregende Wirkung stärkt das Immunsystem. Wer sich nach üppigem Essen voll und schwer fühlt, trinkt am besten eine Tasse Ingwer-Tee, um das Magen-Darm-System in Gang zu bringen. Außerdem wirkt Ingwer gegen Übelkeit, Erbrechen und die Reisekrankheit. Hildegard von Bingen empfiehlt pulverisierten Ingwer jenem, der „schon fast stirbt“, regelmäßig einzunehmen. Auch in der aphrodisierenden Küche spielt Ingwer eine wichtige Rolle und wird dort gerne eingesetzt.

---

kardamom
geschmack für curry und kaffee
{elettaria cardamomum}

Kardamom ist etwas für Luxusgeschöpfe. Neben Safran und Vanille ist er das drittteuerste Gewürz. Sein rauchiges, blumig-süßes Aroma spielt in der indischen und arabischen Küche als Bestandteil von Gewürzmischungen eine wichtige Rolle. Sehr empfehlenswert sind die Kapseln (botanisch korrekt: Früchte), um Tee und Kaffee zu verfeinern. Ein bis zwei schwarze Früchte pro Tasse bringen Kraft und den Duft des Orients in heiße Getränke. In unseren Breiten ist Kardamom ein absolutes Muss in Lebkuchen, Gebäck und manchen Brotsorten. Besonders köstlich ist das Gewürz auch in Obstsalat, Kompott oder zu Bratäpfeln.

WISSENSWERTES
Kardamom zählt zur Familie der Ingwergewächse. Der aromahältige braun-schwarze Samen befindet sich in kapselartigen, grünen Früchten. Kardamom stammt aus Sri Lanka und Indien, das weltweit zwar der größte Produzent ist, aber kaum Ware exportiert. Guatemala ist heute der Hauptexporteur. Die größten Mengen Kardamom werden von den skandinavischen Ländern importiert.

TIPP
Kardamom ist aromaempfindlich und behält in den eigenen Fruchtkapseln sein Aroma am besten. Beim Kochen ist darauf zu achten, dass nicht zu viel Kardamom hinzugefügt wird, da ein Übermaß zu intensiv und kampferartig schmeckt.

HARMONIERT MIT
Chili, Ingwer, Joghurt, Kaffee, Koriander, Kreuzkümmel, Kümmel, Nelken, Paprika, Pfeffer, Safran, Zimt

Der Kümmel gehört zum Waldviertel wie die Sonne zum Tor. Lange wurde er als wild wachsender Wiesenbewohner gefliessentlich übersehen. Seit er wiederentdeckt wurde, nährt er viele, und das nicht nur im Waldviertel.

WIRKUNGEN UND VERBORGENE KRÄFTE
In der Volksmedizin und der TCM wird Kardamom als verdauungsanregendes Mittel empfohlen. Außerdem soll er wärmend wirken. Im Ayurveda wird er auch zur Behandlung von Atemwegserkrankungen eingesetzt. Das Kauen der Kardamomsamen hilft bestens gegen Mundgeruch. Vielleicht wird er auch deshalb so gerne in der aphrodisierenden Küche eingesetzt.

---

knoblauch
vertreibt vampire und mundet gourmets
{allium sativum}

Wer ihn aus Angst vor Mundgeruch meidet, versäumt etwas. Von vielen geliebt, von einigen gehasst, gibt Knoblauch unzähligen Gerichten Charakter. Sein intensives, scharfes Aroma wandelt sich in gekochtem oder gebratenem Zustand schnell. So schmeckt gekochter oder gebratener Knoblauch wesentlich süßlicher und milder als die rohe Variante. Egal ob gekocht, gebraten oder roh, Knoblauch passt zu fast allem. Besonders beliebt ist die Knolle in Mittel- und Südeuropa, wo sie Pasta, Gemüsegerichte und Braten verfeinert. Einige spanische Tapas, besonders „Gambas al ajillo", leben vom intensiven Aroma des Knoblauchs. Besonders gut schmecken die Zehen in Kombination mit Olivenöl, wobei die Reste davon unbedingt vom Teller getunkt werden sollten.

WISSENSWERTES
Der aus der Familie der Lauchgewächse stammende Knoblauch kommt ursprünglich aus Zentralasien, wird aber heute weltweit angebaut. Das Aroma wird durch eine Vielfalt an Schwefelverbindungen bestimmt. Für den Geschmack am wichtigsten ist Allicin, das bei Zellschädigung, also beim Zerschneiden, entsteht. Beim Braten oder Kochen wird Allicin sehr schnell zu Diallyldisulfid abgebaut.

TIPP
Knoblauch wird meist ganzjährig angeboten, die Zehen sollten prall gefüllt, hart und weiß sein. Eine gute Alternative ist auch Knoblauch-Granulat. Es ist besser, die frischen Zehen zu mörsern als sie zu pressen, da sie beim Pressen oft einen scharfen bis metallischen Geschmack bekommen. Da Knoblauch beim Braten sehr schnell bitter wird, soll das Erhitzen – wenn überhaupt – bei geringer Temperatur und rasch passieren.

HARMONIERT MIT
fast allen Kräutern und Gewürzen

WIRKUNGEN UND VERBORGENE KRÄFTE
In der Volksmedizin spielt Knoblauch eine wichtige Rolle: Er soll blutdruck- und cholesterinsenkend sein, ist auswurffördernd, antiseptisch und regt Magen, Darm und Galle an. Die ayurvedischen Grundeigenschaften von Knoblauch sind ölig, spitz, schleimig und schwer, er soll Vata und Kapha vermindern sowie Pitta vermehren. Die TCM ordnet Knoblauch dem Element Metall zu, die dazugehörigen Organe sind der Magen, die Milz, Leber, Herz und Dickdarm. Laut TCM ist die thermische Wirkung der Knolle heiß. Traditionell wird er auch gerne in der aphrodisierenden Küche eingesetzt.

---

koriander
was lebkuchen und curry gemeinsam haben
{coriandrum sativum}

Einige lieben ihn, andere freunden sich nie mit seinem Geschmack an. Doch bevor man zum Fan oder Nicht-Fan wird, sollte man unbedingt seine Samen (botanisch korrekt: Früchte) und die Blätter probiert haben, denn sie entfalten sich am Gaumen völlig unterschiedlich. Die Blätter haben einen frischen, orangig-seifigen Geschmack und machen sich großartig in Thai-Currys, der vietnamesischen Pho (Nudelsuppe), aber auch im peruanischen Ceviche (roher Fisch mit Zitrone und Koriander). Die Samen haben hingegen ein würzig-holziges Aroma mit süßlich-pfeffriger Note, das genauso in Lebkuchen oder Apfelkompott wie in indische Currys passt. In diesen lassen sich Blätter und Samen auch gut kombinieren. Entwickelt man sich doch zum Koriander-Liebhaber, versteht man schnell, warum der Rest der Welt außerhalb der europäischen Grenzen dieses Gewürz schätzt. Koriander ist so vielseitig einsetzbar wie sonst kaum ein Gewürz und gibt arabischen, indischen wie afrikanischen Gerichten und auch Tees einen wunderbaren Geschmack. Vorsicht, es besteht Suchtgefahr.

WISSENSWERTES
Koriander zählt zur Familie der Doldenblütler und stammt ursprünglich aus dem Mittelmeerraum oder Kleinasien. Heute wird das Gewürz in weiten Teilen der Welt kultiviert, die kleinere europäische Sorte wächst u. a. in Russland und dem Mittelmeerraum, die orientalische Abart wird von Nordafrika bis China praktisch flächendeckend angebaut. In Österreich gedeiht er bestens auch im Burgenland und in Niederösterreich. Die Korianderpflanze ähnelt mit ihren hellgrünen, fächerartigen Blättern der Petersilie. Sowohl die Früchte als auch die Blätter und Wurzeln sind genießbar. Für das Aroma zeichnen die beiden ätherischen Öle Linalool und Terpenen verantwortlich.

TIPP
Das Aroma der Koriandersamen bleibt länger erhalten, wenn man sie im Ganzen kauft. Es empfiehlt sich, die Samen kurz vor Verwendung zu rösten und danach zu mörsern – so kommen Geschmack und Geruch am besten zur Geltung.

HARMONIERT MIT
Chili, Kurkuma, Fenchel, Ingwer, Knoblauch, Kümmel, Muskat, Kreuzkümmel, Nelken, Zimt, Piment

WIRKUNGEN UND VERBORGENE KRÄFTE
In der Volksmedizin wird Koriander als blähungstreibendes, verdauungsanregendes und antiseptisches Mittel geschätzt. Im Ayurveda wird ihm eine ausgleichende Wirkung auf alle drei Doshas zugeschrieben, seine energetische Wirkung ist erwärmend und seine Grundeigenschaften leicht und ölig. Die TCM ordnet Koriander dem Element Metall zu und verspricht eine wärmende Wirkung.

kreuzkümmel
der duft indiens
{cuminum cyminum}

Kreuzkümmel ist das Charaktergewürz der indischen Küche. Als Bestandteil vieler Gewürzmischungen, die bekannteste darunter wahrscheinlich Garam Masala, würzt er unzählige Speisen des Subkontinents. Für die Zubereitung von Tandoori Gerichten und Hülsenfrüchten ist er ebenso essenziell. Auch die Küchen Südamerikas, des Nahen Ostens und Nordafrikas integrieren den kräftigen, schweren, würzig-süßen Geschmack des Kreuzkümmels. Wer ihn mag, dem sei das arabische Hummus, ein Mus aus Kichererbsen, Sesampaste, Knoblauch und Kreuzkümmel, besonders ans Herz gelegt. Fladenbrot dazu servieren – und fertig ist das Glück.

WISSENSWERTES
Kreuzkümmel stammt wahrscheinlich aus Westasien und gehört in die Familie der Doldenblütengewächse. Kultiviert wird Kreuzkümmel heute in Indien, China, dem Mittelmeerraum, Iran und Indonesien. Was wir verwenden, sind die Früchte, nicht der Samen der Pflanze.

TIPP
Für ein intensives Aroma wird das Gewürz erst knapp vor der Verwendung geröstet und gemörsert. Da Kreuzkümmel leicht andere Gewürze dominiert, soll er sparsam eingesetzt werden.

HARMONIERT MIT
Anis, Bockshornklee, Kurkuma, Ingwer, Kardamom, Koriander, Knoblauch, Lorbeer, Muskatnuss, Nelken, Oregano, Pfeffer, Senf, Thymian, Zimt

WIRKUNGEN UND VERBORGENE KRÄFTE
Kreuzkümmel wird zur Anregung der Verdauung empfohlen, er löst Blähungen und entspannt den Darm. Im Ayurveda wird er gegen Schlaflosigkeit, Erkältungen und Fieber eingesetzt. Laut TCM wirkt er wärmend und wird dem Metall zugeordnet. Hildegard von Bingen empfiehlt ihn zu rohem, gekochtem oder gebratenem Käse, „damit man davon keine Schmerzen leide".

kümmel
das braten- und brotgewürz
{carum carvi}

Kümmel ist DAS Gewürz des deutschsprachigen Raums. In Österreich, Deutschland und der Schweiz wurde er schon immer vielseitig eingesetzt. Am bekanntesten ist Kümmel als Brotgewürz. Auch Schweinebraten, Kohl und Sauerkraut leben von seinem scharfen, bittersüßen Aroma. Die braunen Samen verleihen auch vielen nordafrikanischen Gemüsegerichten ihren typischen Geschmack – die marokkanische Kümmelsuppe allerdings ist zweifelsfrei nur etwas für echte Kümmelfans. Eine Prise Kümmel im Salat schmeckt winterlich gut. Kartoffelsuppe und Topfen (Quark) erlangen durch Kümmel einen markanten Geschmack.

WISSENSWERTES
Fälschlicherweise wird meist von Kümmelsamen gesprochen, obwohl es tatsächlich die Kümmelfrüchte sind, die wir verwenden. Der Ursprung der Kümmelpflanze liegt in Westasien oder Mitteleuropa, wo sie noch immer angebaut wird. Qualitativ hochwertiger Kümmel gedeiht besonders gut auf den Böden des niederösterreichischen Waldviertels. Durch das Klima, die Böden und die vielen Sonnenstunden bietet die Region ideale Voraussetzungen für den Kümmelanbau, der vor allem von Biobauern betrieben wird. Kümmel gehört zur Familie der Doldenblütler. Seit dem Mittelalter gibt es Aufzeichnungen von Mönchen, dass besonders aromatischer Wiesenkümmel im Waldviertel gesammelt wurde. Die Pflanze hat hellgrüne, zart gefiederte Blätter und in Dolden herabhängende Blüten. Kümmel enthält bis zu 7 Prozent ätherisches Öl, dessen Aroma vor allem Carvon und Limonen ausmacht.

TIPP
Viele Leute wollen es vermeiden, direkt auf Kümmel zu beißen. Wer möchte, kann das Gewürz daher in einem Leinensäckchen mitkochen und vor dem Servieren entfernen.

HARMONIERT MIT
Knoblauch, Koriander, Petersilie, Thymian, Wacholder

WIRKUNGEN UND VERBORGENE KRÄFTE
Seit jeher ist Kümmel ein Hausmittel gegen Blähungen und Mundgeruch. Er wird dazu als Tee empfohlen oder stark blähenden Speisen hinzugefügt. Außerdem soll das Gewürz milchbildende Eigenschaften haben. Die Grundeigenschaften im Ayurveda sind leicht und trocken, der Geschmack ist scharf. Kümmel wird zur Verringerung von Vata und Kapha eingesetzt.

---

kurkuma
kraftvolles gelb mit viel geschmack
{curcuma demstica}

Die charakteristische goldgelbe Farbe ist jenen wohlbekannt, die nach dem Kochen versuchen, sie verzweifelt von Fingern und Schneidbrett zu entfernen. Aber Kurkuma-hältige Speisen sind durch die starke Färbkraft nicht nur hübsch anzusehen, das Gewürz erfüllt sie auch mit einem holzigblumigen Duft. Kurkuma gehört in Curry-Mischungen und passt großartig in Reisgerichte, Eintöpfe und zu Linsen. Sehr gut harmoniert das erdige Gewürz auch mit Auberginen, Spinat, Huhn und Fisch. Beim nächsten marokkanischen Abend darf es nicht fehlen.

WISSENSWERTES
Kurkuma gehört in die Familie der Ingwergewächse. Bis dato ist nicht klar, woher Kurkuma ursprünglich stammt, wahrscheinlich kommt es aus Südostasien. Das ätherische Öl des Wurzelstocks besteht zum erheblichen Anteil aus Turmeron.

TIPP
Um das Aroma zu intensivieren, ist es vor dem Hinzufügen anderer Zutaten empfehlenswert, das Gewürz in Pflanzenöl oder Ghee (Butterschmalz) zu erhitzen und kurz aufschäumen zu lassen.

HARMONIERT MIT
Knoblauch, Koriandersamen, Ingwer, Chili, Zimt, Basilikum

WIRKUNGEN UND VERBORGENE KRÄFTE
Im Allgemeinen gilt Kurkuma als wärmendes und reinigendes Heilmittel, das die Blutbildung anregt. Im Ayurveda wird es außerdem bei Hautproblemen eingesetzt, während die TCM ihm eine wärmende Wirkung zuordnet.

* wiesenkümmel

lemongras
die frische südostasiens
{cymbopogon citratus}

Der frische, zitronige Geschmack von Lemongras passt in das warme, feuchte Klima Vietnams und Thailands. Dort ist die Pflanze besonders beliebt: Fisch, Hühnerfleisch, Meeresfrüchte, Suppen und Gemüse werden mit den grünlich-weißen Stängeln verfeinert. Mit Zitronengras und Limettensaft marinierter und gebratener Fisch ist ein sehr feines Sommergericht. Geschnittenes Lemongras mit kochendem Wasser aufgegossen ergibt einen erfrischenden, durstlöschenden Tee. Wer Lust auf Neues hat, kann auch Kompotte mit Lemongras aromatisieren.

WISSENSWERTES

Lemongras gehört zur Familie der Süßgrasgewächse und ist in Süd-, Südostasien und Australien heimisch. Kultiviert wird Zitronengras in Singapur, Thailand und Vietnam sowie auch in Indien, wo es aber nur für Tee, nicht zum Kochen verwendet wird.

TIPP

Frische Zitronengras-Halme werden vor Gebrauch geschnitten und zerdrückt, wobei nur die unteren 10 cm des Stängels verwendet werden. Möchte man die getrockneten Halme verwenden, ist es gut, sie vorher kurz in heißem Wasser einzuweichen.

HARMONIERT MIT

Basilikum, Chili, Galgant, Ingwer, Knoblauch, Kokosmilch, Korianderblättern, Kurkuma, Zimt, Nelken

WIRKUNGEN UND VERBORGENE KRÄFTE

Zitronengras soll gegen nervösen Magen helfen, fiebersenkend sein und Nervosität bekämpfen. Der zitronige Duft stimmt heiter und wirkt erfrischend bei Müdigkeit. Lemongras fördert auch die Verdauung.

liebstöckel
suppenwürze à la nature
{levisticum officinale}

Liebstöckel, das klassische Suppenkraut, hat ein herbes, moschusartiges Aroma mit Noten von Anis, Zitrone und Hefe. Sein Geschmack ähnelt jenem von Sellerie, ist aber intensiver. Liebstöckel nur für Suppen zu verwenden, wäre aber ein Fehler. Das starke Aroma passt sehr gut in Eintöpfe mit Wurzelgemüse, zu Gemüsegerichten und zu Hülsenfrüchten. Wer ein schnelles Essen braucht, dem sei Eierspeise mit Kürbiskernöl und Liebstöckel empfohlen. Das grüne Kraut vermag auch Fleisch, vor allem Lamm oder Schwein, mit seinem intensiven Geschmack zu durchdringen. Jenen, die den Sommer schon herbeisehnen, bringt Blattsalat mit etwas Liebstöckel sommerlichen Geschmack ins Haus.

WISSENSWERTES

Das Wort Liebstöckel oder Luststock, wie es mancherorts heißt, hat nicht so viel mit Liebe zu tun, wie man vermuten möchte. Die Bezeichnung entspringt dem Volksmund und leitet sich von anderen europäischen Sprachen ab (z.B. Livèche, französisch, Lipstikka, estnisch, oder libecek, slowenisch). Liebstöckel gehört zur Familie der Doldenblütler. Es wächst zu einer hohen, stattlichen Pflanze heran, wenn man es lässt. Die großen Blätter sind dunkelgrün und gefiedert, die Stängel hohl und gefurcht. Das ursprünglich wahrscheinlich aus Zentralasien stammende Kraut hat sich zu einem echten Europäer entwickelt und wird fast nur dort kultiviert und verwendet. Auf den Böden des Waldviertels gedeiht Liebstöckl auch in Österreich sehr gut. Für das intensive Aroma sind die sogenannten Phtalide verantwortlich, deren chemische Struktur jener von Sotolon, das sich in Maggi-Sauce findet, sehr ähnelt.

TIPP

Liebstöckelblätter werden am besten getrocknet gekauft, sie bewahren ihr würziges Aroma auch in diesem Zustand. Wenn man noch etwas von den anderen Zutaten schmecken möchte, empfiehlt es sich, das Kraut eher sparsam einzusetzen.

HARMONIERT MIT

Chili, Knoblauch, Dill, Kümmel, Lorbeer, Oregano, Petersilie, Schnittlauch, Thymian, Wacholder

WIRKUNGEN UND VERBORGENE KRÄFTE
Die Volksmedizin schwört auf Liebstöckel bei Blähungen und Verdauungsbeschwerden. Es soll auch gegen Blasenentzündung helfen, schleimlösend sein und Aufstoßen bekämpfen. Hildegard von Bingen rät Magenkranken, täglich Liebstöckel, Fenchel und Brennnessel in Brot verbacken zu verzehren. In der TCM wird nur die Wurzel des Suppenkrautes verwendet und gegen Ödeme, Nierenbeckenentzündung und Ausfluss eingesetzt.

lorbeer
von apollos kopf auf unseren teller
{laurus nobilis}

Während Lorbeer bei den Römern und Griechen ein Symbol der Weisheit war, hat er es im Laufe der Jahrhunderte geschafft, sich als Gewürz durchzusetzen. Es wäre auch äußerst schade, wenn er nicht in unsere Teller gelangt wäre. Mittlerweile ist er regelmäßig in Suppen und Ragouts dort zu finden. Das süße, muskatartige Balsamaroma der Blätter macht sich außerdem sehr gut auf Lamm-, Rind- und Wildbraten und in marokkanischen Tajines. Wer Fisch zubereitet, füllt dessen Bauch am besten mit Zitrone, Fenchel und Lorbeer und kommt so zu einem besonders köstlichen Gericht.

WISSENSWERTES
Lorbeer zählt zur Familie der Lorbeergewächse. Ursprünglich kommt der Lorbeerbaum aus Kleinasien, der heutige Hauptproduzent der Blätter ist die Türkei. Die Hauptkomponenten des ätherischen Öls sind Cineol und Eugenol.

TIPP
Beim Kauf der getrockneten Blätter sollte darauf geachtet werden, dass diese noch grün und nicht braun sind. Die Blätter können gehackt oder im Ganzen lange mit den Speisen mitgekocht werden. Ganze Lorbeerblätter werden am besten vor dem Servieren entfernt.

HARMONIERT MIT
Bohnenkraut, Knoblauch, Majoran, Oregano, Petersilie, Thymian, Salbei, Wacholder

WIRKUNGEN UND VERBORGENE KRÄFTE
Lorbeerblätter sollen die Verdauung anregen und antibakteriell wirken. Hildegard von Bingen empfiehlt sie zur Magenreinigung. Laut TCM wirkt das Gewürz wärmend.

majoran
oreganos bruder
{majorana hortensis}

Majoran ist sozusagen der große Bruder des Oregano. Beide stammen aus der Familie der Lippenblütler, weshalb sie sich verblüffend ähnlich sehen. Die von Geschwistern zu erwartende Harmonie bleibt bei den Gewürzen allerdings aus. In der Küche gilt das Motto: Entweder das eine oder das andere. Majoran hat ein wesentlich milderes, feineres Aroma als Oregano, schmeckt im Vergleich dazu weniger pfeffrig und fein süßlich. Sein feines Aroma passt gut zu deftigen Wintergerichten wie Kartoffelsuppe, zu Fleischeintöpfen oder Wildgerichten, in denen er besonders gut mit Lorbeerblatt und Wacholder harmoniert. Majoran schmeckt auch vorzüglich zu Kohlgerichten oder Hülsenfrüchten. Sein mild-süßliches Aroma entfaltet sich außerdem gut in Salaten und auf Frischkäse.

WISSENSWERTES
Nicht umsonst werden Majoran und Oregano (sowie übrigens auch Thymian) in den Ländern des östlichen Mittelmeerraums oft mit demselben Namen bezeichnet. Alle drei stammen aus der Familie der Lippenblütler. Majoran und Oregano haben beide weiche, fein behaarte, grüne oder grün gesprenkelte Blättchen und weiße oder rosa Blüten. Majoran findet in Mittelmeerregionen und Vorderasien den idealen Boden zum Gedeihen. In Österreich findet Majoran im Waldviertel gute Wachstumsbedingungen. Aromabestimmend ist ein Monoterpen-Alkohol. Phenole, die den Charakter von Oregano bestimmen, fehlen bei Majoran hingegen völlig.

TIPP
Majoran eignet sich sehr gut zum Trocknen. Die getrockneten Blätter sollten eine grau-grüne Farbe haben und die Härchen darauf noch erkennbar sein. Sowohl bei frischem als auch bei getrocknetem Majoran ist es gut, ihn eher am Ende der Garzeit hinzuzufügen, damit das feine Aroma nicht verdampft.

HARMONIERT MIT
Lorbeerblatt, Wacholder, Thymian, Salbei, Rosmarin, Knoblauch, Paprika

WIRKUNGEN UND VERBORGENE KRÄFTE
Schon die Griechen bauten Majoran nicht nur als Küchen-, sondern auch als Heilkraut an. Sie schrieben ihm libidofördernde Eigenschaften zu. Die Volksmedizin empfiehlt Majoranaufgüsse gegen Heuschnupfen und zur Anregung einer trägen Verdauung. Majoran wird außerdem als „Frauenkraut“ bezeichnet und gegen Menstruationsbeschwerden eingesetzt. Die ayurvedischen Grundeigenschaften des Majoran sind leicht, trocken und spitz; er soll erhitzend wirken, Vata und Kapha vermindern und Pitta vermehren. Laut TCM leitet er Feuchtigkeit und Schleim aus dem Kopf und der Lunge. Außerdem erwärmt Majoran Milz, Magen sowie die Gebärmutter und bewegt das Blut und das Leber-Qi.

---

nelken
würze für kompott, glühwein und noch viel mehr
{engenia caryophyllus}

Kompott, Punsch oder Glühwein und weihnachtliche Tees sind ohne den intensiven fruchtig-scharfen, pfeffrigen Geschmack der Gewürznelken nicht vorstellbar.
Dennoch gibt es weltweit viele köstliche Kreationen mit Nelken, die bei uns wenig bekannt sind. Wer arabisch kocht, sollte Nelken im Haus haben, in Zwiebel gesteckte Nelken werden oft in Eintöpfen oder Reis mitgekocht. Außerdem sind sie wichtiger Bestandteil des Fünf-Gewürze-Pulvers und der aromatischen indischen Gewürzmischung Garam Masala. Und wer diese probiert hat, muss nicht länger überzeugt werden...

WISSENSWERTES
Nelken gehören in die Familie der Myrtengewächse, wir verzehren die Blütenknospen. Der Nelkenbaum ist in Indonesien heimisch, wird dort aber erst seit den 80er-Jahren wieder gezüchtet. Der heute weltweit größte Produzent ist die Insel Pemba, die zu Tansania gehört.

TIPP
Nelken in guter Qualität sollten sauber und unversehrt sein und auf Druck mit den Fingernägeln etwas Öl ausscheiden. Nelkenpulver sollte dunkelbraun sein, eine sandige Farbe würde auf mitvermahlene Blütenstängel hinweisen.

HARMONIERT MIT
Chili, Ingwer, Zimt, Tamarinde, Kardamom, Fenchel, Sternanis, Lorbeer, Koriandersamen, Muskat

WIRKUNGEN UND VERBORGENE KRÄFTE
Nelken werden aufgrund ihrer antibakteriellen, desinfizierenden Wirkung sowohl in der europäischen als auch in der chinesischen und der ayurvedischen Heilkunde verwendet. Als Hausmittel werden Nelken bei Zahnschmerzen eingesetzt, die leicht betäubende und entzündungshemmende Wirkung schafft Linderung.

---

oregano
das pizzaaroma
{origanum vulgare}

Oregano riechen – an Pizza denken. Obwohl die ursprüngliche Pizza gar nicht mit Oregano, sondern mit Basilikum gewürzt war, wird Oregano heute unweigerlich mit der italienischen Flade in Verbindung gebracht. Aber auch das Gesamtkunstwerk der italienischen Küche an sich wäre unvollkommen ohne das herbe, pfeffrige, bitter-scharfe Gewürz. Tomatensugo ohne Oregano – nicht auszudenken. Die Mitteleuropäer haben sich inzwischen von den Italienern schon einiges abgeschaut und verwenden Oregano gerne in Gemüsegerichten und Pastasaucen. Es passt auch gut in scharfe Speisen. Und, wer weiß, vielleicht findet sich Oregano gerade deshalb in mexikanischen Gerichten wie Taco-Füllungen und Bohnen. Die Griechen sind Oregano gegenüber ebenfalls nicht abgeneigt, so stammt von ihnen doch der Name, der „Bergfreude“ bedeutet. Schafskäse mit Olivenöl und Oregano in Alufolie einpacken und auf den Grill legen, ein lauer Sommerabend und ein Glas Wein – so lässt sich der Griechenland-Urlaub zu Hause fortsetzen.

WISSENSWERTES
Oregano benötigt viel Sonne und einen durchlässigen Boden zum Wachsen, deshalb stammt das Kraut ursprünglich aus

dem Mittelmeerraum und aus Vorderasien. In Österreich gedeiht er auch gut im Burgenland. Wie Majoran und Minze zählt das Kraut zur Familie der Lippenblütengewächse. Für den typischen Geschmack sind vor allem die beiden ätherischen Öle Thymol und Carvacrol verantwortlich.

TIPP

Die Blätter verfärben sich im getrockneten Zustand nur minimal und sollten hellgrün bis hellbraun sein.

HARMONIERT MIT

Basilikum, Chili, Knoblauch, Kreuzkümmel, Lorbeer, Paprika, Petersilie, Rosmarin, Salbei, Thymian

WIRKUNGEN UND VERBORGENE KRÄFTE

In der Volksmedizin wird Oregano zum Lösen von Menstruationskrämpfen und gegen Schlafstörungen eingesetzt. Er soll außerdem krampflösend, verdauungs- und appetitanregend wirken. Laut Ayurveda wirkt Oregano energetisch erhitzend, vermindert Vata und Kapha bzw. vermehrt Pitta. Die TCM ordnet Oregano in frischer Form dem Element Feuer und getrockneten Oregano dem Metall zu, beide Formen sollen wärmend wirken.

---

paprika
süß, scharf, rot
{capsicum anuum}

Der Gedankensprung von Paprika zu Ungarn liegt auf der Hand, hat das Land dem Gewürz doch zu einiger Bekanntheit verholfen. Ungarische Gerichte wie Paprikahuhn und Gulasch leben vom süßlich-rauchigen, zarten und mehr oder weniger scharfen Aroma des tiefroten Pulvers. Paprika ist aber auch im Rest der Welt beliebt. Er ist Bestandteil vieler marokkanischer Gewürzmischungen und wird als solcher gerne marokkanischen Eintöpfen, den Tajines, hinzugefügt. Auch in der spanischen Tortilla ist das rote Pulver ein Muss, wobei dafür meist die etwas schärfere Variante bevorzugt wird. Paprika ist vielseitig, und es gibt fast nichts, wozu er nicht passt. Wer ihn mag, dem sei etwas Experimentierfreude empfohlen.

WISSENSWERTES

Das ungarische Nationalgewürz stammt eigentlich aus dem südamerikanischen Raum, von wo aus es zunächst nach Mexiko gelangte. Die zur Familie der Nachtschattengewächse gehörende Paprikapflanze wird heute fast überall auf der Welt kultiviert, europäische Hauptproduzenten sind Ungarn und Spanien. Nach dem Trocknen der Früchte (botanisch korrekt: Beeren) werden Kerne, Frucht- und Scheidewände getrennt voneinander vermahlen und erst später je nach Bedarf wieder vermischt – je mehr Frucht, desto milder, je mehr Kerne, desto schärfer.
Für die Paprikaschärfe ist Capsaicin verantwortlich, das je nach Sorte in unterschiedlichen Mengen enthalten ist.

TIPP

Paprika wird am besten als Pulver gekauft. Je schärfer die verwendete Sorte ist, desto später sollte sie dem Gericht hinzugefügt werden. Mildere Sorten können früher in den Topf gelangen. Zu hohe Hitze lässt den hohen Zuckeranteil in Paprika karamellisieren, was das Gericht bitter macht. Paprika in heißem Öl zu erhitzen, sollte daher besser vermieden werden.

HARMONIERT MIT

Ingwer, Kardamom, Knoblauch, Rosmarin, Safran, Piment, Pfeffer, Kümmel, Kurkuma, Petersilie, Thymian

WIRKUNGEN UND VERBORGENE KRÄFTE

Die Volksmedizin spricht Paprika durch seine Schärfe verdauungsfördernde Wirkung zu. Außerdem soll er antibakteriell, ableitend und anregend für die Nieren sein. Laut TCM wirkt Paprika erfrischend und wird dem Element Erde zugeordnet.

petersilie
der promi unter den kräutern
{petroselinum crispum}

Petersilie passt nie nicht dazu. Vielleicht gehört sie deshalb zu jenen Küchenkräutern, die in der mitteleuropäischen Küche unverzichtbar scheinen. Oder es hat etwas damit zu tun, dass Petersilie die Aromen anderer Gewürze zu verstärken imstande ist. Das Kraut mit den glatten oder krausen Blättern wird in unseren Breiten jedenfalls gerne, oft und für zahlreiche Gerichte verwendet. Neben Suppen, Salaten und Erdäpfeln, zu denen das zitronen- und anisartige, würzige Aroma der Petersilie gut passt – keine Frage –, lassen sich mit dem Kraut auch kreative Gerichte zaubern. Sehr empfehlenswert ist auch ein orientalischer Petersiliensalat: Viel (nicht sparen!) Kraut fein hacken und mit etwas Tomaten vermengen, darüber ein Dressing aus Zitrone, Salz und Olivenöl geben. Außerdem harmoniert Petersilie sehr gut mit Fisch, Eiern, Gemüse – und mit fast allem, worauf man Lust hat.

WISSENSWERTES
Petersilie gehört zur Familie der Doldenblütengewächse und ist in zwei Sorten erhältlich: Dass krause Petersilie (crispum) weniger intensiv schmeckt als ihr breit- und glattblättriger (latifolium) Verwandter, liegt vor allem daran, dass sie viel weniger ätherisches Öl enthält. Dessen Zusammensetzung ist bei beiden Sorten allerdings fast gleich. Hauptkomponenten (10 – 30 Prozent) sind Myristicin, Limonen und 1,3,8-p-Menthatrien.
Im Gegensatz zu den beiden erwähnten Sorten hat Wurzelpetersilie (tuberosum) weiche, weiße, essbare Wurzeln, die sich in Suppen und anderen Gerichten einiger Beliebtheit erfreuen. Das Kraut stammt wahrscheinlich aus dem ost-mediterranen Raum und wird heute in fast allen gemäßigten Klimazonen kultiviert. In Österreich gedeiht es auch gut im Burgenland und in Oberösterreich.

TIPP
Petersilie ist fast das ganze Jahr über frisch erhältlich, obwohl manche Züchtungen leider nicht besonders aromatisch sind. Wenn das Rezept nicht nach dem frischen Kraut verlangt, ist es in diesem Fall oft besser, zu getrockneter Petersilie in guter Qualität zu greifen.

HARMONIERT MIT
fast allen Gewürzen und Kräutern

WIRKUNGEN UND VERBORGENE KRÄFTE
In der Volksmedizin spielt Petersilie eine wichtige Rolle. Die Wurzel soll krampflösend bei Menstruationsbeschwerden sein, gegen Gicht und Rheuma wirken und den Atem reinigen. Bei Muskelzerrungen, Bienen- und Wespenstichen sollen zerriebene, frische Petersilienblätter aufgelegt werden, um diese zu lindern. Bei übermäßiger Verwendung kann Petersilie laut Ayurveda Vata und Kapha vermindern und Pitta vermehren. Ihre energetische Wirkung soll schwach erhitzend sein. In der TCM wird Petersilie dem Element Holz zugeordnet und wirkt ebenfalls wärmend. Petersilie ist auch in der aphrodisierenden Küche eine unverzichtbare Zutat.

pfeffer
mehr als niespulver
{piper nigrum}

Historisch betrachtet ist echter Pfeffer das wichtigste Gewürz der Welt, er hat die Kolonialgeschichte wesentlich beeinflusst. Ohne ihn wären die Europäer nie gen Osten aufgebrochen, denn die Geschichte des Gewürzhandels war im Grunde nichts anderes als die Suche nach Pfeffer. Fast ebenso bedeutsam war Pfeffer auch kulinarisch. Er spielt auch heute in fast allen Küchen der Welt noch eine wichtige Rolle. Und: Pfeffer ist mehr als das schwarze Niespulver, das wir in der Mitte des Gasthaus-Tisches finden. Pfeffer ist ein Gewürz mit unglaublich vielen Geschmacksnuancen, die nach und nach wieder entdeckt werden.
Bei schwarzem, grünem und weißem Pfeffer handelt es sich nicht um unterschiedliche Pfeffersorten, die drei unterscheiden sich nur durch ihren Reifungszustand und den Bearbeitungsgrad.

GRÜNER PFEFFER
Grüner Pfeffer ist sehr aromatisch und nur leicht scharf. Die unreifen Pfefferfrüchte werden noch grün geerntet und entweder mit einem Spezialverfahren getrocknet oder rasch in Essig oder Salzlake eingelegt, damit sie ihre grüne Farbe behalten. In der Küche kann grüner Pfeffer als Ganzes oder

(frisch!) gemahlen verwendet werden. Er schmeckt herrlich in Saucen, wie der klassischen Pfeffersauce, und auf frisch gebratenem Fleisch und Fisch. Die getrockneten grünen Pfefferkörner können vor Verwendung auch in Wasser eingeweicht werden, um dann Suppen und Fonds damit zu verfeinern. Frische Erdbeeren mit grünem Pfeffer und Schlagobers sind eine Erfahrung, die an Sinnlichkeit nicht zu übertreffen ist.

SCHWARZER PFEFFER
Die getrockneten, ungeschälten Körner des Pfeffersamens haben einen feinen, fruchtigen Geruch und einen intensiven, scharfen, durchdringenden Geschmack. Die Früchte werden knapp vor ihrer vollständigen Reife geerntet und danach getrocknet. Schwarzer Pfeffer ist vielseitig einsetzbar und wird ganz, zerstoßen oder frisch gemahlen verwendet. Er verfeinert und schärft pikante wie auch süße Speisen: Salate, Dressings, frische Pasta, Fleisch, Fisch und Lebkuchen brauchen dringend etwas von seiner Schärfe. Die Liste könnte jedoch noch lange fortgesetzt werden, denn es gibt fast nichts, wozu schwarzer Pfeffer nicht passt. Ob es die richtige Strategie ist, ihn sicherheitshalber in jedes Gericht zu geben, sei dahingestellt.

WEISSER PFEFFER
Um weißen Pfeffer zu gewinnen, werden die schwarzen vollreifen Früchte geerntet und danach ca. eine Woche in Wasser eingeweicht. Das Mesocarp, die äußere Hülle, zerfällt dabei und wird so vom Endocarp abgetrennt. Während die Hülle vor allem Zucker und flüchtige Aromastoffe enthält, sitzt die gesamt Schärfe im Endocarp. Weißer Pfeffer enthält daher die gesamte Schärfe des schwarzen Pfeffers und ist weniger aromatisch. Er schmeckt sehr gut auf Geflügel, Fisch und in hellen Saucen, sollte aber ob seiner Schärfe eher sparsam verwendet werden.

ROSA PFEFFER (Schinus terebinthifolius Raddi)
Rosa Pfeffer gehört eigentlich nicht hierher, weil er nicht mit dem Pfeffer verwandt ist. Der Vollständigkeit halber und weil er sich in zahlreichen Pfeffermischungen findet, soll er aber nicht vorenthalten werden. Rosa Pfeffer gehört zur Familie der Anacardiaceae (Sumachgewächse). Der Schinus-Baum trägt rosa, beerenartige Früchte, die süßlich, leicht harzig und ähnlich wie Wacholder schmecken. Rosa Pfeffer wird in Peru, Brasilien und auf der Insel Reunion kultiviert. Wer sein Gericht mit rosa Pfeffer verfeinern möchte, sollte dies eher bei ansonsten mild gewürzten Gerichten tun. Rosa Pfeffer schmeckt mild und nicht besonders intensiv, er passt zu Fisch, Spargel und anderem Gemüse. Er ist einfach schön anzusehen, weshalb er in so vielen Pfeffermischungen vorkommt und gut für Deko-Effekte eingesetzt werden kann.

WISSENSWERTES
Piperin ist jene Substanz, die im Pfeffer für die Schärfe verantwortlich und bis zu 5 Prozent enthalten ist. Die bedeutendsten Pfefferanbauländer sind heute Indien und Indonesien. Das Gewürz wird aber auch in Thailand, China, Vietnam und Brasilien angebaut. Im Pfefferhandel werden die Sorten nach ihrem Herkunftsgebiet unterschieden. Die wichtigsten indischen Anbaugebiete sind dabei Malabar und Tellicherry, während in Indonesien Sarawak und Lampong die bedeutendste Rolle spielen.

TIPPS
Pfeffer am besten nur frisch gemahlen oder zerstoßen verwenden und eher gegen Ende der Kochzeit hinzufügen, da sein Aroma flüchtig ist. Bei der Zubereitung von pfefferhaltigen Gerichten ist es ratsam, vorher für gute Belüftung der Küche zu sorgen, um die Familie vor Husten-, Nies- und Weinanfällen zu schützen.

HARMONIERT MIT
fast allen Gewürzen und Kräutern

WIRKUNGEN UND VERBORGENE KRÄFTE
In der Volksmedizin wird dem Pfeffer eine antibakterielle, verdauungs- und appetitanregende Wirkung nachgesagt. Er soll den Kreislauf anregen und gegen Schwindel, Übelkeit und Verstopfung wirksam sein. Die ayurvedischen Grundeigenschaften des Pfeffers sind leicht und spitz, seine Verdauungswirkung ist scharf. Er vermehrt Pitta und vermindert Vata und Kapha. Die TCM spricht von der heißen Wirkung des Pfeffers und ordnet ihn dem Element Metall zu. Er steigert die Hitze im mittleren Erwärmer und wird bei Impotenz eingesetzt.

rosmarin
abzweigung zum mittelmeer
{rosmarinus officinalis}

Hat man den Duft von Rosmarinzweigen in der Nase, beginnt die Gedankenreise zum Urlaub ans Mittelmeer oft schneller, als es einem lieb ist. Der herbe Duft und der pfeffrig-harzige, kampferartige Geschmack des Rosmarins stehen für la dolce vita. Und das kommt nicht von ungefähr, charakterisiert das Gewürz doch eine Reihe von mediterranen Gerichten. Die grünen, nadelartigen Blätter verfeinern italienische Gemüse- und Tomatengerichte, bei deren Zubereitung es ratsam ist, nicht mit Olivenöl zu sparen. Egal ob mediterran oder klassisch zubereitet, Rosmarinzweige sollten jedes Brathuhn garnieren und werden dringend zu Lammfleisch empfohlen. Selbstgebackenes Brot mit Rosmarin, eine Tasse bestes Olivenöl, ein Glas Wein – und der Abend ist gerettet.

WISSENSWERTES
Rosmarin ist ein Lippenblütengewächs, das ursprünglich aus dem Mittelmeerraum kommt. Er gehörte zu jenen Kräutern, die in den mittelalterlichen Klostergärten angebaut wurden. Die Beliebtheit der Pflanze stieß nördlich der Alpen wegen der geringen Frostfestigkeit aber schnell an ihre Grenzen. Erst die moderne Züchtung machte es möglich, dass heute einige kältetolerante Sorten existieren.
Das komplexe Aroma von Rosmarin wird durch das bis zu 2,5 Prozent enthaltene ätherische Öl bestimmt, das zum größten Teil aus Cineol, Kampfer und alpha-Pinen besteht.

TIPP
Die nadelartigen Blätter sollten auf jeden Fall vor Verwendung etwas im Mörser zerstoßen werden. Wer nicht auf die oft zähen Blätter beißen möchten, kocht einfach den ganzen Zweig mit und entfernt ihn vor dem Servieren.

HARMONIERT MIT
Knoblauch, Bohnenkraut, Minze, Liebstöckel, Lavendel, Oregano, Petersilie, Salbei, Thymian, Kurkuma, Ingwer

WIRKUNGEN UND VERBORGENE KRÄFTE
Die Volksmedizin glaubt an die Wirkung des Rosmarin in vielerlei Hinsicht: Von krampflösend über tonisch, appetitanregend, keimtötend bis durchblutungsfördernd werden Rosmarin so ziemlich alle Wirkungen zugeschrieben. Außerdem soll er gegen Lethargie und Schwächezustände helfen. Auch in der TCM wird Rosmarin bei Schwächezuständen, bei Migräne und gegen Kopfschmerzen eingesetzt. Rosmarin nährt Herz-, Lungen- und Milz-Qi, aktiviert das Qi des mittleren Erwärmers und vertreibt Kälte. Laut Ayurveda vermindert das Gewürz Vata und Kapha und vermehrt Pitta. Seine Grundeigenschaft ist ölig, seine Geschmackskategorie bitter und scharf.

---

safran
der rote luxus
{crocus sativus}

Es ist mittlerweile gut bekannt, dass Safran das teuerste Gewürz der Welt ist. Das ist auch nicht weiter verwunderlich: 150.000 Krokusblüten, so viele wie auf einem etwa 2000 m^2 großen Feld, sind nötig, um ein Kilo getrockneten Safran zu gewinnen. Einige wenige der rot-orange Fäden reichen jedoch völlig aus, um Ihrem Gericht diesen erdigen, moschusartigen, leicht scharfen Geschmack mit bitterem Abgang zu geben. Dass das Luxusgewürz wichtigster Bestandteil des spanischen Nationalgerichtes Paella ist, kann kein Zufall sein, ist Spanien doch weltweit der Hauptproduzent des Safrankrokus. Aber auch das italienische Risotto Milanese, das orientalische Gemüse Pilaw oder die provenzalische Bouillabaisse leben vom Safrangeschmack. Safran hat aber auch Schleckermäulern etwas zu bieten: Desserts, süßes Brot und Gebäck mit ein wenig rotem Luxus sind sehr zu empfehlen.

WISSENSWERTES
Bei den rot-orange Safranfäden handelt es sich um die Narben des Safrankrokusses, der zur Familie der Schwertliliengewächse gehört. Die lila blühenden Krokusse wachsen im Mittelmeerraum und Kleinasien. Neben den Hauptproduzenten Iran und Spanien, wo Safran vor allem rund um La Mancha kultiviert wird, stellen auch Griechenland (Kreta), Italien und Indien beachtliche Mengen des Luxusgewürzes her. Für die intensive rote Farbe sind verschiedene Carotin-Farbstoffe und Crocetin verantwortlich. Das typische Aroma kommt größtenteils vom Terpenaldehyd Safranal.

TIPP

Gönnen Sie sich den roten Luxus, aber tun Sie dies besser nicht auf Touristenmärkten, wo Sie Safran schon gar nicht in gemahlener Form erstehen sollten. Zu oft werden Saflor, Ringelblumenblüten oder Kurkuma als Safran ausgegeben. Noch ein Tipp: Zerstoßen Sie die Fäden im Mörser und fügen Sie den Safran erst gegen Ende der Kochzeit der Garflüssigkeit hinzu. Enthält die Speise nur wenig Flüssigkeit, Fäden vorher in heißem Wasser lösen und den roten Luxus gegen Ende der Garzeit zugeben.

HARMONIERT MIT

Vanille, Anis, Fenchel, Kardamom, Muskat, Pfeffer, Zimt, Rosenknospen

WIRKUNGEN UND VERBORGENE KRÄFTE

In der Homöopathie wird Safran zur Behandlung von Depressionen und Unruhezuständen verwendet. Die Volksmedizin sagt Safran verdauungs- und menstruationsfördernde Wirkungen nach, die bitteren Stoffe sollen außerdem appetitanregend wirken. Nach Ayurveda wirkt Safran ausgleichend auf alle drei Doshas (Vata, Pitta, Kapha) und seine energetische Wirkung ist erhitzend. Die TCM ordnet Safran dem Element Erde zu und spricht von einer neutralen Wirkung des Gewürzes. Safran ist auch als Aphrodisiakum bekannt und ist daher unverzichtbar für die aphrodisierende Küche.

salbei
küche versus hausapotheke
{salvia officinalis}

So wirksam er verschiedene Leiden auch bekämpfen mag (s. u.), Salbei hat sich auch seinen Platz in der Küche verdient. Die Menschen Mitteleuropas schätzen sein herbes, kampferartiges, mildes Aroma und verwenden ihn in fett- und ölhältigen Speisen. Ente, Gans und Schweinefleisch werden damit verfeinert. Wer ein schnelles Essen braucht, kann Salbei bei kleiner Flamme in Butter braten, bis er knusprig ist: Mit ein wenig Parmesan über Pasta oder Polenta gestreut, ergibt das einen aromatischen Genuss, der seinesgleichen sucht. Die Südeuropäer sind insgesamt kreativer im Umgang mit den langen, genoppten Blättern. Italienisch zubereitete Leber oder Saltimbocca wären nicht existent ohne Salbei. Auch die Griechen lieben ihn für Fleischragouts, Hühnergerichte oder als Tee.

WISSENSWERTES

Salbei kommt aus der Familie der Lippenblütler und gedeiht am besten auf warmen, trockenen Böden. Gewürzsalbei stammt aus dem Mittelmeerraum und wird vor allem in Mitteleuropa angebaut, wo er von Frühling bis Herbst geerntet wird. In Österreich gedeiht Salbei auch bestens im Burgenland. Das Aroma wird von den beiden ätherischen Ölen Thujon und Kampfer bestimmt.

TIPP

Während des Jahres kauft und verwendet man Salbei am besten in getrockneter Form. Ab Juli kann man ihn auf Märkten frisch erstehen oder – den grünen Daumen vorausgesetzt – aus dem eigenen Garten ernten. In trockener Form ist sein Aroma stärker, daher kann er sparsamer hinzugefügt werden.

HARMONIERT MIT

Bohnenkraut, Ingwer, Knoblauch, Kümmel, Liebstöckel, Lorbeer, Majoran, Petersilie, Sellerie, Thymian

WIRKUNGEN UND VERBORGENE KRÄFTE

Salbei wurde lange Zeit nur für medizinische Zwecke verwendet. Sein Ruf als Heilmittel ist berechtigt, zumindest in der Volksmedizin ist man von seiner Heilkraft überzeugt. Er soll verdauungsfördernd, tonisch, antiseptisch und entzündungshemmend wirken. Hildegard von Bingen empfiehlt, Salbeipulver mit Brot zu essen, um die „schlechten Säfte" zu reduzieren. Gegen Mundgeruch rät sie, in Wein gekochten Salbei oft zu trinken. Laut Ayurveda vermehrt Salbei Pitta und vermindert Kapha. Die Grundeigenschaft ist leicht, seine energetische Wirkung leicht erhitzend. In der TCM wird getrockneter Salbei dem Element Metall und frischer Salbei dem Feuer zugeordnet, seine Wirkung ist erfrischend.

schnittlauch
unentbehrliche grüne röhrchen
{allium schoenoprasum}

Wem läuft beim Gedanken an Schnittlauchbrot nicht das Wasser im Mund zusammen? Durch das leichte, zwiebelartige Aroma schmeckt das Brot mit viel Butter, Salz und reichlich Schnittlauch irgendwie frühlingshaft. Nicht zuletzt wegen seines frischen Aromas passt Schnittlauch sehr gut zu Salaten und Milchprodukten wie Joghurt, Topfen und Sauerrahm. Eierspeis – mit oder ohne Kürbiskernöl – oder Omelette sollten die grünen Röhren ebenfalls nicht entbehren.

WISSENSWERTES
Das Lauchgewächs stammt wahrscheinlich aus Zentralasien, kommt heute aber in ganz Europa, sogar in hohen Lagen, wild vor. Schnittlauch enthält erhebliche Mengen an Vitamin C und Vitamin A und ist ansonsten von der Zusammensetzung her seinen Verwandten Zwiebel und Knoblauch ähnlich.

TIPP
Schnittlauch wird fast das gesamte Jahr über frisch angeboten. Wenn die Qualität gut ist, kann aber auch getrockneter Schnittlauch sehr aromatisch sein. Wer Vitaminen nicht abgeneigt ist, fügt die grünen Röhrchen bei heißen Gerichten besser erst am Ende hinzu.

HARMONIERT MIT
Knoblauch, Zwiebel, Basilikum, Estragon, Fenchel, Koriander, Paprika, Petersilie

WIRKUNGEN UND VERBORGENE KRÄFTE
Schnittlauch hat eine stoffwechselfördernde und reinigende Wirkung. In der TCM wird er bei Impotenz und Energielosigkeit eingesetzt.

schwarzkümmel
die würze des orients
{nigella sativa}

Die samtschwarzen, dreieckigen Samen, die dem schwarzen Kreuzkümmel und den Zwiebelsamen zum Verwechseln ähnlich sehen, haben ein pfeffriges, erdiges, leicht bitteres Aroma. Wahrscheinlich werden sie deshalb in manchen Ländern auch als Pfefferersatz verwendet. In der Türkei und im vorderen Orient gehören Schwarzkümmelsamen unbedingt auf Fladenbrot und Salzgebäck. Mit Kümmel und Koriandersamen vermahlen, passen sie auch gut auf das Omelette, falls dieses einmal orientalisch schmecken soll. Schwarzkümmel spielt auch in der indischen Küche eine wichtige Rolle: Hühnergerichte und vegetarische Speisen wie Pilaws, Currys und Kormas brauchen das erdige Aroma. Wer auf herbe Geschmäcker steht, sollte unbedingt die bangalische Gewürzmischung „Panch Phoron" probieren, die neben Schwarzkümmel auch Fenchel, Bockshornklee, schwarze Senfkörner und Kreuzkümmel enthält. Ebenso köstlich sind die gerösteten Samen auf Salaten und Suppen.

WISSENSWERTES
Schwarzkümmel gehört zur Familie der Hahnenfußgewächse und stammt ursprünglich aus Westasien. In Österreich gedeiht er auch gut in Niederösterreich. Schwarzkümmel ist botanisch nicht mit Kümmel verwandt. Bei der Ernte werden die Früchte gesammelt, getrocknet und behutsam aufgedrückt, um die Samen herauszuschütteln. Schwarzkümmel hat außerdem einen hohen Fettanteil. Schwarzkümmelöl besteht hauptsächlich aus den ungesättigten Fettsäuren Linol- und Ölsäure sowie aus der gesättigten Stearin- und der Palmitinsäure.

TIPP
Schwarzkümmel kauft man am besten im Ganzen, da er im gemahlenen Zustand schnell sein Aroma verliert. Um den Geschmack zu intensivieren, ist es empfehlenswert, Schwarzkümmel vor der Verwendung zu rösten. In Indien wird zum Anrösten bevorzugt Senföl verwendet.

HARMONIERT MIT
Fenchel, Koriandersamen, Kreuzkümmel, Kurkuma, Kardamom, Thymian, Zimt

* petersilie

WIRKUNGEN UND VERBORGENE KRÄFTE
In der Volksmedizin glaubt man an zahlreiche Wirkungen des Schwarzkümmels: Neben seiner harntreibenden Wirkung soll er bei Blähungen, Keuchhusten und Asthma helfen. Schwarzkümmelöl wird zur Behandlung von Neurodermitis und Allergien zunehmend auch von der Schulmedizin eingesetzt. Schwarzkümmel vermehrt laut Ayurveda Vata und Kapha und vermindert Pitta. Seine Eigenschaften sind leicht und trocken. Er wird im Ayurveda zur Verstärkung von Wehen, bei Verschleimungen und Haarausfall eingesetzt.

---

senf
es geht um mehr als nur die wurst
{sinapis}

Bei der kulinarischen Verwendung des Senfs können sich die Europäer von den Indern noch einiges abschauen. Während die gelben Senfkörner in unseren Breiten überwiegend zum Einlegen, Beizen und zur Herstellung des weißen Senfs verwendet werden, sind die Inder kreativer. Die gelben und schwarzen Senfkörner sind in der Küche Südindiens besonders wichtig und werden dort vor Verwendung in Ghee (Butterschmalz) geröstet, wodurch der scharfe Geschmack eine nussige Komponente bekommt und milder wird. Die gerösteten Samen schmecken ausgesprochen gut in Fisch- und Gemüsecurrys und sind außerdem Bestandteil von Currypasten und Gewürzmischungen. Zur Herstellung des Weißwurstsenfs werden ausschließlich gelbe Senfkörner benutzt, die mit Wein und Honig verarbeitet werden. Experimentierfreudige können die Senfsamen auch keimen und die köstlichen, leicht scharfen Keime über Salat oder Suppen streuen.

WISSENSWERTES
Gelber Senf gehört zur Familie der Kreuzblütengewächse und stammt wahrscheinlich aus dem Mittelmeergebiet. Verschiedene Zuchtsorten werden heute in Nord-, Süd- und Osteuropa angebaut. In Österreich gedeiht er bestens in Niederösterreich und im Burgenland. Außer 28 Prozent Eiweiß und 35 Prozent Fett enthalten Senfsamen 2,5 Prozent Sinalbin, eine Thioglykosidverbindung. Bei Verletzung der Zellen, also beim Zerquetschen oder Brechen der Samen, entsteht aus dieser ein sogenanntes Thiocyanat, eine scharfe, augenreizende Verbindung. Thiocyanate sind auch wesentliche Inhaltsstoffe von schwarzem Senf, Kren und Wasabi.

TIPP
Es ist ratsam, die Körner als Ganzes und nicht in Form von Pulver zu kaufen. Beim Kochen werden die Senfsamen am besten gemeinsam mit Zwiebel und Knoblauch geröstet, bevor die anderen Zutaten dazukommen.

HARMONIERT MIT
Bockshornklee, Chili, Estragon, Fenchel, Honig, Knoblauch, Koriander, Kümmel, Kurkuma, Lorbeer, Petersilie, Pfeffer, Schwarzkümmel

WIRKUNGEN UND VERBORGENE KRÄFTE
Senf findet in der Heilkunde kaum Verwendung, seine Wirkung ist antibakteriell. Allerdings wird er gerne in der aphrodisierenden Küche eingesetzt.

---

sternanis
schönheit und würze in einem
{illicium verum}

Mit seinen achtzackigen, sternartigen Früchten ist Sternanis zweifellos das schönste Gewürz auf dem Markt. Abgesehen von seinen dekorativen Eigenschaften schmeckt er auch gut. Das süße Aroma, das dem des Fenchels ähnelt, aber etwas schärfer ist, passt gut in süßes Gebäck und Kompotte. In der chinesischen Küche werden Suppen, gedämpftes Huhn, Schwein und Ente mit Sternanis und Sojasauce zubereitet. Auch in Vietnam lässt man die Sterne gerne mitkochen und verwendet sie für Rindsuppe (Pho). Sternanis ist ein wesentlich vielseitigeres Gewürz als häufig angenommen, etwas Experimentierfreude und ein Blick gen Osten kann nicht schaden, um die eigene Küche mithilfe von Sternanis ein wenig aufzupeppen.

WISSENSWERTES
Die Pflanze gehört in die Familie der Magnoliengewächse und kommt vor allem in Südchina und Vietnam vor.
Es handelt sich um die Balgfrüchte der Magnolienpflanze,

die wir als Gewürz verwenden. Der Großteil des ätherischen Öls befindet sich in der Frucht, also im Stern, und nicht wie fälschlich oft angenommen im Samen.

TIPP
Sternanis kann lange mitgekocht werden: Beim Zubereiten von Brathuhn kann ein Sternanis zum Aromatisieren ins Innere des Huhns gegeben werden.

HARMONIERT MIT
Chili, Fenchel, Zimt, Ingwer, Knoblauch, Koriandersamen, Sojasauce, Lemongras

WIRKUNGEN UND VERBORGENE KRÄFTE
Sternanis wirkt laut Volksmedizin schleimlösend und harntreibend. Die TCM verweist auf seine wärmende Wirkung.

thymian der duft kretas

{thymus vulgaris}

Bei so manchem Kretaverliebten vermag Thymian Urlaubsassoziationen auszulösen. Der erdig-pfeffrige Geschmack hat Noten von Anis, Minze und Kampfer und gibt mediterranen Speisen ihren Charakter. Gartenthymian, Feldthymian und Zitronenthymian sind die Bekanntesten unter den vielen Thymiansorten. Garten- oder Feldthymian sind ein Muss in der französischen Küche und gehören in Eintöpfe vom Pot-au-feu bis zum Cassoulet. Thymian harmoniert außerdem sehr gut mit Zwiebel, Wein und Bier. Ein mit Butter, Weißwein und viel Thymian im Backofen geschmorter Lauch ist ausgesprochen schmackhaft und passt zu fast allem. Tomaten, Lamm, Waldpilze und Kartoffeln gelingen mit dem mediterranen Gewürz ebenso köstlich. Wie nicht schwer zu erraten, schmeckt Zitronenthymian allerdings frischer und gibt Fisch, Huhn und Kalb ein köstliches, sommerliches Zitronenaroma. Wer seine Freunde einmal mit einem besonderen Obstsalat erfreuen will, kann diesen ebenso mit Zitronenthymian zubereiten.

WISSENSWERTES
Thymian ist ein Lippenblütengewächs und stammt ursprünglich aus Südeuropa, wo es neben Nordafrika, den USA und Osteuropa noch immer angebaut wird. Qualitativ hochwertiger Thymian wächst auch im niederösterreichischen Waldviertel. Der Gehalt an ätherischem Öl, der von Klima, Lagerung und Erntezeit abhängt, variiert stark und macht zwischen 0,75 Prozent und 6,5 Prozent aus. Hauptkomponenten sind die Phenole Thymol und Carvacrol.

TIPP
Besonders bei Eintöpfen und Braten ist es gut, das Gewürz schon am Beginn hinzuzufügen und lange mitgaren zu lassen.

HARMONIERT MIT
Basilikum, Knoblauch, Chili, Bohnenkraut, Lorbeer, Majoran, Oregano, Paprika, Petersilie, Rosmarin, Nelken, Muskat

WIRKUNGEN UND VERBORGENE KRÄFTE
Thymian ist ein bekanntes und beliebtes Hausmittel, das bei Erkrankungen der oberen Luftwege wie Bronchitis, Heuschnupfen und Asthma eingesetzt wird. Die Volksmedizin empfiehlt es außerdem als appetit- und verdauungsanregendes Mittel. Nach Ayurveda vermindert Thymian Pitta und vermehrt Vata und Kapha, die Grundeigenschaft des Gewürzes ist trocken. Die TCM unterscheidet getrockneten und frischen Thymian in ihrer Wirkung: Während frischer Thymian dem Element Feuer zugeordnet wird und wärmend wirkt, gehört die trockene Variante zum Element Metall, hat aber ebenso eine wärmende Wirkung.

vanille schwarze pünktchen mit anspruch auf sinnlichkeit

{vanilla planifolia}

Die schwarzen Pünktchen verdienen Beachtung. Und das nicht nur, weil sie teuer sind. Was wären Vanillepudding, Milchreis und Topfencreme – die Geschmäcker unserer Kindheit – ohne sie? Echte Vanille gibt Leckereien etwas

Sonne, Licht und Steinen sei Dank: Im Waldviertel gedeihen viele Pflanzen, die als Gewürze in jeder Küche gute Figur machen. Da eine Prise und dort eine ordentliche Portion – wer gut würzt, hat den kulinarischen Erfolg auf seiner Seite.

Sinnliches. Das sahnig-süße Aroma mit Anklängen von Süßholz wird in der westlichen Küche fast ausschließlich für süße Speisen auf Milchbasis verwendet. Milchmuffel können die aufgeschlitzten Vanilleschoten auch über aufgeschnittene Früchte legen und diese dann im Backrohr mit etwas Butter braten.
Vanille für salzige oder gar scharfe Gerichte zu verwenden, ist in unseren Breiten kaum vorstellbar. Es zu probieren, ist dennoch empfehlenswert: Das kräftige Aroma passt gut in scharfe mexikanische Bohnengerichte, zu Huhn und zu Jakobsmuscheln. Experimentierfreudigen sei auch ein Hauch Vanille im grünen Curry empfohlen.

WISSENSWERTES
Vanille stammt aus Mittelamerika, wo sie bereits von den Mayas und Azteken zum Würzen ihrer Schokoladegetränke verwendet wurde. Heute wird sie vor allem in Madagaskar, Reunion (früher: Bourbon), Indonesien und Mexiko kultiviert. Die Bourbon-Vanille schmeckt intensiver und „dunkler", sie ist auch meist teurer als jene aus Mexiko. Vanille ist die Frucht einer kletternden Orchidee. Die Schoten werden gepflückt, sobald sie gelb sind, danach werden sie in der Sonne getrocknet und nachts in Jutesäcken zum Schwitzen gebracht. Durch diesen Prozess schrumpfen die Samenkapseln (Schoten) und die Aromen, besonders Vanillin, werden durch Enzyme freigesetzt. Die Früchte enthalten bis zu 2 Prozent Vanillin. Die Industrie versucht sehr oft, das unvergleichliche „Vanille-Erlebnis" zu kopieren. Allerdings darf sich nur der echte Vanillezucker aus natürlicher Vanille auch so nennen, weshalb Imitate Vanillin-Zucker heißen.

TIPP
Bei Vanille von besonders hoher Qualität sind Vanillekristalle (givre – französisch für Raureif) an der Oberfläche zu erkennen. Das teure Gewürz kann in Form von Schoten oder als Pulver gekauft werden, wobei die Schoten sparsam und mehrmals verwendet werden können.
So können die ausgeschabten Schoten in ein Glas mit Zucker gegeben werden, der das feine Aroma aufnimmt und hernach selbst Desserts versüßt.

HARMONIERT MIT
Chili, Kardamom, Nelken, Safran, Zimt

WIRKUNGEN UND VERBORGENE KRÄFTE
In der Volksmedizin sagt man dem schwarzen Gewürz appetitanregende, den Magen und Darm stärkende Eigenschaften nach. Es soll beruhigend wirken und den Gallenfluss anregen. Legendär ist Vanille auch in der aphrodisierenden Küche, kaum ein anderes Gewürz umgibt so stark der Duft der Sinnlichkeit.

---

wacholder
beerenstarke würze
{juniperus communis}

Wacholder ist ein beliebtes Gewürz der mitteleuropäischen Küche. Der milde, holzig-süße Geschmack wird auch mit Gin in Verbindung gebracht. Wacholder ist ein guter Kontrast in fetten Fleisch-, vor allem Wildgerichten. In Deutschland, Österreich und Frankreich wird Sauerkraut mit Wacholder verfeinert.

WISSENSWERTES
Wacholder kommt aus der Familie der Zypressengewächse. Tatsächlich sind es die beerenartigen Zapfen des Baumes, die wir verwenden. Diese enthalten 33 Prozent Zucker und 10 Prozent Harz und nur wenig ätherisches Öl.

TIPP
Für ein intensives Aroma werden die Beeren vor Gebrauch zerdrückt.

HARMONIERT MIT
Bohnenkraut, Knoblauch, Kümmel, Lorbeer, Majoran, Rosmarin, Thymian

WIRKUNGEN UND VERBORGENE KRÄFTE
In der Volksmedizin wird Wacholder bei Verdauungsbeschwerden, Nieren- und Blasenschwäche eingesetzt. Wegen seiner blutreinigenden und entwässernden Wirkung wird er auch gerne bei Entschlackungskuren verwendet. In der TCM bekämpft man eine Reizblase sowie Kälte und Schmerzen mit Wacholder.

ayurvedisches zaubersalz fein, grob und für salzmühlen

Vor ungefähr 300 Millionen Jahren durch Austrocknung des Urmeeres entstanden, wird dieses feine Zaubersalz heute nach alter bergmännischer Tradition aus dem Himalajamassiv abgebaut. Dieses „Salz des Lebens" ist komplett unbehandelt, naturbelassen und enthält lebenswichtige Mineralien und Spurenelemente. Zaubersalz ist ideal zum Haltbarmachen von Speisen und zum Würzen von Suppen, Saucen, Fleisch- und Gemüsegerichten, kann aber auch wie gewöhnliches Kochsalz verwendet werden. Der Geschmack ist jedoch milder und weniger scharf-salzig.
Der Name Zaubersalz wurde von Johannes Gutmann kreiert, weil dieses Ur-Kristallsalz in Form eines Sole Drinks den einen oder anderen „Sodbrenner" gelöscht hat. „Danke Dir dafür, mein liebes Zaubersalz. Du hast mich wirklich verzaubert. Seitdem bist Du mein ständiger Reisebegleiter!"

---

zimt lässt kindheitserinnerungen wach werden

{cinnamomum cassia / cinnamomum zeylanicum}

Zimt ist etwas für Naschkatzen. Der erdig-holzige, süßliche Geschmack der Zimtrinde passt in Milchreis, Kompotte und Kuchen. Sehr gut harmoniert das Gewürz auch mit allen Arten von Trockenfrüchten. Dahingehend sehr empfehlenswert ist ein süßes Cous-Cous-Gericht mit Trockenobst, Äpfeln, Zimt und Zitronensaft. Aber auch Omas Marillenknödel werden noch unwiderstehlicher mit Zimt. Eine Prise vom braunen Pulver aromatisiert Schokogetränke und Kaffee. Zimt ist auch Bestandteil von vielen arabischen und indischen Gewürzmischungen, ein Hauch Zimt ist ein Gewinn für jeden Lamm- oder Fleischeintopf.

WISSENSWERTES
Zimt stammt von der Insel Sri Lanka, wo er auch heute noch größtenteils angebaut wird. Botanisch gehört Zimt in die Familie der Lorbeergewächse. Sein ätherisches Öl wird von Zimtaldehyd und Eugenol dominiert. Echter Zimt wird als Ceylon-Zimt (süßlich-mild) bezeichnet, während Cassia ein naher Verwandter ist, der ein intensiveres, stechendes Aroma hat, weniger fein schmeckt, aber günstiger ist.
Zimt enthält den Duftstoff Cumarin, der in kleinen Mengen zwar unbedenklich ist, aber in großen Mengen zu körperlichen Symptomen wie Kopfweh und Schwindel führen kann. Die Qualitätskontrolle muss bei Zimt daher besonders exakt arbeiten. Beide Zimtarten sind hinsichtlich ihres Cumarin-Gehaltes unbedenklich. Cassia-Zimt enthält mehr Cumarin als Ceylon-Zimt.

TIPP
Die Farbe von Zimt beim Kauf sollte eher heller als dunkel sein – je blasser, desto besser die Qualität. Entweder lässt man die ganze Rinde von Anfang an mitkochen oder man fügt eine Prise erst später im Kochvorgang zu.

HARMONIERT MIT
Ingwer, Kardamom, Koriandersamen, Kurkuma, Kümmel, Muskat, Nelken

WIRKUNGEN UND VERBORGENE KRÄFTE
Während die Rinde in der Volksmedizin gegen Erkältungen und bei erhöhtem Cholesterin eingesetzt wird, verwendet die TCM Zimt gegen Kälteanfälligkeit.
Auch Hildegard von Bingen betont die warme Wirkung des Gewürzes: „Der Zimt ist sehr warm, hat große Kraft. Er enthält auch eine mäßige Feuchtigkeit. Seine Wärme ist so stark, dass sie diese Feuchtigkeit unterdrückt. Wer Zimt isst, bei dem werden die üblen Säfte vermindert und die guten Säfte im Körper vermehrt."
Wie sich Liebende vielleicht vorstellen können, ist Zimt auch ein Aphrodisiakum und wichtige Zutat bei erotischen Speisen.

156

zwiebel
die unentbehrliche
{allium cepa}

In Ringe geschnitten, gehackt oder als Ganzes: Es gibt viele Varianten, die Zwiebel einzusetzen. Aber eines ist sicher, sie ist eine unentbehrliche Zutat. Wer am Wochenende nicht lauter fade Speisen auf dem Tisch haben will, vergisst daher besser nicht, sie davor zu kaufen. Die Meinungen gehen auseinander, ob es sich bei der Zwiebel um ein Gewürz oder ein Gemüse handelt, was letztendlich auch egal ist, denn sie gehört in fast alle Speisen. Meist wird sie zu Beginn in Fett geröstet, bevor sich die anderen Zutaten dazugesellen. Sie kann aber auch gut als eigenständiges Gemüse, als Beilage zu Brathuhn, Zwiebelsuppe oder Ofengemüse fungieren. Je nach Rezept variiert man am besten zwischen den diversen Sorten: Rote Zwiebel, Perlzwiebel, Gemüsezwiebel oder Frühlingszwiebel schmecken unterschiedlich scharf, süßlich oder frisch.

WISSENSWERTES

Die Zwiebel gehört zur Familie der Lauchgewächse und stammt wahrscheinlich aus West- oder Zentralasien. Sie ist im Grunde nichts anderes als ein aus Blättern bestehendes, unterirdisches Speicherorgan, in dem die Pflanze die Nährstoffe für das kommende Frühjahr vorrätig hält.
Zwiebeln enthalten nur Spuren von ätherischem Öl, das größtenteils aus Schwefelverbindungen besteht: Ethyl- und Propyldisulfid sind die Hauptkomponenten, die tränenreizende Verbindung ist 1-Propenylsulfensäure. Sie bildet sich bei Zellverletzung, also beim Aufschneiden, und ist ein Verteidigungsmechanismus gegen Fressfeinde.

EINKAUF, AUFBEWAHRUNG UND VORBEREITUNG

Im Sommer gibt es auf fast allen Märkten Zwiebeln erntefrisch zu kaufen, während sie im Rest des Jahres in getrockneter Form verkauft wird. Getrocknete Zwiebelstücke sind gut einsetzbar, wenn sie qualitativ hochwertig sind. Da Zwiebeln rasch ihr Aroma verlieren, ist es gut, sie erst knapp vor Verwendung vorzubereiten.

HARMONIERT MIT

allen Gewürzen und Kräutern

WIRKUNGEN UND VERBORGENE KRÄFTE

Rohe Zwiebel mit Honig zu vermischen, empfiehlt die Volksmedizin als Mittel gegen Husten, Halsschmerzen und Grippe. Außerdem ist sie wirksam gegen juckende oder schmerzende Insektenstiche, die man am besten schnell mit Zwiebel einreibt. Die ayurvedischen Grundeigenschaften der Zwiebel sind schwer und ölig, sie soll Pitta vermehren und Vata vermindern. Die gebratene Zwiebel ordnet die TCM dem Element Erde zu, die rohe Zwiebel dem Metall, wobei beide wärmend wirken sollen.

* beifuß

klostergeist und kräuterzauber: hildegard-gewürze

Diese Frau hatte sehr entschiedene Ansichten: Hildegard von Bingen, Nonne, Klostergründerin, Schriftstellerin und Heilkundige des Mittelalters. Im 12. Jahrhundert beobachtete sie die Natur und den Menschen sehr genau. Sie befasste sich mit seinen Erkrankungen und dem, womit man sie heilen konnte.

Hildegard entwickelte eine Systematik für die Menschen und ihre Konstitutionen. Dann ordnete sie jeder Befindlichkeit eine Arznei zu, die bei Störungen helfen sollte. Wie es einer Nonne angemessen, sah sie die Welt als ein von Gott perfekt geschaffenes und aufeinander abgestimmtes System, im Großen wie im Kleinen. Kräuter und Pflanzen schienen ganz selbstverständlich als natürliche Apotheke, um den Menschen von seinen Beschwerden zu heilen.

Geist, Seele und Körper gehörten im Verständnis der kraftvollen Mystikerin untrennbar zusammen. Kein Wunder, dass Hildegard von Bingen heute wieder ganz modern ist. Ihre Ideen von damals sind noch immer aktuell, wenn sie klug mit den Erkenntnissen unserer Zeit verbunden werden.

* beifuß * bertram * galgant * quendel * bohnenkraut * süßholz * ysop

beifuß
yomogi meets hildegard
{artemisia vulgaris}

War das Kraut bei unseren Vorfahren im 18. Jahrhundert eines der beliebtesten Küchenkräuter, ist es heute etwas aus der Mode gekommen. Aber nicht ganz, dafür hat Hildegard von Bingen gesorgt. Doch nicht nur gesundheitliche Gründe sprechen dafür Beifuß in die Küche zu integrieren: Das herrliche, scharfe Gewürz hat ein pfeffriges Aroma mit etwas Süße und einem Hauch von Minze. Es passt gut zu fettem Fisch, zu Gans, Huhn und Ente. Wer die japanische Küche mag, sollte Beifuß auch nicht abgeneigt sein. Unter dem Namen „Yomogi" wird er dort als Gemüse gegessen, würzt Soba-Nudeln und Mochi (japanischer Süßreiskuchen).

WISSENSWERTES
Beifuß ist eine sehr anpassungsfähige Pflanze, gehört zur Familie der Korbblütler, Asteraceae, und wächst fast in allen gemäßigten Zonen. Im ätherischen Öl von Beifuß findet sich eine Vielzahl an Terpenen und Terpenderivaten wie 1,8-Cineol, Kampfer, Linalool und das in größeren Mengen giftige Thujon. Im Mittelalter wurde Beifuß als Bitterstoff zum Bierbrauen anstelle von Hopfen verwendet.

TIPPS
Die jungen Beifußblätter können frisch als Gemüse oder Salat gegessen werden. Während des Jahres wird Beifuß getrocknet verwendet und wird am besten schon zu Beginn des Kochvorgangs hinzugefügt.

HARMONIERT MIT
Knoblauch, Pfeffer

WIRKUNGEN UND VERBORGENE KRÄFTE
Hildegard von Bingen empfiehlt Beifuß als wärmendes Mittel, das „kranke Eingeweide heilt und den kranken Magen wärmt." Beifuß soll gekocht und als Mus gegessen werden. Außerdem spricht sie davon, dass Beifuß die „Fäulnis", die sich manche mit schlechtem Essen zugefügt haben, zu vertreiben vermag. In der Volksmedizin wird Beifuß als Teeaufguss verwendet und soll so gegen Unterleibsschmerzen und Eierstockentzündung wirksam sein. Die TCM ordnet Beifuß dem Element Metall zu und verspricht seine wärmende Wirkung.

bertram
die scharfe hildegard-würze
{anacyclus pyrethrum}

Bertram ist ein neutral schmeckendes Kraut, das auch als Universalgewürz bezeichnet wird. Entsprechend vielfältig kann es auch eingesetzt werden. Wer es regelmäßig einnehmen möchte, wie es Hildegard von Bingen bei bestimmten Krankheiten empfiehlt (s. u.) kann eine Messerspitze davon einfach auf einer Scheibe Brot – je nach Belieben mit oder ohne Butter – verteilen.

WISSENSWERTES
Bertram zählt zur Familie der Asteraceae, der Korbblütler. Was wir verzehren, ist die Wurzel, die neben Pyrethrin auch Zucker enthält. Er wurde früher auch als Feuerkraut bezeichnet. Bertram stammt ursprünglich aus dem Mittelmeerraum und dem Kaukasus. Die Pflanze sieht der Kamille ähnlich, wobei die Stängel, von denen in der Blütezeit jeder ein gelbes Körbchen mit weißen Zungenblüten trägt, zunächst am Boden entlangwachsen bevor sie sich emporheben.

TIPPS
Bertram wird in gemahlenem Zustand als Pulver verwendet. Mit ungemahlenem Bertram kann auch Tee gekocht werden.

HARMONIERT MIT
Galgant, Ysop, Knoblauch, Petersilie, Beifuß

WIRKUNGEN UND VERBORGENE KRÄFTE
Hildegard von Bingen hat dafür gesorgt, dass dieses mysteriöse Heilkraut nicht in Vergessenheit geraten ist. Laut Hildegard wirkt Bertram blutreinigend, stärkt den Verstand und hilft gegen Verschleimungen im Kopf-Bereich wie Katarrhen und Schnupfen. Sie empfiehlt, ihn regelmäßig einzunehmen, um Krankheit vorzubeugen, und setzt ihn auch bei Lungen- und Herzleiden ein: „Man kocht Wacholderbeeren, zweimal so viel Wollblume und viermal so viel Bertram in gutem reinem Wein, lässt dies darauf in einem Topfe und gibt rohen, in Stücke zerschnittenen Alant hinzu, filtriert und nimmt das Getränk zwei oder drei Wochen lang nüchtern und auch nach der Mahlzeit, bis man gesund ist."

galgant
das köstlichste heilmittel südostasiens
{alpinia galanga}

Wer etwas auf die südostasiatischen Küchen hält, braucht Galgant in seinem Küchenregal. Er hat ein ingwerartiges, zitroniges Aroma, das ein wenig an Kampfer erinnert, ist aber wesentlich milder als Ingwer. Durch Hildegard von Bingen auch in Europa wieder bekannt geworden, wird er bei uns gerne als Pfefferersatz verwendet. Die Thailänder verwenden Galgant für fast alle Speisen, er wird meist frisch und anstatt Ingwer für Currys, Suppen und Eintöpfe verwendet. In die thailändische Hühnersuppe Tom Kha Gai, an der man beim letzten Thailand-Urlaub nicht vorbei kam, gehört unbedingt Galgant. Auch indonesisches Satay oder die marokkanische Gewürzmischung Ras-el-Hanout kommen nicht ohne die Wurzel aus.

WISSENSWERTES
Als Gewürz wird nur das Rhizom, der Wurzelstock, verwendet, obwohl sowohl Blätter als auch Samen aromatisch und essbar sind. Neben Stärke enthält der Wurzelstock auch bis 1,5 Prozent an ätherischem Öl, das vor allem aus 1,8-Cineol, alpha-Pinen, Eugenol und Kampfer besteht.

TIPPS
Während Galgant in den Ländern Südostasiens auf allen Märkten frisch verkauft wird, ist er bei uns meist nur als Pulver erhältlich, das von guter Qualität sein sollte. Galgant darf während der gesamten Kochzeit mitgekocht werden.

HARMONIERT MIT
Chili, Fenchel, Ingwer, Limette, Kokosmilch, Zitronengras, Tamarinde, Limetten

WIRKUNGEN UND VERBORGENE KRÄFTE
Hildegard von Bingen setzt Galgant gegen unterschiedliche Beschwerden ein: „Der Galgant ist ganz warm und hat keine Kälte in sich und ist heilkräftig. Und wer Herzweh hat, und wer im Herz schwach ist, der esse bald genügend Galgant, und es wird ihm besser gehen." Laut Hildegard wirkt Galgant auch unterstützend bei Durchblutungsstörungen, rascher Ermüdung, Kraftlosigkeit, Angina pectoris und Kreislaufschwäche. Sie empfiehlt, ihn in Wein anzusetzen, Umschläge damit zu machen oder einfach eine Messerspitze Galgant auf eine Scheibe Brot zu geben.

quendel
thymians wilder bruder
{thymus serpyllum}

Quendel ist nicht anderes als wilder Thymian oder Feldthymian und wird in der Küche wie sein großer Bruder Thymian verwendet. Sein etwas milderer Geschmack passt gut zu leichten Sommergerichten wie Salate, Fisch oder Huhn. Auch im Ofen geschmorte Kartoffeln schmecken köstlich, wenn man sie mit Salz und etwas Quendel bestreut. Wer seine Pizza alternativ würzen möchte, sollte sie mit Quendel bestreuen.

WISSENSWERTES
Thymus serpyllum stammt aus Mitteleuropa und zählt genauso wie thymus vulgaris, der aus Südeuropa stammt, zu den Lippenblütengewächsen. Die Blätter des Feldthymians sind etwas zarter als jene des Gartenthymians, es kann daraus ein duftender Sirup gewonnen werden. Die Pflanze gedeiht am besten an einem sehr sonnigen Platz und überlebt den Winter, wenn sie mit Stroh und Kieferzweigen abgedeckt wird.

TIPPS
Um Geschmack und Wirkung vollkommen zu entfalten, wird das Gewürz am besten von Anfang an mitgekocht.

HARMONIERT MIT
Knoblauch, Basilikum, Nelken, Oregano, Paprika, Rosmarin, Bohnenkraut, Lavendel

WIRKUNGEN UND VERBORGENE KRÄFTE
„Ein Mensch, der krankes Fleisch im Körper hat, das wie Krätze ausblüht, der esse oft Quendel als Gewürz oder in Mus gekocht", so Hildegard von Bingen über das Gewürz. Für sie ist es DAS Heilmittel gegen Hauterkrankungen wie Akne und Neurodermitis, außerdem empfiehlt sie es auch zur Blutreinigung. In der Volksmedizin wird Quendel als schleimlösendes, schweiß- und harntreibendes Mittel verwendet und unterstützend bei Nervenleiden und Schlaflosigkeit eingesetzt. In der TCM wird Quendel genauso wie Gartenthymian in frischer Form dem Element Feuer und getrocknet dem Element Metall zugeordnet. Beide wirken wärmend.

süßholz
die lakritzen-würze
{glycyrrhiza glabra }

Wer Lakritze mag, wird von diesem Gewürz begeistert sein. Denn Lakritze wird aus Süßholz gemacht. Der sehr süße, an Fenchel und Anis erinnernde Geschmack passt nicht nur in die schwarzen Stangen und Zuckerl, sondern schmeckt auch in so manchem Gericht – vorausgesetzt, man mag das würzige Aroma. Die Chinesen würzen ihre Sojasauce gerne mit der aromatischen Wurzel, und sie ist Bestandteil des „Fünf Gewürze Pulvers". Häufig findet man Süßholz auch in Teemischungen, die dadurch einen leicht süßlich abgerundeten Geschmack bekommen.

WISSENSWERTES

Verwendet wird die Wurzel der Süßholzpflanze, deren Rinde bis zu 4 Prozent Glycyrrhizin enthält – eine Verbindung, die etwa 50 Mal süßer als Rohrzucker ist. Ansonsten enthält Süßholz nur Spuren von ätherischem Öl. Süßholz wird in Indien und China, wo es als Heilpflanze verwendet wird, kultiviert. Es zählt zu den Schmetterlingsblütlern und hat schöne, große, lilafarbene Blüten.

TIPPS

Getrocknetes Süßholz, wie es in Feinkostläden oder dem Qualitätsfachhandel erhältlich ist, hält luftdicht verschlossen fast unbegrenzt. Die Wurzel sollte eher sparsam eingesetzt werden, damit die Bitterkeit nicht vorrangig wird.

HARMONIERT MIT

Fenchel, Anis, Zimt, Koriander, Ingwer, Nelken, Sternanis, Pfeffer

WIRKUNGEN UND VERBORGENE KRÄFTE

Hildegard von Bingen empfiehlt Süßholz für eine „klare Stimme, helle Augen und einen milden Sinn". In der Volksmedizin ist man von den entzündungshemmenden, antibakteriellen und krampflösenden (Husten!) Wirkung von Süßholz überzeugt. Außerdem erwähnt sie die entzündungshemmende Wirkung. In der TCM werden die Milz und alle Meridiane dem Süßholz zugeordnet, das imstande sein soll, die Lebenskraft zu stärken.

ysop
schön, heilig und köstlich
{hyssopus officinalis}

Der leicht bittere Geschmack von Ysop lässt einen Hauch von kühler Minze erkennen und passt gut in Suppen und Salatdressings. Auch in Gemüseeintöpfen, frischen Topfenaufstrichen und zu Huhn schmeckt das aromatische Gewürz. Naschkatzen können ein wenig Ysop in ihren nächsten sommerlichen Marillen-Kuchen geben und werden vielleicht von deren Harmonie überrascht sein.

WISSENSWERTES

Der Name Ysop soll aus dem Arabischen stammen und „heiliges Kraut" bedeuten. Das Gewürz gehört zur Familie der Lippenblütler und kommt ursprünglich aus dem Mittelmeerraum. Wer vor hat, seinen Garten zu verschönern, ist mit Ysop gut beraten. Denn die blitzblauen und rosafarbenen Blüten der Pflanze sind eine wahre Augenweide.

TIPPS

Hat man Ysop dann schon im Garten, können die zarten Blättchen den ganzen Sommer über verwendet werden. In den kalten Jahreszeiten nimmt man Ysop am besten als Pulver, das immer von Anfang an mitgekocht werden muss, weil es einen hohen Auflösungsgrad hat. Durch seine ebenso zarte Bitterkeit bietet das Gewürz auch eine interessante Alternative in Gerichten anstelle von Salbei.

HARMONIERT MIT

Galgant, Bertram

WIRKUNGEN UND VERBORGENE KRÄFTE

Ysop ist ein sehr altes Heilmittel und laut Hildegard ideal bei Leber- und Lungenleiden. Außerdem empfiehlt sie ihn gegen Depressionen, Traurigkeit und zur Blutreinigung: „Wenn die Leber von Trauer krank ist, koche junge Hühner mit Ysop und iss beides." Auch die Volksmedizin sagt Ysop Wirksamkeit gegen Leberleiden, Traurigkeit und Depressionen nach. Laut TCM wirkt Ysop wärmend, soll die Lungen anregen und vertreibt Windkälte.

* blühender muskateller-salbei

meine gewürz-mischungen

Wir machen ambitionierten Köchen das Leben leicht! Ob Schweinsbraten oder asiatische Reispfanne: Wir von Sonnentor geben allem die richtige Würze.

all'arrabbiata

Die All'Arrabbiata Gewürzmischung von Sonnentor ist eine scharf-anregende Pfeffer-Chili-Gewürzmischung, die mit typisch mediterranen Gewürzen verfeinert wurde. Sie gehört zu den schärfsten Gewürzkreationen von Sonnentor und schmeckt köstlich in Pastagerichten wie Spaghetti all'arrabbiata und auf Pizza. All'Arrabbiata schmeckt auch fein in scharfen Ragouts, in Gulasch und überhaupt zu allen Speisen, die durch ihre Schärfe überzeugen sollen.

„alles im grünen"

Mit dieser Gewürz-Blüten-Mischung im Küchenregal ist garantiert alles wieder schnell im grünen Bereich. Schon das bloße Ansehen der bunten, mit Sonnenblumen- und Rosenblüten verfeinerten Mischung verbreitet gute Laune. Diese manifestiert sich spätestens, wenn „Alles im Grünen" hinkommt, wo es hingehört – auf den Salat. Brennnessel, Petersilie, Oregano, Thymian und Bärlauch geben den Blättern einen erdig-aromatischen, köstlichen Geschmack. Falls einem im Winter der Sinn mehr nach Suppe als Salat steht, kann die Gewürz-Blüten-Mischung auch dafür verwendet werden. Außerdem ist sie sehr gut in Aufstrichen.

arabische gewürzmischung

Wer drauf und dran ist, orientalisch zu kochen, braucht die Arabische Gewürzmischung. Sie gibt orientalischen Fleisch- und Gemüsegerichten ein volles, leicht üppiges Aroma. Wer die marokkanische Kombination aus Gemüse oder Fleisch mit Trockenfrüchten mag, kann die Gewürzmischung verwenden. Auch Cous-Cous-Gerichte profitieren von der leichten Pfefferminznote, die die Mischung hineinzaubert.

asiatische gewürzmischung

Die mit Orangenschalen und Zimt verfeinerte Mischung hat eine dezente Schärfe und schmeckt köstlich in asiatischen Reis-, Fleisch- und Gemüsegerichten. Durch ihre anregende Wirkung macht sie die zubereiteten Speisen verträglicher.

basen-kräuter-gewürzmischung

Sie soll helfen, das Säure-Basen-Gleichgewicht des Körpers auszugleichen, und eignet sich besonders für jene, deren Magen oft empfindlich reagiert. Die Mischung wird durch das enthaltene getrocknete Gemüse abgerundet und enthält Kräuter mit einem hohen Anteil an Bitterstoffen, um die Sekretion der Verdauungssäfte zu fördern. Der feine, milde Geschmack passt zu allen Hauptspeisen und Beilagen, zu Fleisch, Fisch, Suppen, Salaten und zu Gemüsegerichten. So sichern sich auch Gourmets ihren täglichen Basenausgleich.

berbere

Die exotische äthiopische Gewürzmischung „Berbere“ sorgt für ein feurig-scharfes Geschmackserlebnis und bringt Abwechslung in heimische Kochtöpfe. Die Mischung ist ein Produkt, das Sonnentor in Kooperation mit der Organisation „Menschen für Menschen“ auf den Markt bringt. Zehn Prozent des Erlöses geht an „Menschen für Menschen“. Berbere ist eine traditionell äthiopische Spezialität, die Sonnentor-Mischung wurde von Almaz Böhm persönlich abgeschmeckt. Die original nordafrikanische Gewürzmischung hat einen brennend-aromatischen Geschmack, die Kombination aus Chili, Zimt und Kreuzkümmel verleiht Gerichten eine scharf-würzige Süße. Berbere ist eine echte Bereicherung für alle Liebhaber intensiver, scharfer Gewürzabenteuer. Sie ist gut zu verwenden für feurige Fleischgerichte, Eintöpfe, Bohneneintopf, Suppen und Gemüse. Vorsichtige Dosierung ist angeraten. Die Mischung wirkt appetitanregend und fördert die Bekömmlichkeit der Speisen.

bitter-basen gewürzpulver

Wermut, Schafgarbe, Wacholder, Fenchel, Anis, Kümmel und Bibernelle sind das Geheimnis des Bitter-Basen-Gewürzpulvers, das auch als Heidelberger-7-Kräuter-Pulver bekannt ist. Nach einer alten, traditionellen Rezeptur wurden die Kräuter zu einer Gewürzmischung mit hohem Bitterstoffanteil vermengt. Das Pulver ist verdauungsfördernd und regt die Magensäfte sowie die Gallensekretion an. Dadurch ist das Pulver besonders unterstützend für die Verdauung von schweren, fettreichen Speisen, zu denen es meist auch sehr gut passt. Das Bitter-Basengewürzpulver schmeckt auf Braten, in Fleischsuppen und – für jene, die es einfach lieben – aufs Butterbrot oder auf Salate. Das Bitter-Basengewürzpulver eignet sich auch für Kuren: Morgens oder abends eine Messerspitze pur auf die Zunge geben und gut eingespeichelt nehmen. Wasser nachtrinken. Besonders auf den Stoffwechsel älterer Menschen, deren Verdauung oft verlangsamt ist, wirkt sich die regelmäßige Verwendung des Pulvers positiv aus.

brotgewürz

Alle wichtigen, traditionellen Brotgewürze sind im Sonnentor-Brotgewürz enthalten. Wer nach Höherem strebt und seinem Brot eine persönliche Note verleihen will, kann es noch mit Anis, Kardamom, Mohn oder Schwarzkümmel verfeinern. Das Brotgewürz schmeckt nicht nur gut, es fördert die Bekömmlichkeit von köstlichem, aber leider schwer verträglichem, frisch gebackenem Brot und eignet sich für alle Brotarten. Die Gewürze werden grob gehackt oder zerstoßen in den Teig eingearbeitet (5 Gramm je Kilogramm Mehl).

bunter pfeffer

Die bunte Pfeffermischung kann je nach Belieben mitgekocht oder auch ganz einfach für die Pfeffermühle verwendet werden. Besonders in durchsichtigen Mühlen sieht die Mischung aus schwarzen, weißen, roten und grünen Pfefferkörnern hübsch aus. Da gut aussehen alleine zu wenig ist, wurden die Aromanuancen in dieser Pfeffermischung besonders fein abgestimmt. Der frisch gemahlene Pfeffer schmeckt zu fast allem gut, ist aber ein Muss auf frischer Pasta und passt gut zu Fisch, Fleisch, Reisgerichten und Gemüse, denen er durch seine Schärfe mehr Körper verleiht. Außerdem steigert Pfeffer die Speichelproduktion, regt die Bildung von Verdauungssäften an und wirkt antibakteriell.

curry

Kurkuma (Gelbwurz) dominiert nicht nur die Currymischung, sondern ist verantwortlich für die meist gelbe Farbe der unzähligen Currymischungen weltweit. Curry hat seinen Ursprung in Indien und spiegelt die unglaubliche Geschmacksvielfalt des Landes wieder. Sonnentor bietet zwei Currymischungen an, ein mild-süßliches und ein scharfes Curry für Chilifans. Beide Gewürzmischungen passen gut in Reis- und Wokgerichte, zu Huhn und zu Gemüse.

fischgewürz

Das feine Fischgewürz eignet sich sehr gut zum zarten Würzen aller Fischgerichte. Dabei ist es allerdings ratsam, es nicht zu lange mitkochen zu lassen, damit das liebliche Aroma der Kräuter-Gewürzmischung nicht verloren geht. Schmeckt köstlich zu gebratenem Fisch und Fischsuppen.

garam masala

Die indische Gewürzmischung ist nur etwas für Kreuzkümmel-Liebhaber, denn sie enthält reichlich davon. Nicht zuletzt deshalb passt sie auch sehr gut in alle indischen Gerichte. Linsen, Kichererbsen, Gemüse- und Reisgerichte schmecken köstlich würzig mit Garam Masala. Außerdem werden fette Fleischgerichte durch Garam Masala ein wenig verträglicher, denn die Gewürze regen die Verdauung an.

geflügel- und grill-gewürzsalz

Das Geflügel- und Grillgewürzsalz ist eine komplexe Mischung aus verschiedensten Gewürzen und Kristallsalz. Chili sorgt für eine leichte Schärfe, während Mutterkümmel für den würzigen Geschmack verantwortlich ist, der durch süßen Paprika noch unterstrichen wird. Mit dem Grillgewürzsalz schmeckt das Grillhuhn endlich so wie bei Oma. Neben Geflügel passt das Gewürzsalz auch zu Fisch und Fleisch, die am besten am Vortag in einer Mischung aus Gewürzsalz und Olivenöl mariniert werden. Wer gerne mexikanisch isst, dem sei das Geflügel- und Grillgewürzsalz ebenso ans Herz gelegt.

grillgewürz

Die Gewürzmischung passt zu gegrilltem Fleisch, Huhn und Faschiertem, die idealerweise schon einen Tag vorher damit mariniert werden. Aber auch Vegetarier sollen etwas von der fein-pikanten Mischung haben: Auch Grillgemüse schmeckt mit dem Gewürz ausgesprochen gut. Speisen, die damit verfeinert wurden, sind durch die rötliche Farbe auch schön anzusehen.

indische gewürzmischung

Wer die indische Küche mag, aber Abwechslung zum Curry braucht, dem sei diese Gewürzmischung empfohlen. Sie ist vielfältig im Geschmack, sehr aromatisch und leicht süß. Reis, Linsen, Gemüse und Fleisch lassen sich wunderbar damit verfeinern. Dem nächsten indischen Abend sollte damit nichts mehr im Weg stehen. Wie viele andere indische Gewürzmischungen wirkt auch diese verdauungsfördernd und stark wärmend.

italienische gewürzmischung

Wer mediterrane Geschmäcker liebt, sollte diese Gewürzmischung im Regal haben. Sie vereint die italienischen Grundgewürze und passt zu jeder Pasta, auf Pizza, zu Lasagne und ins Risotto. Wer es eilig hat, kann ein paar Kirschtomaten in Olivenöl kurz und scharf anbraten, die Italienische Gewürzmischung dazu geben, Pasta drunter heben, Parmesan drüber – fertig. Die kräftig-mediterrane Mischung wirkt außerdem anregend auf Magen und Darm.

lamm gewürz

Je länger das Lammgewürz mitgekocht wird, desto besser und würziger wird das Fleisch. Lammgewürz passt aber nicht nur zu Lamm, es kann genauso gut für andere Fleischgerichte, vor allem Grillfleisch, verwendet werden. Die subtile Pfefferminznote verleiht diesen Gerichten einen Hauch Orient. Es ist empfehlenswert, das Fleisch mit dem Lammgewürz und etwas Öl zu marinieren und einen Tag lang in der Marinade liegen zu lassen.

lebkuchen gewürz

Lebkuchengewürz eignet sich – erraten – für Lebkuchen, aber nicht nur dafür: Auch Spekulatius, Weihnachtskekse, Früchtebrote und Kuchen lassen sich damit wunderbar verfeinern. Das warme, würzige Aroma hat eine leichte Schärfe und ist auch ein guter Gegensatz in einem kühlen Lebkuchenparfait: Wer seine Gäste überraschen will, probiert es am besten beim nächsten Kochabend gleich selbst aus. Wenn Sie nicht wissen, wie viel Sie davon in den Teig geben sollen – es gilt folgende Faustregel: Fünf bis acht Gramm Lebkuchengewürz pro Kilogramm Mehl.

mediterranes blüten-zaubersalz

Die Mischung aus Basilikum, Blüten und unbehandeltem Ur-Kristallsalz aus der Himalajaregion schmeckt besonders fein auf mediterranen Vorspeisen wie griechischem Salat oder Caprese und Fischgerichten. Gegrillter Oktopus schmeckt köstlich mit dieser Mischung. Wer mehr will als nur kochen, kann auch mit dieser Mischung seine kreative Ader ausleben und drauflos dekorieren. Ein kleiner Tipp für Liebhaber von Frühstückseiern: Das Blüten-Zaubersalz verschönert und verfeinert diese – und überrascht!

oma's sonntagsbraten-gewürz

Der Name kommt nicht von ungefähr: Wer sich nach Omas Küche sehnt, sollte diese Gewürzmischung im Haus haben. Omas Sonntagsbratengewürz ist eine Gewürzkombination, die mit Salz verfeinert wurde und besonders gut zu deftigen Fleischgerichten passt. Es gibt Schweinebraten und anderen ländlichen Schmorgerichten die richtige Würze und macht sie auch bekömmlicher. Wer dabei ist, seinen Sonntagsbraten vorzubereiten, reibt die eingeschnittene Fleischschwarte am besten mit der Gewürzmischung kräftig ein.

pizza- & pasta gewürz

Pizza- und Pastagewürz eignet sich, wie der Name schon sagt, zur Verfeinerung der kulinarischen Klassiker Italiens: Der Pizza, Pasta und Lasagne gibt das Gewürz jenen Geschmack, den man außerhalb Italiens allzu oft sucht. Das Gewürz passt auch in Minestrone, eine italienische Gemüsesuppe, die am besten mit Parmesam verfeinert wird. Dazu Ciabatta, mehr brauchen Sie nicht zum Glücklichsein.

provence kräuter

Die klassische Provencemischung ist vielseitig einsetzbar: Sie schmeckt herrlich zu Lamm, Fisch, Gemüse, Quiche und zahlreichen anderen Gerichten. Mit den Provencekräutern kann beim Experimentieren nicht viel schiefgehen, denn sie passen zu fast allem. Also einfach ausprobieren und genießen. Es ist ratsam, das Gewürz eher gegen Ende des Garvorgangs hinzuzufügen, damit das mediterrane Aroma nicht verloren geht.

salat gewürz

Wer glaubt, Essig, Öl, Salz und Pfeffer reichen, um den Salat zu verfeinern, hat sich geirrt. Der Wunsch nach Salat, der nach mehr als Grünzeug schmeckt, unterscheidet uns von der Kuh. Und genau deshalb gibt es ein Salatgewürz, das jedes Dressing verfeinert und den Salat zu einem Geschmackserlebnis zu machen vermag. Reichlich Olivenöl, etwas Apfelessig, reichlich milden Senf und Salatgewürz verrühren, über den Salat geben und sich freuen, dass Sie keine Kuh sind. Salatgewürz passt aber nicht nur zu Rohkostsalaten, auch Nudelsalat, Aufstriche und Dips können damit verfeinert werden. Wer Schwierigkeiten hat, Rohkost zu verdauen, dem hilft das Salatgewürz auch ein wenig dabei.

suppen gewürz

Nichts für den Suppenkaspar, sehr wohl aber für Suppenfans und Kältempfindliche. Suppengewürz gibt heißen, bekömmlichen Suppen und Eintopfgerichten einen feinen, leicht herben Geschmack. Das Suppengewürz gibt klaren und gebundenen Gemüse- und Fleischsuppen jenes Aroma, das man sich von einer Suppe wünscht. Suppengewürz idealerweise schon zu Beginn des Kochvorgangs hinzufügen, damit das Aroma alle Zutaten durchströmen kann.

wild gewürz

Durch das intensive Steinpilzaroma gibt das Wildgewürz dem Fleisch von Reh, Hirsch, Hase, Fasan oder Wildschwein jenen leicht herben Geschmack, den Wildfleisch-Fans lieben. Das Gewürz vorher im Mörser zerstoßen und das Wildfleisch am besten vorab damit beizen. Auch Wildsaucen- oder Ragouts können mit dem Gewürz verfeinert werden, dabei ist es gut, das Gewürz von Anfang an mitkochen zu lassen.

wok gewürz scharf

Das scharfe Wok-Gewürz zeichnet sich durch seine opulente Schärfe aus, die wahre Asien-Anhänger lieben werden. Schwer verdauliche, fette Speisen werden mit diesem Wok-Gewürz auch verträglicher.
Auch das Wok-Gewürz wird gegen Ende des Garvorgangs hinzugefügt.

wok gewürz süß

Für Fans der Küchen Asiens ist ein Wok-Gewürz definitiv nicht genug. Daher hat Sonnentor zwei davon. Das süße Wok-Gewürz wird vom zitronigen Aroma von Lemongras dominiert, das Nudelsuppen, gebratenen Reis- und Nudelgerichten den frischen Geschmack gibt. Die Mischung wird am besten erst am Ende des Garvorgangs zugegeben, so wird das Aroma am intensivsten.

12-kräuter salz

Das 12-Kräuter-Salz ist vielseitig einsetzbar – Suppen, Salate, Saucen, Eintöpfe, Braten und vieles mehr lässt sich damit verfeinern. Neben appetitanregenden, verdauungsfördernden Kräutern und mineralstoffreichem Meersalz enthält es auch etwas Hefepulver als natürlich geschmacksverstärkenden Zusatz.

gewürz-blüten-mischungen

Raffinierte Gewürze treffen aromatische Blüten: Ob „Sonnenkuss“ oder „Flower Power“ – die Gewürz-Blüten-Mischungen aus dem Hause Sonnentor machen Lust auf mehr. Leuchtend gelb, kräftig orange und vom satten Blau der Kornblumen durchzogen, die strahlenden Farben der exklusiven Gewürze lassen vermuten, worauf sich die Geschmacksnerven freuen dürfen. Und auch wenn jedes der würzigen Produkte ein anderes aromatisches Genusserlebnis bietet, so haben alle Gewürz-Blüten-Mischungen des österreichischen Kräuterspezialisten eines gemeinsam: Sie enthalten weder künstliche Farbstoffe noch Konservierungsmittel oder Aromazusätze. Denn der Geschmack der Natur ist stark genug. Alle Zutaten stammen aus kontrolliert biologischem Anbau.

sonnen-kuss gewürz-blüten-mischung

Wer sich eher in der fernöstlichen Küche „heimisch“ fühlt, kann sich und seinen Gästen mit der „Sonnenkuss“ Gewürz-Blüten-Mischung zu einem außergewöhnlich geschmackvollen Asia-Dinner verhelfen. Die sonnig gelbe Farbe der „Sonnenkuss“-Mischung verrät bereits, dass es sich um ein Curry-Gewürz handelt. Kurkuma, Sonnenblumenblüten und fruchtige Orangenschalen runden das asiatische Aroma ab. Suppen, Fleisch- und Gemüsegerichte werden aufgepeppt und bekommen eine intensive Farbe und einen herrlichen Duft – einfach fernköstlich. Die Mischung schmeckt köstlich in Kokos-Curry-Suppen, Linsensuppen und Currys. Sehr empfehlenswert ist es auch, im Wok gebratenes Gemüse mit Cashewnüssen und dieser Mischung zu verfeinern.

flower power gewürz-blüten-mischung

Flower Power eignet sich für alles Süße – egal ob warm oder kalt, die bunten Blüten vermögen zu bezaubern. Die Mischung auf Basis von Bio-Rohrzucker enthält Kornblumen, Zimt und Vanille und ist für warme und kalte Süßspeisen gedacht. Die würzige Süße macht Desserts, Mehlspeisen und Kuchen bunt und gut. Wer Schlagobers, Cremes oder Eis verschönern möchte, sollte Flower Power zu Hause haben. Mit dem Aroma von Flower Power kann man sich erneut auf Tour begeben, auf eine geschmackliche Zeitreise in die Jahre der bunten Hippie-Generation. Und diese, das steht zweifellos fest, wusste die süße Seite des Lebens besonders zu schätzen.

scharf-macher gewürz-blüten-mischung

Die rötlich- gelbe Scharfmacher Gewürz-Blüten-Mischung ist farbenfroh, hübsch anzusehen und gibt Speisen am Ende einen würzig-scharfen Kick. Scharfmacher vermag das Feuer in Suppen, Pastasaucen und Eintöpfen zu zünden – wer auf den Geschmack kommt, wird schnell zum Fan. Wer den Geschmack von Paprika und Chili liebt, sollte sich von der Scharfmacher Gewürz-Blüten-Mischung einheizen lassen. Bio-Mischung gibt deftigen und vegetarischen Speisen einen angenehm pikanten Geschmack. Liptauer und Letscho erhalten durch Scharfmacher eine neue Nuance, deren Bekanntschaft zu machen sich auf alle Fälle lohnt. So wird der Sommer richtig heiß – olé!

gute laune gewürz-blüten-mischung

Knoblauch, Oregano, Basilikum und Rosmarin wecken Erinnerungen an den letzten Sommerurlaub im sonnigen Süden. Pikant aromatisch ist diese Blütenmischung und entführt uns auf eine Sinnesreise an die Ufer des Gardasees, in die Weinberge der Toskana oder an die Strände der Adriaküste – Italien, wir kommen! Die Gewürzmischung hat ihren Namen mit gutem Grund, denn sie regt nicht nur den Appetit an, sondern auch die Sinne.
Die Mischung mit dem blumig-mediterranen Aroma enthält etwas Zaubersalz und verzaubert südländische Gemüse-, Nudel- und Reisgerichte. Wer gerne über und auf den Tellerrand schaut, kann diesen ebenso mit dem Sonnentor Gute Laune-Gewürz verschönern. Auch Vorspeisen, Salate und Terrinen profitieren von dem Gewürz, ebenso Kräuteraufstriche und Risotti.

KAPITEL 10

die welt des tees

Wer in die Welt des Tees eintaucht, wird zum Reisenden. Der Weg führt in verschiedene Länder, zu fremden Kulturen und Ritualen und öffnet die Türen zu unzähligen Geschmacksrichtungen, Aromen und Düften. Die Reise kann beginnen…

* kräutertee, trendiges wohlfühlgetränk * früchtetee, die essenz des sommers * gewürztee, exotische wärme * schwarztee, eine königliche zeremonie * grüner tee, der herbe geschmack des fernen ostens * weißer tee, genuss für luxusgeschöpfe * rooibos (rotbusch), südafrikas antwort auf tee

so wird tee zum wahren genuss: die richtige zubereitung

Nichts erscheint auf den ersten Blick einfacher, als einen Tee zu bereiten: Getrocknete Blätter in die Kanne, kochendes Wasser darübergießen, ziehen lassen und fertig. Doch Teezubereitung ist eine kleine Wissenschaft für sich. Wird der Tee nämlich richtig zubereitet, eröffnen sich Geschmackswelten, die verborgen bleiben, wenn einfach nur heißes Wasser über die Kräuter, Früchte oder Teeblätter gekippt wird. Wer sich trotz Zeitmangels im Büro eine beruhigende oder wärmende Tasse Tee gönnen möchte, kann natürlich auf Aufgussbeutel zurückgreifen. Beim Kauf sollte darauf geachtet werden, dass die Beutel nicht mit Metallklammern verschlossen und dass sie mit qualitativ hochwertigem Tee gefüllt sind. Dies ist daran zu erkennen, dass es sich dabei um klein geschnittene aromatische Pflanzenteile und nicht nur ausschließlich um Stiele und Stängel handelt. Aufgussbeutel sind eine gute Möglichkeit, das Teeritual abzukürzen, ohne dabei auf Geschmack und Wirkung verzichten zu müssen. Eiligen, denen der Genuss noch nicht abhanden gekommen ist, können die seit kurzem im Handel erhältlichen Teepyramiden empfohlen werden. Die transparenten Säckchen sind nicht nur hübsch anzusehen, sondern sind auch geschmacks- und duftintensiver als gewöhnliche Teebeutel. Durch gröber geschnittene Zutaten enthalten die Teepyramiden außerdem mehr ätherische Öle und garantieren den aromatischen Genuss. Wer morgens oder abends nicht gestresst ist, nimmt sich für den wahren Teegenuss einige Minuten bewusst Zeit. Schon die Zubereitung sollte zelebriert und genossen werden. Während die Blätter und Blüten von Kräutertees zwischen den Fingern zerrieben werden, braucht man bei Früchtetees noch mehr Muße. Auch die Zubereitung von Schwarzem, Grünem und Weißem Tee wird schon seit jeher zelebriert. Mehr zum Thema Zubereitung und worauf man dabei achten sollte, findet sich auf den nächsten Seiten.

DOPPELTER GENUSS: TEE UND DAS PASSENDE ESSEN

Obwohl Tee in unseren Breiten als Frühstücksgetränk bekannt ist, wäre es schade, ihn nur auf diese Rolle zu reduzieren. Denn die herben, fruchtigen und süßlichen Geschmacksnoten verschiedener Teesorten lassen sich wunderbar zu allen Mahlzeiten kombinieren. Und mehr noch: Der zu einer Speise passende Tee vermag den Charakter einer ganz bestimmten Zutat hervorzuheben und das Erlebnis zu intensivieren. In der Komplexität seiner Geschmacksnuancen ist Tee durchaus mit Wein vergleichbar. Abgesehen von anfänglicher Scheu spricht demnach nichts dagegen, Tee auch zum Essen zu servieren. Über die verwunderten Blicke, die man zunächst mit dem Vorschlag erntet, sieht man am besten hinweg. Das Experiment lohnt sich: Ein passender Tee zu einem feinen Essen vervielfacht den Genuss und die darauf folgende Entspannung. Und – so viel ist sicher – der Kopf bleibt klar.

Da es weder „Tee-Sommeliers“ noch geeignete Literatur gibt, die man für die Kombination von passendem Tee zum Lieblingsessen zu Rate ziehen kann, muss man sich in erster Linie auf seine eigenen Sinne verlassen. Am besten, man verkostet den Tee zunächst pur, überlegt sich dann, ob ein eher salziger, süßer, herber oder pikanter Geschmack dazu passt, und probiert es aus.

Die folgenden Seiten sollen helfen, sich in zwei aufeinandertreffenden Geschmackswelten zu orientieren und sich von ungewöhnlichen Kombinationen inspirieren zu lassen.

Tee, der zum Essen getrunken wird, sollte niemals eiskalt oder siedend heiß serviert werden. Um die Geschmacksnerven zu schonen und das Aroma der Speise noch aufnehmen zu können, ist es besser, den Tee lauwarm zu genießen. Dass Tee in der Tasse optisch zwar zum Frühstück, nicht aber zu einem stilvollen Dinner passt, versteht sich von selbst. Wird der Tee hingegen in einem hübschen dünnwandigen Glas serviert, lässt sich das Essen in vollen Zügen genießen. Tee sollte bis auf wenige Ausnahmen gerade zum Essen pur getrunken werden. Gesüßte oder in anderer Weise verfeinerte Tees passen zwar zur Teejause, aber nicht zu einem ausführlichen Menü. Apropos: Serviert man mehrere Gänge, empfiehlt es sich, auch eine Auswahl an Tees, die man vorab trifft, dazu zu reichen.

Da Tee unzählige unterschiedliche Geschmäcker hervorbringt, können die Essensempfehlungen auf den nächsten Seiten nie auf eine bestimmte Teegruppe sondern nur auf einzelne Vertreter dieser umgelegt werden. Die Empfehlungen sind in erster Linie eine Quelle von Ideen, die weiter entwickelt werden können und sollen.

kräutertee
trendiges wohlfühlgetränk

„Kamille oder Pfefferminze?", fragen die Kellner mancherorts noch jene, die Kräutertee bestellen möchten. Dass die Vielfältigkeit von Kräutertee über diese beiden Heilpflanzen weit hinausgeht, hat sich in den vergangenen Jahren allerdings herumgesprochen. Immer mehr Menschen wissen inzwischen nur zu gut, wie wunderbar Kräutertees schmecken, wie gut sie tun und wie vielfältig sie sind. Dass Kräutertee nicht gleich Kräutertee ist, haben wohl ebenso viele schon bemerkt: Je nach Zusammenstellung sind sie belebend, beruhigend oder kräftigend. Für welchen Tee man sich entscheidet, hängt nicht nur von der eigenen Konstitution und dem Geschmack ab, sondern auch von der Jahres- und der Tageszeit. Sind im Winter eher wärmende Kräuter wie Salbei oder Lindenblüten angesagt, greift man im Sommer lieber zu kühlenden Sorten wie Pfeffer- oder Apfelminze und frischen Geschmacksrichtungen wie Zitronenverbene oder Melisse.

ZUBEREITUNG VON KRÄUTERTEE

Schon beim Kauf sollte unbedingt darauf geachtet werden, dass die Kräuter im Ganzen sind. Erst bei der Zubereitung einer Tasse feinen Kräutertees werden die getrockneten Blätter und Blüten fein zerbrochen und mit ca. 200 Milliliter Wasser aufgegossen. Pro Tasse wird eine „Drei-Finger-Prise" der Kräuter oder der Blüten verwendet.
Je länger man den Kräutertee ziehen lässt, desto mehr Gerbstoffe lösen sich und desto kräftiger und dunkler wird er.

TIPP

An heißen Sommertagen ist kühler Kräutertee ein hervorragender Durstlöscher. Sehr empfehlenswert ist auch ein Cocktail aus Fruchtsaft und ausgekühltem Kräutertee, mit dem man sich der Sommerlaune so richtig hingeben kann.

KRÄUTERTEE ZUM ESSEN

Mit der Vielzahl an Kräutern gibt es auch unbegrenzte Variationen, die Tees zum Essen zu servieren. Hier einige Ideen: Tees mit einem frischen, zitronigen Geschmack schmecken ausgesprochen gut zu leichten Fischgerichten. Der in dieser Hinsicht besonders geeignete Zitronenverbene-Tee harmoniert sehr fein mit Basilikum und ist delikat zu Mozzarella mit Tomaten, Spaghetti al Pesto oder diversen Antipasti. Zitronenverbene schmeckt außerdem köstlich zu Desserts mit Topfen oder Beeren. Hat der Tee einen dominanten Minzegeschmack, wie der Sonnentor-Glückstee, passt er gut zu Blattgemüse wie Mangold, Bärlauch oder Spinat. Wegen ihres ausgewogenen Geschmacks ist die Apfelminze besonders vielseitig kombinierbar: Leichte Fisch- und Pastagerichte, Frischkäse und luftig-leichte Desserts wie Joghurt-Parfait oder Topfen-Mousse harmonieren wunderbar. Zum Spargelmenü im Frühling ist Hanftee ein Muss. Kein anderes alkoholfreies Getränk harmoniert in diesem Maße mit dem leicht bitteren Gemüse. Der kräftige, leicht süßliche, zarte Geschmack löst ein geschmeidiges Gefühl im Mund aus, das auch gut mit bitteren Salaten oder leichten Gemüse- und Pastagerichten harmoniert. Im Gegensatz dazu ist Holunderblütentee ein idealer Dessert-Tee. Der liebliche, blumige Geschmack ist absolut unschlagbar zu leichten sommerlichen Desserts wie Topfencreme, Obstkuchen oder Obstsalat. Aber auch zu Schokolade-Desserts sollte der Tee unbedingt probiert werden.

früchtetee
die essenz des sommers

Wer meint, Früchtetee sei nichts für wahre Teetrinker und enthalte zu viel Säure, hatte vielleicht noch keine Gelegenheit, die bunten Tees in ihrem Variantenreichtum zu erleben. Denn neben den säuerlich schmeckenden Sorten, deren Früchte viel Fruchtsäure enthalten, gibt es auch köstliche säurearme Sorten. In dieser Hinsicht sehr empfehlenswert ist der Sanddorn-Früchtetee, der neben der milden Gute-Laune-Mischung auch von leidenschaftlichen Teetrinkern geliebt wird. Im Gegensatz dazu schmecken der Walderdbeer-Früchtetee und der Früchtetraum säuerlich und haben nicht zuletzt deshalb eine erfrischende Wirkung, weshalb sie gut in den Sommer passen. Für wahre Genussmenschen gibt es außerdem Früchtetees, die mit Gewürzen wie Nelken, Zimt oder Vanille verfeinert wurden. Das wahre Geschmackserlebnis überkommt einen nur bei Früchtetees, die frei von jeglichen beigemengten Duft-, Aroma- und Geschmacksstoffen sind. Dann besteht allerdings Suchtgefahr.

ZUBEREITUNG VON FRÜCHTETEE

Früchtetees sind definitiv nichts für Eilige. Zeit zu investieren lohnt sich in diesem Fall, um das wertvolle Aroma der süßen Früchte voll auszuschöpfen. Für die Zubereitung einer Tasse Tee wird empfohlen, einen Teelöffel Früchtetee zu verwenden und diesen zunächst in kaltem Wasser zuzustellen, bevor man die Mischung zum Kochen bringt. Nach kurzem Aufwallen lässt man den Tee weitere zehn Minuten lang ziehen. Übrigens können die Fruchtstücke wie Kompott zum Tee gelöffelt werden.

TIPP

Kalte Früchtetees sind wunderbare Erfrischungen, die pur, leicht gesüßt oder mit Fruchtsäften vermischt getrunken werden können. Mit erkaltetem Früchtetee lässt sich auch Früchtetee-Eis zaubern, das einige Sünden wert ist.

FRÜCHTETEE ZUM ESSEN

Die meisten Früchtetees passen aufgrund ihres fruchtigen, leicht säuerlichen Geschmacks gut zu leichter sommerlicher Bäckerei, Obstkuchen und Topfendesserts. Außerdem sind sie eine gute Basis für Cocktails, die bereits am Nachmittag oder nach dem Essen entspannt geschlürft werden. Früchtetees nur den Desserts oder Teejausen zuzuordnen, wäre allerdings ein Fehler. Denn kräftige Früchtetees mit einem intensiven, leicht säuerlichen Früchtegeschmack sind wunderbare Begleiter von herbstlichen Wildgerichten. Besonders empfehlenswert in diesem Zusammenhang ist die Sonnentormischung Früchtetraum. Die milderen, süßen Früchtetees wie Sanddorn-Früchte sind auch herrlich zu Frischkäse mit Honig, Frühlingssalaten mit frischen Blüten sowie zu süßlichem Gemüse wie Karotten oder roten Rüben. Gerade dieser Tee schmeckt auch köstlich zu Apfel-Zimt-Desserts oder fruchtigen Milchreisvarianten.

gewürztee
exotische wärme

Mit einer Tasse duftenden Gewürztees kommt schnell ein wohlig-wärmendes Gefühl auf. Dass der Tee deshalb nur im Winter getrunken werden kann, ist allerdings ein Trugschluss. Denn beispielsweise passt der würzige, oft leicht scharfe Geschmack des Ingwer kalt getrunken und mit etwas Minze oder Zitrone auch gut in den Sommer. Je nach Zusammenstellung können Gewürztees wärmend, stärkend oder beruhigend wirken. Die neuerdings in unseren Breiten oft als „Chai“ (Hindi für Tee) bezeichneten Gewürztees sind meist auf der Basis von Schwarztee gemischt. Im Gegensatz dazu enthalten Sonnentor Gewürzteemischungen ausschließlich biologische Gewürze wie Kümmel, Anis, Fenchel, Muskatnuss, Vanille, Zimt und Ingwer.

ZUBEREITUNG VON GEWÜRZTEE

Um sich einen aromatischen Gewürztee zu bereiten, wird ein gehäufter Teelöffel Gewürztee pro Tasse (ca. 200 ml) mit kochendem Wasser übergossen. Je nach Geschmack kann man den Tee dann fünf bis zehn Minuten lang ziehen lassen. Um das Sinneserlebnis noch intensiver zu machen, können die Gewürze auch vorher im Mörser zerdrückt werden.

TIPP

Gewürztees sind vielfältiger, als man meint: Mit einem Schuss Milch oder Sojamilch und mit etwas Honig schmecken sie besonders gut und passen fein zum Kuchen. Im Sommer können die würzigen Teemischungen auch kalt und mit etwas Minze oder Zitronenmelisse serviert werden.

GEWÜRZTEES ZUM ESSEN

Die etwas scharfen, meist vom Geschmack des Ingwer dominierten Gewürztees sind geradezu ideal als Digestif. Wer nach einem ausführlichen oder eher schweren Essen eine Tasse Gewürztee trinkt, fühlt sich schnell wieder wohl, weil Ingwer die Verdauung stark anregt. Die etwas frischeren Varianten, wie die Ingwer-Zitronen Mischung ,sind auch zu leichten Fisch-, Thai- oder orientalischen Gerichten sehr zu empfehlen. Im Gegensatz dazu passt der winterliche Ingwer-Energie-Tee eher zu Süßspeisen wie Lebkuchen, Weihnachtskeksen und würzigen Kuchen.

schwarztee
eine königliche zeremonie

Was kann englischer sein als Schwarztee? Dabei ist die englischste aller Traditionen erst 300 Jahre alt. Damals brachte die Kolonialmacht Großbritannien zum ersten Mal Schwarztee aus dem fernen China nach Europa. Sogleich wurde das malzige, elegante Getränk zum Liebling der besseren Gesellschaft und blieb es bis heute, besonders um fünf Uhr nachmittags. Die Queen schätzt es angeblich besonders, wenn die duftenden Teeblätter von Hand geerntet werden. Danach werden die Blätter zwischen zwei rotierenden Platten gerollt, damit der frische Zellsaft austritt und die Fermentierung beginnt. Dabei ändert sich auch die Blattfarbe. Die nun braunen und schwarzen Teeblätter werden mit Heißluft getrocknet und nach Größe und Qualität sortiert. Neben den traditionellen Schwarzteesorten wie Darjeeling und English Tea Assam gibt es auch den etwas milderen Oolong, der nur halb fermentiert ist.

TIPPS

Passionierte Teetrinker rümpfen zwar die Nase, aber ein Schuss Milch oder Zitrone macht den Schwarztee voller oder frischer im Geschmack und kann eine feine Ergänzung sein.

SCHWARZTEE ZUM ESSEN

Sein voller Geschmack, die belebende Wirkung und die wunderschöne satte Tassenfarbe machen Schwarztee zu einem würdigen Kaffeeersatz und Frühstücksgetränk. Mit seinem herben, erdigen, etwas malzigen Geschmack ist Schwarztee aber auch ein ausgezeichneter Begleiter von Getreidegerichten: Zum Gemüsereis, für den man unbedingt Vollkornreis mit etwas Amaranth mischt, süßliches Gemüse dazu gibt, es mild würzt und mit gerösteten Kürbis- oder Sonnenblumenkernen bestreut, ist Schwarztee Oolong beinahe ein Pflichtgetränk. Auch zu Hirse-, Dinkel-, Buchweizen- und Bulgurgerichten schmeckt der Tee köstlich. Außerdem ist Schwarztee ein sehr guter Digestif oder kann mit etwas Milch zum Dessert serviert werden: Zu dunklem Schokoladekuchen oder Nougat-Desserts ist er ein unschlagbarer Begleiter.

grüner tee
der herbe geschmack des fernen ostens

Ob seines besonderen, herben Geschmacks und seiner anregenden, konzentrationsfördernden Wirkung wird grüner Tee in China schon seit Jahrtausenden geschätzt. Seit einigen Jahren zieht nun auch Europa nach. Der zarte, feine Grüntee ist nicht nur ein wunderbares Morgengetränk, das die letzte Schläfrigkeit wegzaubert, sondern auch ein idealer Essensbegleiter. Zudem werden auch seine positiven Eigenschaften auf die Gesundheit allerorts propagiert. Schwarz- und Grüntee stammen übrigens von derselben Teepflanze, „Camelia sinensis“. Zur Herstellung von Grüntee werden die Blätter allerdings in Pfannen geröstet oder gedämpft, aber nicht wie Schwarztee fermentiert. Daher schmecken die beiden Teesorten gänzlich unterschiedlich. Neben den klassischen Sorten, wie dem chinesischen Gun Powder, der kräftig-herb schmeckt, und dem eher milden Sencha, gibt es auch köstliche Grüntee-Mischungen wie Grüntee-Lemongras oder Grüntee-Vanille.

ZUBEREITUNG VON GRÜNEM TEE

Um die wertvollen Inhaltsstoffe auch in der Teetasse wiederzufinden, sollte grüner Tee anstatt mit kochendem nur mit ca. 70 bis 80 °C heißem Wasser übergossen werden. Nach zwei bis drei Minuten ist der Tee fertig. Der erste Aufguss sollte nicht, wie manchmal beschrieben, weggeleert, sondern aufgrund seiner vielen Inhaltsstoffe getrunken werden. Möchte man sich noch ein Tässchen gönnen, können die bereits verwendeten Blätter ein zweites Mal aufgegossen werden.

TIPPS

Aufgrund seiner kühlenden Wirkung, die vor allem von der chinesischen Medizin betont wird, und wegen des Koffeingehalts sollte grüner Tee nicht zum Dauergetränk werden. Am besten, man genießt ihn in der ersten Tageshälfte und trinkt ab dem späten Nachmittag Kräuter-, Rooibos- oder Früchtetees.

GRÜNER TEE ZUM ESSEN

Durch seine Bekömmlichkeit und herbe Note passt grüner Tee gut in die moderne, leichte Küche. Es versteht sich beinahe von selbst, dass er sich gut mit asiatischen Gerichten kombinieren lässt. Sowohl pure Tees als auch Grüntee-

mischungen sind Begleiter von Fischgerichten sowie von Sushi oder Maki. Während Sencha eher zu leichten Fischgerichten passt, ist die Grüntee-Lemongras-Mischung auch mit Karpfen oder Räucherfisch kombinierbar. Der herb erfrischende Geschmack dieser Mischung harmoniert außerdem mit Bärlauch-Risotto, Knoblauch-Dressings oder frischem Schnittlauch. Wegen seiner herben Note mundet Grüner Tee auch fein zu Getreidegerichten, deren vollen Geschmack er noch mehr betont.

weißer tee
genuss für luxusgeschöpfe

Weißer Tee gilt als die exklusivste Teesorte der Welt. Ganze 30.000 von Hand gepflückte ungeöffnete Blattknospen benötigt man für nur ein Kilogramm, was auch den hohen Preis rechtfertigt. Als weiß wird er bezeichnet, weil die zarte Behaarung der Blattunterseite nach der Trocknung als silbrig-weißer Flaum erscheint. Dem weißen Tee wird nachgesagt, reinigend, anregend und konzentrationsfördernd zu wirken. Das Luxusgetränk soll außerdem Alterserscheinungen vorbeugen und die wahre innere Schönheit hervorbringen. Auch weißer Tee stammt von derselben Pflanze wie Schwarz- bzw. Grüntee, er bleibt allerdings gänzlich unbehandelt und wird nur an der Sonne ausgebreitet und getrocknet. Dieser Tee schmeckt wesentlich milder und weniger herb als Grüntee. Neben dem traditionellen Pai Mu Tan gibt es auch einige empfehlenswerte Mischungen mit weißem Tee.
So werden die luxuriösen Blätter von Sonnentor mit Holunderblüten, Verbene und Sonnenblumenblättern zum „Weißen Schutz & Kraft-Tee" oder mit Ingwer zum „Kraftschöpfer-Tee" gemischt.

ZUBEREITUNG VON WEISSEM TEE
Weißer Tee wird wie grüner Tee zubereitet. Es ist also besonders wichtig, nicht kochendes, sondern auf etwa 70 bis 80 °C ausgekühltes Wasser zu verwenden (Wasser aufkochen und erst nach fünf Minuten aufgießen). Zu heißes Wasser würde die wertvollen Inhaltsstoffe und die feinen Aromen der exklusiven Sorte zerstören. Pro Tasse (ca. 200 Milliliter) verwendet man wie beim grünen Tee einen Teelöffel Teeblätter und lässt den Tee zwei bis drei Minuten lang ziehen, bevor man den Tee genießt. Da weißer Tee nicht bitter wird, können die Blätter mehrmals aufgegossen werden. Jedes weitere Mal führt zu einem neuen Geschmackserlebnis.

TIPPS
Wer die anregende Wirkung des grünen Tees mag, aber den herben Geschmack ablehnt, findet mit dem milden weißen Tee eine tolle Alternative.

WEISSER TEE ZUM ESSEN
Das Trinken von weißem Tee zählt nicht nur zu den besten Nachmittagsbeschäftigungen für Luxusgeschöpfe, der nur leicht herbe Tee mit seiner holzigen, blumige Note ist auch ein zarter Begleiter von vielen Speisen. Pai Mu Tan schmeckt köstlich zu leichten Sommersalaten und Desserts, passt aber auch zu einigen Gerichten Asiens. Orientalische Gerichte mit Hülsenfrüchten, wie Hummus oder Linsensuppe, profitieren von dem milden, etwas blumigen Geschmack. Der süßere, dennoch etwas herbe Weiße Schutz & Kraft Tee schmeckt zu Pilzen, süßlichem Gemüse wie Karotten und zu Algen. Außerdem begleitet diese Mischung bittere Salate wie Rucola, Löwenzahn oder Radicchio würdig wie kein anderes Getränk.

rooibos
südafrikas antwort auf tee

Rooibos (Rotbusch) ist die köstlichste Antwort Afrikas auf die vielen feinen Teespezialitäten Asiens, die uns passieren konnte. Der Rooibos ist ein mehrjähriger Leguminosenbusch, dessen Triebe und Blätter in 0,5 Zentimeter große Teile zerkleinert werden, welche danach mit einer speziellen Verarbeitungsmethode an der Sonne fermentieren. Der koffeinfreie Rotbuschtee, wie er wörtlich übersetzt heißt, hat in den vergangenen Jahren einen wahren Siegeszug in die Teetassen der Welt angetreten. Mit seinem wunderbar vollen und etwas süßlichen Geschmack hat Rooibos-Tee inzwischen Alt und Jung begeistert. Der beruhigende, entspannende Tee kann den ganzen Tag über getrunken werden und passt gekühlt genauso gut in den Sommer wie als wärmendes Heißgetränk in den Winter. Da Rooibos kein Koffein enthält, ist er auch als Kindergetränk sehr gut geeignet. Seine beruhigende und entspannende Wirkung macht ihn außerdem zum perfekten Abendtee. Neben Rooibos Natur gibt es auch einige Mischungen wie Rooibos Schokokuss und Rooibos Orange, die besonders Leckermäulchen ans Herz gelegt werden.

ZUBEREITUNG VON ROOIBOS-TEE

Gleich vorweg: Rooibos-Tee besitzt keine Gerbstoffe. Sein Aroma wird durch längeres Ziehen zwar intensiver, aber nicht bitter. Bei der Zubereitung verwendet man am besten einen gehäuften Teelöffel Rooibos pro Tasse und lässt den Tee ca. fünf bis zehn Minuten lang ziehen. Die Vollmundigkeit des rotbraunen Tees wird durch einen Schuss Milch oder Obers noch unterstrichen. Auch gemischt mit Fruchtsäften schmeckt Rooibos-Tee köstlich.

TIPPS

An einem heißen Sommertag empfiehlt es sich, Rooibos-Tee eisgekühlt zu trinken. Der Kreativität sind dabei keine Grenzen gesetzt: Apfelsaft, Traubensaft, Ananassaft und Kokosmilch mit dem Tee gemischt, ergeben feine Cocktails. Zitronen- und Orangenscheiben, Erdbeer- und Pfirsichstücke verfeinern die Drinks zusätzlich. Ein frisch aufgegossener, heißer Rooibos-Tee mit einem Schuss Milch oder Obers und eventuell etwas Honig ist ein köstliches Wintergetränk. Das wohlige Gefühl im Bauch lässt dabei nicht lange auf sich warten. Überraschend gut schmeckt der Tee auch mit einem Obershäubchen und einer Prise Zimt. In Punsch oder Glühwein macht sich Rooibos ebenso gut.

ROOIBOS ZUM ESSEN

Ob Rooibos natur, Vanille oder Schokokuss – in allen seinen Varianten ist Rooibos ein wunderbarer Desserttee. Der volle, süßliche Geschmack des Rooibos Schokokuss mit seiner eindeutigen Kakaonote passt nicht nur zu Kuchen, sondern auch zu fruchtigen Desserts und Kompotten. Der rote Tee begleitet Vanillepudding oder Vanilleeis genauso gut wie Schokolade-Desserts. Rooibos natur passt allerdings auch zu süßlich-pikanten oder süß-scharfen Speisen: So schmeckt er fein zu einigen orientalischen Gerichten wie den marokkanischen Tajines, die oft mit Trockenfrüchten zubereitet werden.

kräutertipps: das sagt der volksmund

Die Beschreibungen der Kräuter und Gewürze stammen aus alten Überlieferungen. Wir glauben an die Kraft der Natur, es liegt aber in der Verantwortung von jedem persönlich dieses traditionelle überlieferte Wissen von den Wirkungsweisen der Kräuter und Gewürze, eigenverantwortlich und sensibel für das eigene körperliche Wohlbefinden anzuwenden. Wir raten Ihnen bei gesundheitlichen Beschwerden diese vorerst mit dem Arzt abzuklären, um einen verantwortungsvollen ganzheitlichen Mix aus Schulmedizin und Unterstützung aus der Pflanzenwelt zu finden.

* apfelminze

WIRKUNG: stimmungsaufhellend, gallebildend, verdauungsanregend, leicht anregend
HILFREICH bei Verdauungs- und Magenbeschwerden, eignet sich auch während einer homöopathischen Behandlung, da die Apfelminze kein Menthol und Methan enthält
ANWENDUNG: Tee

* bertram

WIRKUNG: schweißtreibend, antiseptisch, schleimlösend, blutreinigend
HILFREICH gegen Entzündungen im Mund, Zahnschmerzen, Husten, Schnupfen, Rheuma
ANWENDUNG: Gewürz, Öl, Saft

* brennnessel

WIRKUNG: cholesterinsenkend, durchfallhemmend, stoffwechselanregend, blutreinigend, harntreibend
HILFREICH gegen Schuppen, Eisen- und Mineralstoffmangel, Rheuma und Gicht (Geißelungen mit frischen Nesselruten). Unterstützt Entschlackung bei einer Frühlingskur.
ANWENDUNG: Tee, Tinktur, Saft, Gemüse

* fenchel

WIRKUNG: krampflösend, verdauungsfördernd, antidepressiv
HILFREICH bei Halsschmerzen, Keuchhusten, Bronchitis, Magen- und Verdauungsstörungen, Blähungen, Nieren- und Blasenleiden, Heiserkeit
ANWENDUNG: Saft, Tee, Kompresse, Fenchelhonig, Samen, zum Gurgeln

* frauenmantel

WIRKUNG: zusammenziehend bei Frauenleiden, blutreinigend
HILFREICH gegen starke Monatsblutung, Wechselbeschwerden, Hautunreinheiten, bei Weißfluss
ANWENDUNG: Tee, Salbe, Saft, Waschungen

* galgant

WIRKUNG: wärmend, anregend, heilend, antibakteriell, kreislaufstärkend
HILFREICH bei Kreislaufschwäche, Durchblutungsstörungen, Müdigkeit, Kraftlosigkeit
ANWENDUNG: Tee, Pulver, Umschläge

* gewürznelken

WIRKUNG: wärmend, antiseptisch, desinfizierend, schmerzstillend, krampflösend
HILFREICH bei Zahnschmerzen, Beschwerden im Mund- und Rachenraum
ANWENDUNG: Tinktur, Öl, Gewürz, ganze Frucht

* grüntee

WIRKUNG: entgiftend, entschlackend,belebend und beruhigend zugleich
HILFREICH gegen Müdigkeit, stärkt das Immunsystem, Erschöpfung, verhindert Karies
ANWENDUNG: Tee

* ingwer

WIRKUNG: krampflösend, wärmend, verdauungsfördernd, entschlackend, belebend, harmonisierend
HILFREICH bei Reisekrankheit, Erkältungskrankheiten, Grippe, stärkt den Magen, Muskelverspannungen, Rheuma, Kältegefühl
ANWENDUNG: Tee, Öl, Bäder, Sirup, Gewürz

* hanfblätter

WIRKUNG: muskelentspannend schmerzstillend
HILFREICH gegen Heiserkeit, Husten und rauhe Stimmen, Kopfschmerzen, Migräne, Appetitlosigkeit
ANWENDUNG: Öl, Essenz, Samen

* himbeerblätter

WIRKUNG: wohltuend, entzündungshemmend, zusammenziehend
HILFREICH bei Nierenstörungen und typischen Frauenleiden, fördert allgemeines Wohlbefinden
ANWENDUNG: Tee

* holunderblüten

WIRKUNG: schweißtreibend, nieren- und blasenwirksam, blutreinigend, stuhlfördernd
HILFREICH in Grippezeiten, bei Kreislaufschwäche und Unwohlsein
ANWENDUNG: Tee, Tinktur

* johanniskraut

WIRKUNG: stärkt das Gedächtnis, fördert Zellerneuerung, bringt neue Vitalität, stimmungsaufhellend
HILFREICH bei Verbrennung, Blutergüssen, Sonnenbrand, Verstauchungen (äußerlich); Depressionen, Nervenschmerzen, Nervosität (innerlich)
ANWENDUNG: Auszüge, Öl, Bäder, Tee

* kamille

WIRKUNG: desinfizierend, mild beruhigend, wundheilend, menstruationsregulierend, entkrampfend
HILFREICH gegen Kopfschmerzen, als Umschlag bei Ausschlägen und Entzündungen der Augen, zum Baden für Kleinkinder, beim Zahnen, gegen Blähungen und Verdauungsschwierigkeiten
ANWENDUNG: Bäder, Tee, zum Inhalieren, Wundumschläge, Tinktur

* käsepappel
WIRKUNG: reizmildernd, wundheilend, entzündungshemmend
HILFREICH bei Gastritis, Magengeschwüren, innere Entzündungen, Bad bei Hämorrhoiden und Hautausschlägen
ANWENDUNG: Tee, Bäder, Essenz

* krauseminze
WIRKUNG: kräftigend, anregend, schleimlösend, verdauungsfördernd, wärmend
HILFREICH für eine gute Verdauung, gegen Blähungen, Völlegefühl
ANWENDUNG: Tee, Gewürz

* kümmel
WIRKUNG: magenstärkend, milchbildend, verdauungsfördernd, appetitanregend
HILFREICH für jegliche Frauenbeschwerden, bei Kopf-, Ohren-, und Zahnschmerzen erwärmten Kümmel auflegen, bei Verdauungsbeschwerden, Krämpfen und Bauchweh
ANWENDUNG: Tee, Bäder, Tinktur, Samen in einen Leinensäckchen erwärmen

* lavendel
WIRKUNG: schlaffördernd, krampflösend, beruhigend, durchblutend, desinfizierend,
HILFREICH bei Magen- und Darmbeschwerden sowie Durchfall, bei Schlafstörungen, Unruhe, Nervosität
ANWENDUNG: Bäder, Tee, Tinktur, Öl

* lindenblüten
WIRKUNG: schweißtreibend, schleimlösend, krampfstillend
HILFREICH bei Erkältung, Husten, Schnupfen, Grippe und Bronchitis
ANWENDUNG: Tee

* löwenzahnblätter
WIRKUNG: gallebildend, verdauungs- und appetitanregend, antirheumatisch, nieren- und stoffwechselanregend
HILFREICH stärkt das Immunsystem bei Stoffwechselbeschwerden, bei Leber- und Gallenbeschwerden, Verstopfung, Appetitlosigkeit
ANWENDUNG: Tee, Saft, Gemüse

* mate
WIRKUNG: entschlackend, magenstärkend, appetithemmend
HILFREICH regt Verdauung, Stoffwechsel und Kreislauf an
ANWENDUNG: Tee

* melisse
WIRKUNG: beruhigend, schweißtreibend, magenberuhigend, nervenberuhigend, krampflösend, schlaffördernd
HILFREICH in stressreichen und angespannten Zeiten, bei Magen-Darm-Krämpfen und Schlafstörungen, Magenproblemen, Übelkeit, Nervosität
ANWENDUNG: Tee, Tinktur, Salbe

* pfefferminze
WIRKUNG: desinfizierend, krampflösend, stoffwechselanregend
HILFREICH bei verschleimten Atemwegen und Erkältungskrankheiten, Magen-Darm-Beschwerden, Durchfall, Unterleibskrämpfen, Kopfschmerzen
ANWENDUNG: äth. Öl, Inhalation, Tee, Tinktur, Saft

* ringelblumen
WIRKUNG: wundheilend, antiseptisch, muskelstärkend, entzündungshemmend
HILFREICH bei Gelenksentzündungen, Sehnenscheideentzündungen, Muskelproblemen, schlecht heilende Wunden, Ekzeme, Hämorrhoiden, Entzündungen des Verdauungstraktes, entzündeter und geröteter Haut, trockener empfindlicher Kopfhaut, Allergien, Geschwüren, Magen- und Darmentzündungen, Menstruationsbeschwerden
ANWENDUNG: Sitzbäder, Saft, Öl, Tee, Gesichtswasser, Kompresse, Haarspülung

* salbei
WIRKUNG: stark desinfizierend entzündungshemmend, krampflösend
HILFREICH bei Zahnfleisch, Hals-, Rachen-, Mandelentzündungen, reguliert die Überproduktion der Schweißdrüsen
ANWENDUNG: zum Gurgeln oder Trinken, Gewürz

* schafgarbe
WIRKUNG: krampflösend, anregend, verdauungsfördernd, entzündungshemmend
HILFREICH bei Unterleibskrämpfen und Menstruationsbeschwerden, anregend auf Appetit, Leber, Galle und gesamter Stoffwechsel
ANWENDUNG: Sitzbäder, Öl, Tee, Saft

* schwarzer tee
WIRKUNG: gefäßschützend, stimuliert zentrales Nervensystem und fördert Konzentration, stopfend
HILFREICH gegen Durchfall, Unterstützung des Herz-Kreislauf-Systems
ANWENDUNG: Tee

* weißer tee
WIRKUNG: blutdrucksenkend, stärkt Immunsystem, gegen freie Radikale
HILFREICH gegen Stress, Hautalterung, stärkt Nerven, beeinflusst Blutzuckerwerte positiv, bei Erschöpfung
ANWENDUNG: Tee, in der Kosmetik in Cremen

* ysop
WIRKUNG: reinigend, schleimlösend anregend
HILFREICH bei Leberschmerzen, Depressionen, Melancholie, Blutreinigung
ANWENDUNG: Tee, Gewürz

* zinnkraut
WIRKUNG: entwässernd, anregend
HILFREICH bei Hautkrankheiten, Schuppen, fettendes Haar, Blasenerkrankungen, Stoffwechselanregung
ANWENDUNG: Tee, Gewürz

* zitronenverbene
WIRKUNG: beruhigend, erfrischend entkrampfend, appetitanregend
HILFREICH gegen Stress, magenberuhigend, bei Nervosität, Unruhe
ANWENDUNG: Tee

KAPITEL 12

genussvoll kochen

Mit den Kräuter- und Gewürz-Rezepten im folgenden Kapitel wird endlich dem wahren Genuss gefrönt. Schluss mit der Theorie – es wird Zeit, Töpfe, Löffel und Schneidbretter aus den Regalen zu räumen, nach Herzenslust zu kochen und zu genießen. Liebhaber der exotischen Küche, für die es Kokos-Curry-Suppe oder Hot-Hot Curry gibt, sollten genauso fündig werden wie Fans der (Waldviertler!) Hausmannskost und Leckermäuler, denen die Mohnnudeln schwer ans Herz gelegt werden. Mmmhs, Aaahs und andere dem Genuss Ausdruck verleihende Laute sind einem auch mit dem würzigen Satansbraten sicher, der sich großartig für das nächste Familienessen eignet. Für heiße Tage gibt es Rezepte aus der leichten Küche wie gedünstete Feigen mit Himbeeren und Ziegenkäsecreme oder den köstlichen Sommersalat. Mit dem Flower-Power-Müsli kommen auch Frühstücker, die den Tag mit mehr Farbe starten möchten, auf ihre Rechnung.

sprögnitzer glück

200 ml gekühlter Grüner Glückstee
50 ml Apfelsaft
Eiswürfel mit Rosenblüten
Zucker
Zitronensaft

für 1 Person

Tee, Apfelsaft und Eiswürfel vermischen (shaken), in einem Glas mit Zuckerrand servieren. Dazu den Glasrand mit Zitronensaft befeuchten und in Zucker tauchen.

sonnentor adventpunsch

1 EL Adventfrüchtetee
1 EL Winternacht-Früchtetee
1/4 l Apfelsaft
1/8 l Rotwein
1/8 l Rum
1/4 l Orangensaft
2–3 EL Honig
1 TL Vanillezucker
1 Zimtstange
6 Gewürznelken
1 TL gemahlene Orangenschalen

für 4 Personen

Früchtetee mit 300 ml kaltem Wasser ansetzen, kurz aufwallen und 10 Minuten ziehen lassen. Apfel- und Orangensaft mit Rotwein und den Gewürzen erhitzen, zum Tee geben, nochmal 5 Minuten ziehen lassen. Danach durch ein Sieb gießen, Rum dazugeben, nochmal abschmecken und eventuell nachsüßen. Geschnittene Apfel- und Orangenstücke mitkochen, in Gläser füllen und mit dem Punsch heiß servieren.

ingwer-zitronen-cocktail

1/4 unbehandelte Orange
2 cl Sonnentor Ingwer-Zitronen-Sirup
6–8 Blätter Zitronenmelisse
2 cl weißer Rum
2 cl Galliano oder Vanillelikör
Eiswürfel
Mineralwasser

für 1 Person

Die Orange waschen, von den Kernen befreien, mit der Schale in 2–3 cm große Stücke schneiden und in ein großes Glas füllen. Ingwer-Zitronen-Sirup über die Orangen gießen, Melisseblätter dazugeben und im Glas mit den Orangen zerdrücken. Rum und Vanillelikör dazugeben, mit einem Löffel umrühren. Das Glas mit Eis anfüllen und mit Mineralwasser aufgießen. Mit einer Orangenscheibe und Melisse garnieren und mit einem Strohhalm servieren.

erfrischendes pfefferminzchen

250 ml eisgekühlter Pfefferminztee
Sonnentor Erfrischungssirup
frische Minze
Eiswürfel mit Minze

für 1 Person

Den gekühlten Tee mit einem Schuss Erfrischungssirup verfeinern, mit frischer Minze dekorieren, Eiswürfel hinzufügen und genießen!

scharfmacher-tomatensuppe

600 g enthäutete Tomaten (oder geschält aus der Dose)
2 EL Tomatenmark (oder Saft aus der Dose)
1 kleine Zwiebel
1 EL Butter oder Olivenöl
1/8 l Schlagobers (Sahne)
3/4 l klare Suppe
1 EL Kristallzucker oder Rohrohrzucker
2 TL Scharfmacher Gewürz-Blüten-Mischung
Ayurvedisches Zaubersalz, fein

für 4 Personen

Butter schmelzen und kleingeschnittene Zwiebel glasig rösten, Zucker dazugeben und karamellisieren. Tomaten vierteln und Mark bzw. Saft dazurühren. Mit Suppe aufgießen, Scharfmacher Gewürz-Blüten-Mischung einrühren und salzen. Ca. 30 Min. köcheln lassen. Die Suppe mit dem Stabmixer pürieren und durch ein Sieb streichen, eventuell mit 2/3 des geschlagenen Obers (Sahne) cremig aufmixen. Mit einer Obershaube und Scharfmacher Gewürz-Blüten-Mischung garnieren.

schaumsuppe vom muskatkürbis

2 EL Rohrzucker
2 EL Maiskeimöl
1 Zwiebel
400 g Muskatkürbis
5 EL Bio-Bengelchen Bunte Dinkelcremesuppe
Zimt, Kurkuma
200 ml Obers, 3 EL Kürbiskerne, 2 EL Kürbiskernöl

für 4 Person

Zucker mit dem Öl karamellisieren lassen. Zwiebel schälen, würfeln und zum Zucker geben. Gut verrühren. Den Kürbis halbieren, die Kerne entfernen, schälen und das Fruchtfleisch in Stücke schneiden. Mit den Zwiebeln kurz andünsten, mit 1,2 l Wasser auffüllen und Bio-Bengelchen Bunte Dinkelcremesuppe einrühren. Alles 15 Min. kochen lassen, bis der Kürbis weich ist. Fein pürieren und mit der Hälfte des Obers binden und würzen. Kurz vor dem Anrichten das restliche Obers steif schlagen und unterheben. Mit Kernöl und gerösteten Kürbiskernen garnieren.

waldviertler steinpilzsuppe

4 EL Butter
2 kleine Zwiebeln
6 EL Steinpilz-Dinkelcremesuppe
2 EL getrocknete Steinpilze
oder je nach Geschmack frisch
geschnittene Steinpilze
Petersilie und Obers zum Verfeinern

für 4 Personen

Steinpilz-Dinkelcremesuppe, die gehackten Zwiebeln sowie die Steinpilze in der zerlassenen Butter anschwitzen. Mit 1 Liter Wasser aufgießen, gut verrühren und ca. 4 Minuten kochen lassen. Mit Obershaube und Petersilie verfeinern. Mit einer getoasteten Schwarzbrotscheibe servieren.

sonnige kokos-curry-suppe

2 EL Erdnussöl
1 Zwiebel
1 Knoblauchzehe
1 kleine rote Chilischote
1 Stück Ingwer oder gemahlener Ingwer
1 EL Sonnenkuss Gewürz-Blüten-Mischung
400 ml Kokosmilch
1/2 l Hühnerbrühe
Ayurvedisches Zaubersalz, fein

für 4 Personen

Die Zwiebel und den Knoblauch schälen, fein hacken und mit der Chilischote in Erdnussöl anrösten. Ingwer reiben und zusammen mit Sonnenkuss-Gewürz-Blüten-Mischung kurz mitrösten, anschließend mit der Brühe und der Kokosmilch aufgießen. Alles einmal aufkochen, Hitze reduzieren und ca. 20 Minuten köcheln lassen. Chilischoten entfernen, Suppe pürieren und mit Salz abschmecken. In Teller oder Schalen füllen und mit Sonnenkuss-Gewürz-Blüten bestreuen und servieren.

sommersalat mit schafskäse

40 g Vogerlsalat
40 g Ruccolasalat
80 g gemischte Blattsalate
1 Frühlingzwiebel
1 Karotte
1/4 Gurke
4 Tomaten
200 g Schafsfrischkäse
Frische oder getrocknete Kräuter nach Belieben
Ganzer weißer Pfeffer aus der Mühle
Basilikum
1 EL Sojasauce
4 EL Zitronenthymian-Apfelbalsamico-Essig
2 EL Kürbiskernöl
2 EL Nussöl
3 EL Ahornsirup
Ayurvedisches Zaubersalz

für 4 Personen

Salate waschen, zerteilen und mit Kräutern in eine Schüssel geben. Karotte schälen und mit einem Schäler in dünne Scheiben schneiden, die Gurke in Stifte und die Frühlingszwiebel in feine Ringe schneiden und dazugeben. Tomaten und Schafskäse in Scheiben schneiden und auf Tellern anrichten, würzen. Aus Essig, Öl, Ahornsirup und Sojasauce eine Marinade rühren, über den Salat gießen, gut durchmischen und auf die Tomaten setzen.

geröstete schwammerl mit ei

1 kleine Zwiebel
2 EL Butter
500 g frische Eierschwammerl (Pfifferlinge)
2 Eier
Ayurvedisches Zaubersalz
Pfeffer schwarz, gemahlen
Schnittlauch

für 4 Person

Die Zwiebel fein hacken und in der Butter goldgelb anrösten, Eierschwammerl blättrig schneiden und mitrösten. Die Eier versprudeln, über die Schwammerl gießen und verrühren, bis die Eier gestockt sind. Mit etwas Salz und Pfeffer würzen; vor dem Servieren mit frisch geschnittenem Schnittlauch garnieren. Schmeckt hervorragend mit einer getoasteten Scheibe Vollkornbrot!

ziegen-energiekugeln

200 g Ziegenfrischkäse
150 g geriebener Schnittkäse
150 g frisch geriebene Walnüsse
Mediterranes Blüten-Zaubersalz
Scharfmacher Gewürz-Blüten-Mischung

für 4 Personen

Ziegenfrischkäse mit dem geriebenen Käse und gemahlenen Nüssen vermischen, mit dem Mediterranen Blüten-Zaubersalz würzen, kleine Kügelchen formen und kühl stellen. Kurz vor dem Servieren mit der Scharfmacher Gewürz-Blüten-Mischung bestreuen. Auf Vollkornbrot oder Blattsalat anrichten.

gewürz-joghurt-dressing

1/2 TL Limettensaft
500 g Joghurt
je 1/2 TL gemahlene Kräuter: Rosmarin, Koriander, Kreuzkümmel, Chili, Ingwer, Paprika, Thymian
frischer Knoblauch

für 4 Personen

kräuter-dressing

2–3 EL Olivenöl
1 TL Zitronensaft
Ayurvedisches Zaubersalz, fein
1 TL Dijonsenf
5 EL Basilikum-Apfelbalsamico-Essig
1 Knoblauchzehe
Pfeffer aus der Mühle
eine Prise feinkörniger Zucker
je 1/2 TL Schnittlauch, Petersilie, Kerbel, Dill

für 2 Personen

198

zucchini
mit pilzen und sonnen-couscous

2–4 mittelgroße Zucchini
200 g Couscous
1 EL Olivenöl
Ayurvedisches Zaubersalz, fein
1 Zwiebel
200 g Pilze
50 g Parmesan oder Hartkäse
1/2 TL Sonnenkuss Gewürzmischung

für 4 Personen

Zucchini aufschneiden, aushöhlen und das Fruchtfleisch klein schneiden. Zwiebel schneiden und in Olivenöl anrösten.

Fruchtfleisch der Zucchini und klein geschnittene Pilze dazugeben, salzen und pfeffern und kurz rösten.

Wasser laut Mengenangabe auf der Couscouspackung kochen, kurz köcheln lassen, den Couscous einrühren, zudecken und dampfen lassen.

Den Couscous mit der Sonnenkuss Gewürzmischung würzen und die Pilz-Zucchinimischung dazugeben, die Zucchini füllen, mit Käse bestreuen und im Rohr bei 220 °C ca. 25 Minuten dünsten.

Tipp

Dazu passt sehr gut eine Tomatensauce von 400 g Tomaten mit Pizza- und Pastagewürz, gemahlenem Knoblauch und etwas Salz.

200

Wussten Sie, dass auch unser Getreide einen Urgroßvater hatte? Es heißt Einkorn, ist für viele Gourmets das feinste Getreide Europas und feiert im Sonnenkuss Risonno eine kulinarische Wiedergeburt. Muten Sie ihm ruhig eine Gewürzmischung zu. Dieser Typ ist ganz von heute!

sonnenkuss-risonno mit asiatischem hühnerbrüstchen

1 EL Olivenöl
250 g Sonnenkuss Risonno
500 ml Wasser
2 kleine Karotten
2 Hühnerbrüstchen à 150 g
1–2 EL Gewürzmischung Wok scharf oder süß
1 EL Butterschmalz
2 EL Sojasauce

für 4 Personen

Olivenöl erwärmen, Sonnenkuss Risonno dazugeben, kurz anlaufen lassen, mit Wasser auffüllen und auf kleiner Stufe zart köcheln lassen und immer wieder umrühren, bis das Wasser ganz aufgenommen ist.

Die Karotten in feine Streifen schneiden und die Hühnerbrüstchen mit der Wok-Gewürzmischung einreiben. Butterschmalz in einer Pfanne erhitzen, die Hühnerbrüste auf einer Seite anbraten, umdrehen, die Karottenstreifen dazugeben und fertig braten.

Danach aus der Pfanne nehmen und auf Alufolie setzen, mit Sojasauce beträufeln, fest einschlagen und 3 Min ziehen lassen.

Die Hühnerbrüstchen aufschneiden und die Karotten auf einen Teller setzen. Dann die Hühnerbrustscheiben darauf geben, mit dem so entstandenen Saft überziehen und mit Sonnenkuss Risonno servieren.

Tipp

Verfeinern Sie das Risonno mit geschlagenem Obers (Sahne) und geriebenem Parmesan!

hot-hot curry

1 1/2 kg Kartoffeln, Karotten, Pastinaken und Sellerie
1 Bund Jungzwiebeln
4 EL Olivenöl
1 TL süßer Curry
1/2 TL 12-Kräutersalz
1/4 l klarer Gemüsefond
1/4 l Sauerrahm
2 süße Äpfel
Sonnenkuss Gewürz-Blüten-Mischung

für 4 Personen

Kartoffeln und Gemüse schälen und in 1–2 cm große Stücke schneiden. Olivenöl erhitzen und die geschnittenen Jungzwiebeln leicht anrösten (nicht braun werden lassen), Curry dazugeben und ganz kurz mitrösten.

Gemüse beifügen und mit der Gemüsesuppe aufgießen. 25 Minuten bei leichter Hitze köcheln.

Kurz vor dem Servieren 1–2 in Würfel geschnittene Äpfel dazugeben und noch 5 Minuten weiterdünsten lassen. Dann den Sauerrahm zufügen und mit Sonnenkuss Gewürz-Blüten-Mischung bestreut servieren.

melanzani-lamm-röllchen mit schafskäse

2 Melanzani
1 Zwiebel
250 g faschierte Lammschulter
3 El Olivenöl
2 EL Tomatenmark
2 Tomaten
Ayurvedisches Zaubersalz, fein
Basilikum
Knoblauch
weißer Pfeffer
Oregano
200 g Schafskäse in Salzlake
20 g Butter
60 g Reibkäse

für 4 Personen

Melanzani der Länge nach in 1/2 cm dicke Scheiben schneiden, auf ein Blech mit Backpapier setzen, mit Zaubersalz und frisch gemahlenem weißen Pfeffer würzen und im Rohr bei 180 °C 15 Minuten braten.

Zwiebeln in feine Würfel schneiden.

Faschiertes in Olivenöl anrösten, Zwiebeln dazugeben und kurz mitrösten.

Mit Tomatenmark vermischen und kurz rösten. Die Tomaten in Würfel schneiden, dazugeben und mit 1/8 l Wasser aufgießen, würzen und aufkochen lassen.

Schafskäse in 1 cm große Würfel schneiden und zu dem Faschierten geben, vom Herd nehmen und überkühlen lassen.

Die Melanzanischeiben mit je 1–2 Löffeln Faschiertem belegen und fest einrollen. Eine feuerfeste Auflaufform mit Butter ausstreichen und dann die Melanzanirollen einschlichten, den Reibkäse darüberstreuen und bei 170 °C im Rohr 15 Minuten überbacken. Aus dem Ofen nehmen und mit knackigem Salat und Weißbrot servieren.

204

gefülltes schweinsfilet auf biersauce

700 g Schweinsfilet
150 g Schafskäse (Feta)
30 g Graumohn
12 Scheiben durchwachsener Speck
Grillgewürz
3 EL Sonnenblumenöl
60 g Speck
1 Zwiebel
2 Knoblauchzehen
1 EL Zucker
200 ml Malzbier (dunkles Bier)
Fertigsuppe
1/8 l Obers

für 4 Personen

Das Schweinsfilet in 12 gleich große Medaillons schneiden, mit einem kleinen, scharfen Messer Taschen einschneiden. Schafskäse mit dem Mohn vermischen und in die Taschen füllen, mit einer Scheibe Speck umwickeln und mit Grillgewürz einreiben.

Speck, Zwiebel und Knoblauch in kleine Würfel schneiden. Das Öl in einer Pfanne erhitzen, die Medaillons beidseitig scharf anbraten, aus der Pfanne nehmen und auf ein Blech setzen. Im Bratenrückstand Zucker leicht bräunen lassen, Speck, Zwiebel und Knoblauch mit anrösten, mit Bier ablöschen, 1/8 l Wasser angießen und mit Fertigsuppe würzen, 5 Minuten leicht kochen lassen.

Die Filets 10 Minuten bei 170 °C im Ofen garen. Sauce mit Obers verfeinern, auf Teller gießen. Die Filets aus dem Rohr nehmen, auf den Saucenspiegel setzen und mit Bandnudeln servieren.

gebackenes karpfenfilet in mohnpanier

4 Karpfenfilets
Ayurvedisches Zaubersalz, fein
weißer, gemahlener Pfeffer
Fischgewürz
Zitronensaft
Mehl
Eier
Brösel
gemahlener Graumohn
Fett zum Herausbacken

für 4 Personen

Karpfenfilets mit Salz, Pfeffer, Fischgewürz und Zitronensaft würzen. Brösel und Mohn jeweils zur Hälfte vermengen.

Karpfenfilets in Mehl, Eiern und in Brösel-Mohngemisch panieren, in heißem Fett schwimmend herausbacken. Nach dem Abtropfen mit frisch gehackter Petersilie bestreuen.

Dazu passt hervorragend Kartoffelsalat.

206

gute laune-risonno mit tofu-gemüse-spieß

2 EL Olivenöl
250 g Gute Laune Risonno
500 ml Wasser
1 Zwiebel
1 roter Paprika
1 Zucchini
1 gelber Paprika
100 g geräucherter Tofu
Ayurvedisches Zaubersalz, fein
1–2 EL Gute Laune Gewürz-Blüten-Mischung
Holzspieße nach Bedarf
2 EL Sonnenblumenöl

für 4 Personen

Olivenöl erwärmen, Gute Laune Risonno dazugeben, kurz anlaufen lassen, mit Wasser auffüllen, auf kleiner Stufe zart köcheln lassen und immer wieder umrühren, bis das Wasser aufgenommen ist.

Zwiebel zuerst halbieren und dann sechsteln. Zucchini der Länge nach halbieren und dann in 3 cm lange Stücke und Paprikaschoten in 2–3 cm große Quadrate schneiden.

Das Gemüse mit Zaubersalz und Gute Laune Gewürz-Blüten-Mischung würzen, den Tofu in 2 cm große Würfel schneiden und danach mit dem Gemüse abwechselnd auf die Holzspieße stecken und in Sonnenblumenöl rundherum langsam anbraten.

Das Gute Laune Risonno auf Tellern anrichten und die gebratenen Gemüsespieße dazugeben, eventuell mit frischem Kerbel garnieren.

Tipp

Verfeinern Sie das Risonno mit geschlagenem Obers (Sahne) und geriebenem Parmesan!

208

Leicht und locker kombinieren Kenner heute Geschmacksrichtungen aus aller Welt. Ayurvedisches Zaubersalz zum heimischen Zander, eine feurig-kräftige Gewürzmischung mit Chili und Rosenblüten zu den vertrauten Dinkelnudeln – der Gaumen wird staunen! Und den Mutigen belohnt der Gast mit einem restlos aufgeputzten Teller.

zitronengras-fischspieß

auf blattspinat

300 g Welsfilet
300 g Zanderfilet
4 Stk. Zitronengras
gemahlener Ingwer
weißer, gemahlener Pfeffer
Ayurvedisches Zaubersalz, fein
3 EL Sonnenblumenöl
400 g Blattspinat TK
1 Zwiebel
1 Knoblauchzehe
30 g Butter
gemahlener Kurkuma
gemahlener Muskatnuss
weißer, ganzer Pfeffer
aus der Mühle
Ayurvedisches Zaubersalz, fein
0,2 l Obers

für 4 Personen

Wels und Zander in 3–4 cm große Würfel schneiden, mit Ingwer, weißem Pfeffer und Ayurvedischem Zaubersalz fein würzen. Danach abwechselnd auf die Zitronengrasspieße stecken. Die Spieße langsam in einer Pfanne mit Sonnenblumenöl braten.

Zwiebel und Knoblauch in kleine Würfel schneiden und in Butter anschwitzen. Den aufgetauten Blattspinat ausdrücken und zur Zwiebel geben, würzen und zuletzt mit dem Obers einkochen lassen.

Mit Salzkartoffeln servieren.

scharfmacher-tagliatelle mit tofu

200 g Dinkelgrieß
3 Eier
200 g Vollkorn-Weizenmehl
3 EL Olivenöl
50 ml Wasser

100 g geräucherter Tofu
1 Zwiebel
1 Zucchini
2 Paprika (rot und gelb)
2 Knoblauchzehen
8 schwarze Oliven
4 EL Olivenöl
Scharfmacher Gewürz-Blüten-Mischung

für 4 Personen

Für den Nudelteig alle Zutaten zu einem festen Teig verkneten, dann 1/2 Std. rasten lassen, danach am besten mithilfe einer Nudelmaschine ausrollen und zu 1/2 cm breiten Tagliatelle schneiden. Tofu, Paprika, Zucchini in 1–2 cm große Würfel schneiden, Zwiebel, Knoblauch in kleine Würfel schneiden. Die Oliven entkernen und halbieren. Olivenöl in einer großen Pfanne erhitzen, das Gemüse dazugeben und gut anrösten, danach Oliven und Tofu dazugeben und kurz mitrösten. Die Nudeln in kochendes Salzwasser legen, umrühren und 2 Minuten kochen lassen, dann abseihen und zum Gemüse geben, durchmischen und mit frisch geriebenem Parmesan und geschnittenem Basilikum servieren.

Seit vielen Jahren hilft Karl Heinz Böhm mit „Menschen für Menschen“ in Äthiopien. Sonnentor unterstützt ihn dabei mit Genuss: Die Berbere-Gewürzmischung wurde von seiner Ehefrau Almaz, einer gebürtigen Äthiopierin, persönlich abgestimmt. Leicht entschärft für europäische Gaumen und dennoch so unverwechselbar wie das wunderbare Land, zu dem Berbere untrennbar gehört.

doro wot

äthiopischer hühnereintopf

750 g Hähnchenkeulen
2 Zwiebeln
4 Knoblauchzehen
4 EL Maiskeimöl
60 g Tomatenmark
3 Tomaten
Berbere-Gewürzmischung
Ayurvedisches Zaubersalz fein
geschnittener Rosmarin

für 4 Personen

Hähnchenkeulen im Gelenk mit einem scharfen Messer durchtrennen, mit Zaubersalz fein und Rosmarin einreiben und ziehen lassen. Zwiebeln und Knoblauch schälen, in kleine Würfel schneiden und in heißem Öl anbraten, das Tomatenmark und die Berbere-Gewürzmischung zugeben und kurz anrösten, anschließend mit 1 1/2 l Wasser aufgießen. Hähnchenstücke dazugeben und zugedeckt bei mittlerer Hitze ca. 50 Minuten kochen, bis das Fleisch weich ist, eventuell zwischendurch etwas Wasser zugeben. Kurz vor dem Ende der Kochzeit die Tomaten in 2 cm große Würfel schneiden, dazugeben und kurz mitgaren.

Tipp

In Äthiopien wird pro Person noch 1 gekochtes und geschältes Ei hineingegeben. Dazu wird Injera – gesäuertes Fladenbrot – gegessen. Man kann dieses Gericht aber auch mit normalem Brot, Couscous oder Reis essen. Wot (äthiopisch für Eintopf) kann auch mit jeder anderen Fleischart zubereitet werden.

212

waldviertler gute laune-knödel

250 g Topfen
150 g Mehl
60 g Margarine
1 Ei
2 Handvoll Grieß
Salz

Fülle:
3 Stangen Frühlingszwiebeln, fein geschnitten
1 gelbe Rübe, fein gewürfelt
1/4 Bund Staudensellerie, klein geschnitten
200 g Grünkern, gekocht, kalt werden lassen, faschieren
Petersilie
150 g Tofu, geräuchert, faschiert
100 g Topfen (Quark)
Galgant
Ayurvedisches Zaubersalz, fein
Gute Laune Gewürz-Blüten-Mischung

für 4 Personen

Fülle:
Zwiebel und Gemüse in Pflanzenöl leicht anschwitzen. Mit den restlichen Zutaten vermischen und würzen. Kleine Kugeln formen und im Kühlschrank fest werden lassen.

Topfen-Grieß-Teig:
Alle Zutaten zu einem geschmeidigen Teig verarbeiten, 1/2 Stunde zugedeckt im Kühlschrank rasten lassen.

Aus dem Teig eine Rolle formen und gleich große Scheiben abschneiden, etwas flachdrücken, mit Fülle belegen und zu Knödeln formen.

In kochendem Salzwasser 10–15 Minuten ziehen lassen.

Wissenswertes

Die Gute Laune-Knödel wurden in Kooperation mit den Zwettler Wirten bei der Knödelolympiade 2004 in Zwettl kreiert.

scharfmacher-risonno mit gebratenem toskanischem gemüse

1 EL Olivenöl
250 g Scharfmacher Risonno
500 ml Wasser
1/2 Melanzani
1 Zucchini
2 Paprika (rot und gelb)
Ayurvedisches Zaubersalz, fein
2 EL Scharfmacher Gewürz-Blüten-Mischung
2 EL Olivenöl

für 4 Personen

Olivenöl erwärmen, Scharfmacher Risonno dazugeben, kurz anlaufen lassen, mit Wasser auffüllen und auf kleiner Stufe zart köcheln lassen. Immer wieder umrühren, bis das Wasser aufgenommen ist. Melanzani und Zucchini in Scheiben schneiden, Paprikaschoten vom Strunk her die Seitenteile abschneiden. Das Gemüse mit Zaubersalz und Scharfmacher Gewürz-Blüten-Mischung würzen und in Olivenöl beidseitig langsam braten. Das Scharfmacher Risonno auf Tellern anrichten und das gebratene Gemüse dazugeben.

Tipp

Verfeinern Sie das Risonno mit geschlagenem Obers (Sahne) und geriebenem Parmesan!

214

süßer satansbraten mit karotten-ingwer-polenta-auflauf

1000 g ausgelöster Lammschlögel (lassen Sie sich aber die Knochen extra dazupacken)
100 g getrocknete Marillen
6–10 EL Honig
250 g Karotten
2 Zwiebeln
1 Stange Porree
3 Pastinaken oder
1 Sellerieknolle
1/2 TL ganze Fenchelsamen
1/2 TL Orangenschalen
1/2 TL Koriander
1/2 TL bunte Pfefferkörner
1/2 TL gemahlene Chili
6 Kardamomsamen
Ayurvedisches Zaubersalz
3 EL Semmelbrösel
1/8 l Rotwein zum Aufgießen

150 g Karotten
2 Eier
6 EL Butter
50 g geriebener Parmesan
1/2 TL gemahlener Ingwer
1/2 TL Mediterranes Blütenzaubersalz
200 g Polenta

für 4 Personen

Lassen Sie das Lammfleisch vom Fleischer so zubereiten, dass es sich füllen und rollen lässt.

Die Hälfte der Karotten und die Porreestange kurz in Wasser mit den Kardamomkapseln blanchieren, abgießen und zur Seite stellen.

Die verschiedenen Gewürze und das Salz in einem Mörser verarbeiten und das Fleisch innen und außen gut damit einreiben. Die getrockneten Marillen klein schneiden, mit 4 EL Honig und Bröseln vermischen und das Fleisch damit füllen. Die Porreeblätter und die in Stifte geschnittenen Karotten auf das Fleisch legen, rollen, mit einem Faden binden und außen mit Honig bepinseln.

Die geschälte Zwiebel, die Knochen und das Wurzelwerk als Sockel in den Bräter legen, darauf das Fleisch. 15 Minuten im vorgeheizten Rohr bei 250 °C braten, dann mit Rotwein aufgießen und auf 180 °C zurückdrehen, noch 1 Stunde braten. Eventuell zwischendurch aufgießen.

Polenta in 600 ml Wasser einstreuen und einige Minuten kochen lassen. Karotten klein reiben. Butter schmelzen und 2 Dotter einrühren, mit Ingwer und Blütenzaubersalz würzen, Parmesan dazugeben und unter die vorbereitete Polenta heben. Die geriebenen Karotten beimengen. Vom Eiweiß einen Schnee schlagen und unter die Polenta-Karottenmischung heben. In kleine gebutterte Auflaufformen füllen und ca. 20 Minuten bei 180 °C im Rohr backen.

216

weißmohn-törtchen mit weichseln

2 Eier
50 g Staubzucker
1 TL Vanillezucker
abgeriebene Schale von
1/2 Zitrone
50 g Butter
40 g Mehl
20 g Weißmohn
10 g Graumohn
80 g Milch
150 g weiße Schokolade
1 Ei
20 g Rohrohrzucker
3 Blatt Gelatine
250 g Obers
250 g Weichseln (Sauerkirschen)
aus dem Glas
60 g Gelierzucker
1 EL Stärkemehl
gemahlener Zimt

für 4 Personen

Eier mit Rohrohrzucker, Vanillezucker und Zitronenschale schaumig schlagen, Mehl, Weißmohn und zerlassene Butter unterheben. Teig 1/2 cm dick auf ein Blech mit Backpapier aufstreichen, 10 Minuten bei 170 °C backen.

Gelatine in kaltem Wasser einweichen. Milch erhitzen, Schokolade und die eingeweichte Gelatine darin auflösen, danach kalt rühren. Ein Ei mit dem Rohrohrzucker im Wasserbad schaumig schlagen. Mit der Schokolade mischen, Obers und Graumohn unterheben und die Kaffeetassen zu 3/4 füllen.

Aus dem Biskuit mit einer Kaffeetasse oder Ringform Kreise ausstechen, die befüllten Tassen damit abdecken und für 4 Stunden kalt stellen.

Weichseln abgießen, 100 ml Saft auffangen, mit Gelierzucker aufkochen, Weichseln zugeben. Speisestärke mit 2 EL Saft anrühren und dazugießen. Die Tassen auf Teller stürzen, damit der Mohnboden unten ist. Die Törtchen mit Weichseln servieren.

waldviertler mohnnudeln mit würzigen zwetschken

500 g mehlige Kartoffel
150 g Weizenmehl
40 g Butter
Ayurvedisches Zaubersalz
1 Ei
200 g gemahlener Graumohn
Staubzucker
Vanillezucker

500 g Zwetschken (Pflaumen)
100 ml Wasser
60–140 g Zucker (nach Geschmack)
Saft einer Zitrone
1 TL Lebkuchengewürz

für 2 Personen

Kartoffel in Salzwasser kochen und abkühlen lassen. Die kalten Kartoffel schälen, reiben, mit Weizenmehl, Butter, Salz und Ei zu einem Teig verkneten. Ca. 1 cm dicke und 4 cm lange Nudeln formen und diese in wallendem Wasser ca. 10 Minuten kochen. Nudeln abseihen und in zerlassener Butter, Vanillezucker und gemahlenem Mohn schwenken. Mit Staubzucker bestreut servieren.

Zwetschken entkernen und halbieren, mit Wasser, Zucker, Lebkuchengewürz, Zitrone aufkochen lassen und zugedeckt weichdünsten. Eventuell mit Zucker und Zitronensaft abschmecken.

218

Woher hat der Mann nur seine Energie? Weder fliegender Bulle noch grüne Tiefkühlkost geben Johannes Gutmann den Drive, sondern graue Körner aus Mutters Garten. Und weil er nicht geizig ist, teilt er das Geheimnis seiner Lieblingstorte nun mit allen Naschkatzen und Blütenkindern.

flower-power-mohntorte

6 Eier
200 g geriebener Graumohn
100 g geriebene Mandeln
50 g geriebene Schokolade
80 g Rohrohrzucker
100 g Staubzucker
250 g weiche Butter
1 EL Vanillezucker
Schale einer Orange und Zitrone
1 Prise Zaubersalz, fein
Johannisbeeren-Fruchtaufstrich

Glasur:
250 g Staubzucker
2 El Wasser
2 EL Zitronensaft
1 EL Flower-Power Gewürz-Blüten-Mischung

für eine Tortenform mit 25 cm Durchmesser

Eier in Dotter und Klar trennen, Mohn mit Mandeln und Schokolade vermengen.

Butter mit Staubzucker, Salz, Vanillezucker, Orangen- und Zitronenschale schaumig rühren. Dotter nach und nach einmengen und die Masse gut schaumig rühren.

Eiklar mit Rohrohrzucker zu cremigem Schnee schlagen und abwechselnd mit der Mohn-Mandel-Schoko-Mischung unter die Buttermasse heben.

Masse in eine befettete, bemehlte Springform füllen, bei 160 °C ca. 50 Minuten backen, nach dem Auskühlen aus der Form lösen und auf einen Teller stürzen.

Fruchtaufstrich pürieren, durch ein Sieb drücken, erwärmen und die Torte auf der Oberseite und rundherum dünn damit bestreichen.

Für die Glasur Zutaten zu einer glatten, dickflüssigen Masse verrühren. Flower-Power Gewürz-Blüten einmengen und die Torte glasieren.

220

schokoladen-mousse-törtchen mit johannisbeeren

2 Eier
50 g Staubzucker
1 TL Vanillezucker
abgeriebene Schale von 1/2 Zitrone
1 TL geriebene Orangenschale
50 g zerlassene Butter
40 g Mehl
20 g Kakaopulver
100 g Johannisbeer-Fruchtaufstrich

Für die weiße Mousse:
200 g weiße Schokolade
2 Eier
2 cl weißer Rum
200 ml Obers
3 Blatt Gelatine

Für die dunkle Mousse:
100 g Bitterschokolade
1 Ei
2 cl Orangenlikör
2 Blatt Gelatine
1/8 l Obers

Für die Sauce:
100 ml Johannisbeersirup
4 Blatt Gelatine

für 4 Personen

Eier mit Zucker, Sonnentor Vanillezucker, Zitronenschale und Orangenschale schlagen, dann Mehl, Kakaopulver und zerlassene Butter unterheben. 1/2 cm dick auf ein Blech mit Backpapier aufstreichen und 10 Minuten bei 170 °C backen.
Weiße Schokolade im Wasserbad schmelzen. Gelatine in kaltem Wasser einweichen, Eier über Wasserdampf aufschlagen, dann kalt schlagen. Gelatine gut ausdrücken, mit dem Rum erwärmen und auflösen, mit der Schokolade unter die Eiermasse rühren. Obers halb steif schlagen und unterheben.
Aus dem gebackenen Biskuit Kreise von 6 cm Durchmesser ausstechen, in 6–8 cm hohe Ringformen legen, mit Johannisbeer-Fruchtaufstrich bestreichen, weiße Mousse 2 cm hoch einfüllen und kalt stellen.
Dunkle Schokolade im Wasserbad schmelzen. Gelatine in kaltem Wasser einweichen, Ei über Dampf aufschlagen. Gelatine gut ausdrücken, mit dem Orangenlikör erwärmen und auflösen, mit der Schokolade unter die Eiermasse rühren. Obers halb steif schlagen und unterheben. Törtchen aus der Kühlung nehmen, dunkle Mousse 2 cm dick einfüllen und wieder kalt stellen. Nochmals weiße Mousse 2 cm hoch einfüllen und die Törtchen 6 Stunden kühlen.
Gelatine in 100 ml kaltem Wasser einweichen, mit dem Wasser und Sonnentor Johannisbeersirup langsam erwärmen und wieder kalt rühren. Kalten Sirup vorsichtig auf die Mousse gießen, 30 Minuten kühlen. Törtchen auf Teller setzen, Ringe abnehmen, mit Minze garniert servieren.

Tipp

Sollten die Ringe zu niedrig sein, 8–10 cm breite Backpapierstreifen abschneiden und die Ringformen damit auslegen, so entsteht ein höherer Rand. Sie können die Masse auch in einer rechteckigen Form zubereiten und nach dem Erkalten in Würfel schneiden.

gedünstete feigen mit himbeeren

8 Feigen
1/4 l Süßwein
2 Zimtstangen
4 EL Honig
250 g Himbeeren
4 EL Himbeersirup
100 g Ziegenfrischkäse
1 TL Flower-Power Gewürz-Blüten-Mischung

für 4 Personen

Die Feigen kreuzweise einschneiden, mit Honig beträufeln und im Süßwein mit den Zimtstangen stehend ca. 5 Minuten köcheln, bis sie kernweich sind.

Einige Himbeeren zum Verzieren beiseite geben. Restliche Himbeeren mit Himbeersirup vermengen und kurz aufkochen.

Feigen mit einem Löffel Ziegenfrischkäse füllen, auf einem Himbeerspiegel anrichten und mit Flower-Power Gewürz-Blüten-Mischung bestreuen.

literaturverzeichnis

Berger, Anke:
Alte Frauen - zwischen Wissen und Weisheit: Österreichische kräuterkundige Frauen und andere Spezialistinnen
Universität Wien, Diplomarbeit 2006

Bodensteiner, Susanne; Hess, Reinhardt; Westermann, Jan-Peter; Buroh, Nikolai:
Kräuter: einfach besonders/besonders einfach
München: Gräfe und Unzer, 2005

Chevalier, Andrew:
The Encyclopedia of Medicinal Plants
London: Dorling Kindersley, 1996

Dalby, Andrew:
Dangerous Tastes: The Story of Spices
Berkeley/Los Angeles: University of California Press, 2001

Flandrin, Jean-Louis (Hg.):
Food: A culinary history from antiquity to the present.
New York: Columbia University Press, 1999

Hertzka, Dr. Gottfried; Strehlow, Dr. Wighard:
Große Hildegard Apotheke
Verlag Hermann Bauer, 1989

Hirsch, Siegried; Grünberger, Felix:
Die Kräuter in meinem Garten.
Linz: Freya, 2005

Hirscher, Petra:
Heilen und Kochen mit Hildegard von Bingen
Knaur Verlag 2004

Holland, Ingo:
Meine Gewürze
Wiesbaden: Tre Torri, 2006

Küster, Hansjörg:
Kleine Kulturgeschichte der Gewürze: Ein Lexikon von Anis bis Zimt.
München: Beck, 2003

Lambert-Ortiz, Elisabeth:
Kräuter, Gewürze & Essenzen: Das Handbuch für die Küche
München: Kaleidoskop, 2001

Morris, Sallie; Mackley, Lesley:
Das Handbuch der Gewürze:
Würzkunst, Warenkunde und 100 Rezepte
München: Kaleidoskop, 2002

Norman, Jill: Kräuter & Gewürze:
Herkunft, Geschmack, Verwendung
London: Dorling Kindersley, 2002

Pahlow, M.:
Das Grosse Buch der Heilpflanzen: Gesund durch die Heilkräfte der Natur
München: Gräfe und Unzer, 2006

Pollan, Michael:
In Defense of Food – An Eater's Manifesto
New York: Penguin Press, 2008

Rützler, Hanni:
Kinder lernen essen: Strategien gegen das Zuviel
St. Stefan: Hubert Krenn, 2007

Temelie, Barbara; Trebuth, Beatrice:
Das Fünf Elemente Kochbuch
Sulzberg: Joy Verlag, 2005 (20. Auflage)

Treben, Maria:
Gesundheit aus der Apotheke Gottes. Ratschläge und Erfahrungen mit Heilkräutern
Steyr: Ennsthaler, 2007 (87. Auflage)

Turner, Jack:
Spice: The History of a Temptation
London: Harper Collins, 2004

ONLINE-QUELLEN:

Forschergruppe Klostermedizin,
www.klostermedizin.de, letzter Zugriff 16. Juni 2008

Gernot Katzers Gewürzseiten,
http://www.uni-graz.at/~katzer/germ/spice_small.html, letzter Zugriff: 15. Juni 2008

Heilkräuter Seiten,
http://heilkraeuter.de/, letzter Zugriff: 17. Mai 2008

Sonnentor,
http://www.sonnentor.at/, letzter Zugriff: 15. Juni 2008

impressum

Bibliografische Information der Deutschen Bibliothek
Die Deutsche Bibliothek verzeichnet diese Publikation in der Deutschen Nationalbibliografie; detaillierte bibliografische Daten sind im Internet über http://dnb.ddb.de abrufbar.

www.residenzverlag.at

Projektbetreuung:
Maria Manger, Sonnentor

Konzept und Gestaltung:
d.signwerk, Linz

Fotos:
Gerhard Wasserbauer

Gesamtherstellung:
Grasl Druck und
Neue Medien GmbH

ISBN 978-3-7017-3115-2

danksagung

Danken möchte ich noch meinen vier Geschwistern Anna, (die mich heute noch als meine langjährigste Mitarbeiterin unterstützt), Hermine, Hermann und Alfred, die mich gefordert und gefördert haben, meiner Volksschullehrerin Hermine aus Brand, meinem Volksschullehrer Franz aus Niedernonndorf, meinen Hauptschullehrerinnen und Hauptschullehrern aus Rastenfeld samt Schulkollegen, dem geistlichen Rat Krischanitz seelig, dem Dorfgreißler Neuwirth seelig, der mir die süßen Seiten des Lebens oft nahegebracht hat, meinen Lehrern, Lehrerinnen und Schulkollegen aus der IIAK Zwettl, meinen ehemaligen Chefs und Arbeitskollegen für viele Erkenntnisse und Aha-Erlebnisse, meiner Exfrau Manuela, meinen Töchtern Susanna Lisa und Klara Sofia, die oft auf mich verzichten mussten, allen meinen Mitarbeiterinnen und Mitarbeitern, die mir vertraut haben und weiterhin vertrauen, all unseren Bio-Bauern, die mit uns mitgewachsen sind und weiter mit uns wachsen werden, allen, die mir ehrlich ihre Meinungen gesagt haben. Ganz besonders danke ich meiner großen Liebe, Edith, die mich täglich stützt und begleitet (mit ihr darf ich auch zur und von der täglichen Arbeit gehen) und Ediths ganzer lieben Familie aus dem „Schlaraffenland" Burgenland, die mich wie einen Sohn aufgenommen hat.

Darüber hinaus möchten ich mich noch bei allen bedanken, die den Sonnentor-Weg mitgegangen sind, beraten, Kredit geben, fördern (WKNÖ, TIP, Land NÖ, ERP Fond, Eco plus, Nöbeg, AMS, WIP,...) helfen, kaufen, loben, bezahlen und kritisieren, verlässlich sind und waren und uns auch künftig die Treue halten werden.

hinweis

Dieses Buch ist kein medizinischer Ratgeber. Die Beschreibungen stammen aus alten Überlieferungen, und wurden nach bestem Wissen und Gewissen erarbeitet. Dennoch kann keine Garantie übernommen werden.